高职体育与健康

李明琦　张绪生　何　奥　主　编
高　波　殷召威　周　杨　唐书华　副主编

北京体育大学出版社

策划编辑：李志诚　孙思学
责任编辑：仝杨杨
责任校对：原子茜
版式设计：水分子

图书在版编目（CIP）数据

高职体育与健康 / 李明琦，张绪生，何奥主编 .—北京：北京体育大学出版社，2023.8（2025.8 重印）
ISBN 978-7-5644-3844-9

Ⅰ . ①高… Ⅱ . ①李… ②张… ③何… Ⅲ . ①体育—高等职业教育—教材②健康教育—高等职业教育—教材 Ⅳ . ① G807.4 ② G717.9

中国国家版本馆 CIP 数据核字（2023）第 116457 号

高职体育与健康　　李明琦　张绪生　何　奥　主　编
GAOZHI TIYU YU JIANKANG

出版发行：北京体育大学出版社
地　　址：北京市海淀区农大南路 1 号院 2 号楼 2 层办公 B-212
邮　　编：100084
网　　址：http：//cbs.bsu.edu.cn
发 行 部：010-62989320
邮 购 部：北京体育大学出版社读者服务部 010-62989432
印　　刷：北京昌联印刷有限公司
开　　本：787mm × 1092mm　1/16
成品尺寸：185mm × 260mm
印　　张：14
字　　数：350 千字
版　　次：2023 年 8 月第 1 版
印　　次：2025 年 8 月第 4 次印刷
定　　价：49.00 元

前言

PREFACE

习近平总书记在党的二十大报告中对“青少年体育工作”做出重要论述，明确提出“加强青少年体育工作”，还提出到2035年，我国发展的总体目标是建成教育强国、科技强国、人才强国、文化强国、体育强国、健康中国，国家文化软实力显著增强。体育健康促进作为开展青少年体育工作的重要内容，强调通过体育运动的手段达到健康的目的，强调体育健康促进中的基础性和实践性作用。

学校体育是教育的重要组成部分，是有组织、有计划、有目的的，它与德育、智育、美育、劳育相结合，是全面发展身体，增强体质，传授体育知识、技术和技能，培养学生良好的道德品质和顽强进取的拼搏精神的教育过程。大学体育作为高等院校教育的重要组成部分，是培养新时期全面发展的高素质人才的重要手段，是大学生树立终身锻炼思想和形成良好锻炼习惯的重要途径。作为学校体育的重要舞台，高等院校体育工作如何抓住机遇，实现快速、高质量发展，已成为我国高等院校体育工作者面临的重大课题。体育教材建设历来都是高等院校体育工作的重点之一，是进行体育基本理论教育的重要理论依据。基于《学校体育工作条例》《全国普通高等学校体育课程教学指导纲要》《国家学生体质健康标准（2014年修订）》等对高等院校体育工作的指导思想、教学目标、课程建设、课程内容、教材改革的要求，我们组织编写了《高职体育与健康》这本具有鲜明特色的教材。

本教材以党的二十大精神为指引，把握大学体育课程发展的时代特征，突出体育思政教育，以“素质教育”“终身体育”“健康第一”为指导思想，以培养大学生的健康体魄和体育能力为最终目标，激发大学生参与体育运动的主动性和积极性，拓展大学生对运动项目选择的自主性和灵活性。本教材共九章，主要内容为健康管理、田径运动、大球运动、小球运动、游泳运动、形体运动、武术与技击、健身与养生运动、新兴体育运动。

作为编者，我们希望本教材让大学生既懂理论又会实践，在培养其终身体育意识的同时，又能使大学生的体育实践能力得到提高，从而达到大学体育教育的最终目标。

在编写过程中，我们参考和借鉴了大量的文献资料，并得到有关专家的指导和大力支持，在此表示衷心的感谢。

由于时间紧、水平有限，书中若有不妥之处，恳请广大师生批评指正，以便今后修订、完善。

编者

2023年7月

前言

PREFACE

目录

CONTENTS

第一章 健康管理

第一节 体育锻炼与健康

一、健康

（一）四维健康观

1948年，世界卫生组织指出，健康不仅仅是免于疾病和衰弱，而应该是保持身体上、精神上和社会适应能力方面的完好状态。

随着自然科学和医学的发展，以及社会的进步，世界卫生组织在1989年对健康的概念又进行了重新定义，提出健康应包括躯体健康、心理健康、社会适应能力良好和道德健康，这就是所谓的四维健康观。这种观念将人们对健康的认识提高到一个崭新的高度，并为世界各国学者广泛接受。四维健康观的内涵如下：

（1）躯体健康，一般是指人体生理的健康，即人体的形态、结构和功能正常，并具有生活自理能力。

（2）心理健康，是指能正确认识自己和周围的环境和事物，表现为人格完整、自我感觉良好、情绪稳定、积极向上和有较好的自控能力。

（3）社会适应能力良好，是指一个人的心理活动和行为能适应复杂的环境变化，并被他人理解和接受。

（4）道德健康，是指能明辨是非，能按照社会规范准则来约束自己的言行，愿意为社会做贡献。

（二）健康五要素

（1）身体健康：不仅包括无病，而且还包括良好的体能。体能是一种能满足生活需要和有足够能量完成各种活动的能力。具备这种能力，可以预防疾病，提高生活质量。

（2）情绪健康：情绪涉及我们对自己和他人的感受。情绪健康的主要标志是情绪稳定，所谓稳定是指个体应对日常生活中人际关系和环境压力的能力。当然，生活中偶尔有些情绪波动均属正常，关键是生活的大部分时间要保持情绪稳定。

（3）智力健康：指在长期的学习和生活中，大脑始终保持活跃状态。

（4）精神健康：指理解生活基本目的的能力，以及关心和尊重所有生命的能力。对于不同宗教、文化和国家的人来说，精神健康的内容也有所不同。

（5）社会健康：指个体与他人及社会环境相互作用形成的和谐的人际关系和社会角色的能力。此能力将使人们在人际交往中充满自信和安全感，进而减少烦恼，保持心情愉快。

值得注意的是，健康的5个要素相互联系、相互影响。例如，身体不健康会导致情绪不健康，情绪不健康会导致身体、智力和精神不健康。因此，只有每一个健康要素平衡地发展，人们才能真正健康，才能幸福地生活。

（三）健康的标准

2000年，世界卫生组织根据健康的新含义提出了健康的10条标准，内容如下：

第一，精力充沛，从容不迫地担负日常生活，对繁重工作不感到紧张、劳累。

第二，处事乐观，态度积极，乐于承担责任，事无大小，不挑剔。

第三，善于休息，睡眠好。

第四，应变力强，能适应外界的各种环境变化。

第五，能抵抗一般疾病，如感冒。

第六，体重适当，身体匀称。站立时，头、肩、臀位置协调。

第七，眼睛明亮，反应敏捷，眼睑不发炎。

第八，牙齿清洁，无龋齿，无疼痛，牙龈颜色正常无出血现象。

第九，头发有光泽，无头屑。

第十，肌肉丰满，皮肤有弹性。

二、亚健康

（一）亚健康的含义

亚健康是一种生理功能低下的次等健康状态，故又有“次健康”“第三状态”等称谓。世界卫生组织将机体无器质性病变，但是有一些功能改变的状态称为“第三状态”，我国称为“亚健康状态”。亚健康是指心理、生理、社会环境等因素造成人体的神经、内分泌、免疫系统功能紊乱，使得机体的内稳态和阴阳平衡失调，从而导致机体出现暂时的不稳定的状态。

（二）亚健康的表现

亚健康在临床常被诊断为疲劳综合征、内分泌失调、神经衰弱、更年期综合征等。

它在心理上的具体表现为精神不振、情绪低落、反应迟钝、注意力不集中、记忆力减退、烦躁、焦虑和易惊等；在生理上的表现为疲劳、乏力、活动时气短、出汗和腰酸腿疼等。

（三）亚健康产生的原因

1. 过度紧张和压力

研究表明，长时期的紧张和压力对健康有“四害”：一是引发急慢性应激直接损害心血管系统和胃肠系统，造成应激性溃疡和血压升高、心率增快、血管硬化进程加速和心血管疾病发生；二是引发脑应激疲劳和认知功能下降；三是破坏生物钟，影响睡眠质量；四是免疫力下降，导致罹患恶性肿瘤和感染病毒的机会增加。

2. 不良生活习惯

不良生活习惯可导致肿瘤、心脑血管疾病等。不良生活习惯主要体现在饮食结构不合理、暴饮暴食、嗜烟酗酒、作息时间不规律等方面。

3. 环境污染

环境污染主要包括水源和空气污染、噪声污染、微波污染、化学污染等。环境污染是防不胜防的健康隐性杀手。

（四）亚健康的诊断标准

目前，我国医学界普遍接受的亚健康的诊断标准如下：

（1）持续3个月以上反复出现不适状态或适应能力显著减退，但能维持正常工作。

（2）无重大器官器质性疾病及精神心理疾病。

（3）尽管有明确的非重大器官器质性疾病或精神心理疾病诊断，但无须用药维持，且与目前不适状态或适应能力的减退无因果关系。

（五）亚健康的危害

（1）亚健康是大多数慢性非传染性疾病的病前状态，大多数恶性肿瘤、心脑血管疾病和糖尿病均是从亚健康状态转入的。

（2）亚健康影响工作、生活、学习质量，甚至危及人们的生命安全，特别是从事特殊作业的人员，如高空作业人员、驾驶员和运动员等。

（3）亚健康易导致心理疾病，严重时甚至造成自杀和伤害事件发生，危及社会安全。

（4）亚健康会引发慢性疲劳综合征，严重影响健康与寿命，甚至造成过劳死。

因此，我们应高度关注亚健康，针对亚健康的成因和危害，强化自我预防意识，维护和促进自身的健康，从源头上“堵住”亚健康的发生与发展。

（六）预防或摆脱亚健康的方法

亚健康属于非疾病状态，要摆脱亚健康，主要是靠自己主动自觉地预防，可以从均衡营养、保障睡眠、善待压力、培养兴趣、参加户外活动等方面进行自身生活规律的调节，有助于预防或摆脱亚健康。

三、体育锻炼对健康的影响

（一）体育锻炼对人体新陈代谢的影响

体育锻炼时体内物质的新陈代谢增加，能量消耗增加。例如，以6千米/时的速度快步走，每分钟能量消耗比坐着工作、学习时多 3 倍。参加一场篮球比赛时能量消耗比安静时增加 20 倍以上。能量消耗增加，促进了体内消化吸收过程，也补充了体内需要。根据“超量恢复”原理，在正常范围内，体育锻炼时能量消耗要在锻炼后加以恢复，并且超过原来消耗的水平。由于锻炼后恢复过程加强，需从外界吸取更多的营养物质，因此必然会促进消化吸收功能的加强。体育锻炼时，由于呼吸运动加强，膈肌活动范围加大（等于对腹壁、胃肠做按摩），对促进消化道工作、加强消化吸收功能也非常有利。同时，体育锻炼能促进腹肌力量，有利于维持正常腹部压力，促进消化吸收。体育锻炼还可以使人心情愉快，精神饱满，对消化吸收功能也有良好的作用，适当的体育锻炼对消化不良、便秘、胃下垂等有积极辅助治疗的作用。体育锻炼不仅能增加热能的消耗，而且能增强机体代谢，提高体内某些酶，尤其是脂蛋白酶的活性，有利于甘油三酯的运输和分解，从而降低血中的脂质。动脉硬化是随着人年龄增长而出现的血管疾病，其通常是在青年时期发生，至中老年时期加重、发病，男性较女性多，近年来该病在我国逐渐增多，成为老年人死亡的主要原因之一。体育锻炼可以增加高密度脂蛋白，减少低密度脂蛋白，把多余胆固醇从胆管与肠道排出体外，避免过剩胆固醇沉积在血管内壁。此外，体育锻炼可以促进血液循环，增加血管弹性，降低血压，消耗过剩热量，使身体脂肪比重减少，肌肉比重增加，从而减轻体重。

（二）体育锻炼对人体运动系统的影响

1. 体育锻炼对骨、关节的影响

（1）合理的体育锻炼能促进骨的血液循环，增加对骨的血液供应，使正处于旺盛造骨时期的骨组织能获得更多造骨原料，加速造骨过程，加快骨的生长。

（2）合理的体育锻炼能增强骨的抗折、抗弯、抗压、抗扭曲等能力，使骨更坚固。

（3）合理的体育锻炼能预防关节的变形。

（4）合理的体育锻炼能保持骨的弹性，延缓骨的老年性、退行性变化。

（5）合理的体育锻炼有助于增强韧带的弹性，增加关节的稳固性，提高关节的灵活性。

2. 体育锻炼对肌肉的影响

（1）肌肉体积增大。通过体育锻炼，可以明显地看到肌肉体积的增大。不同运动项目肌肉增大部位和程度不一。力量性练习，如举重和投掷项目可使肌纤维得到最大程度的增粗，这些项目可使白肌纤维和红肌纤维都增粗，但往往白肌纤维增粗较大。耐力性练习，如长跑和自行车运动员的肌纤维增粗不明显。

（2）肌肉重量增加。经常锻炼的人肌肉重量可占体重的50%，某些受过长期训练的专项运动员甚至可达60%。

（3）肌肉中脂肪含量减少。

（4）肌肉内结缔组织增多。

（5）肌肉内毛细血管增多。肌肉内有丰富的毛细血管，在1平方毫米肌肉中，约有4000根毛细血管，但在平时仅开放很少一部分，开放30～270根。在进行体育锻炼时，由于肌肉的活动，促使肌肉内毛细血管大量开放，其开放数量可达安静时的20～50倍，这样，肌肉可获得比平时多得多的氧气及养料，大大促进了肌肉的生长。

（6）参加活动的肌纤维数量增加。

（三）体育锻炼对人体心血管系统的影响

适当的体育锻炼是心脏健康的必由之路。有规律的体育锻炼，可以减慢安静时和锻炼时的心率，大大减少心脏的工作时间，加强心脏功能，保持冠状动脉血流畅通，更好地供给心肌所需要的营养，可使心脏病的危险率降低。

（1）运动性心脏肥大。经常参加体育锻炼，可使心肌壁增厚，心肌力增强，心脏体积和容积增大。心肌壁较厚而有力，故心脏每搏输出量较多。所以，运动员的心脏体积和容积较一般人的大，这种现象称为“运动性心脏肥大”。

运动性心脏肥大与病理性心脏增大在功能上有显著的区别。病理性心脏增大是心脏扩张松弛，收缩时射血能力差，心力储备低，不能承受哪怕是轻微的运动负荷。而运动性心脏肥大的心脏外形丰实，收缩力强，心力储备高。因此，运动性心脏肥大可以负荷长时间的运动。

（2）窦性心动过缓。一般人安静时心率为每分钟70～80次，经常参加体育锻炼的人安静时心率为每分钟50～60次，优秀运动员为每分钟30～40次。运动员每搏输出量增加，减少心率仍能满足全身代谢需要。假如优秀运动员的心率，每分钟比一般人少10次，那么一天心脏就能少跳14 400次，这就大大减轻了心脏负担，使心脏得到更多休息。

（3）心脏工作的“节省化”。在进行轻度体育锻炼时，在运动量相同的情况下，经常参加体育锻炼的人，心率和血压变化幅度比一般人小，不易疲劳，而且恢复较快。究其原因是经常参加体育锻炼的人，心脏收缩能力强，每搏输出量大，只要稍增加心率就能满足需要。

（4）体育锻炼可以增加血管壁的弹性，这对人健康的远期效果来说是十分有益的。人随着年龄的增加，血管壁的弹性逐渐下降，因而易诱发高血压等疾病。体育锻炼可增加血管壁的弹性，预防或缓解高血压症状。

（四）体育锻炼对人体呼吸系统的影响

（1）经常参加体育锻炼，特别是做一些伸展扩胸运动，可以使呼吸肌力量加强，胸廓扩大，有利于肺组织的生长发育和肺的扩张，使肺活量增加。经常性的深呼吸运动，也可以使肺活量增加。大量实验表明，经常参加体育锻炼的人，肺活量值高于一般人。

（2）体育锻炼由于加强了呼吸肌力量，可使呼吸深度增加，有效地增加肺通气量。研究表明，一般人在运动时肺通气量能增加到60升/分左右，有长期体育锻炼习惯的人在运动时肺通气量可达100升/分以上。

（3）一般人在进行体育锻炼时只能利用其最大摄氧量的60%左右，而经过体育锻炼后可以使这种能力大大提高。体育锻炼时，即使氧气的需要量增加，也能满足机体的需要，而不致使机体缺氧。

（五）体育锻炼对人体神经系统的影响

体育锻炼能提高神经工作过程的强度、均衡性、灵活性和神经细胞工作的耐久力，能使神经细胞获得更充足的能量物质和氧气供应，从而使神经系统在紧张的工作过程中获得充分的能量物质保证。体育锻炼能使大脑的兴奋与抑制过程合理交替，避免神经系统过度紧张，可以消除疲劳，使头脑清醒，思维敏捷。

（六）体育锻炼对人体免疫功能的影响

体育锻炼对人体免疫功能的影响受许多因素的制约，如人体的非特异性免疫、细胞免疫、体液免疫及神经内分泌的调节。体育锻炼的强度、频率及项目的选择对免疫功能也都有十分重要的作用。适度、有计划的体育锻炼对人体免疫功能会产生良好的影响。

（七）体育锻炼对人体心理方面的影响

体育锻炼对人体心理的发展（如增强信心、培养稳定的情绪、培养独立和处事果断的能力等）有巨大的推动作用。

体育思政园地

体育思政是课程思政的重要组成部分，高校体育应全面落实“立德树人”的根本任务，以身体练习为主要手段，通过合理的体育教育和科学的体育锻炼，达到增强大学生体质、增进大学生健康、提高大学生体育素养的目的。高校体育课程是寓思想品德教育、文化科学教育、生活与体育技能教育于身体活动并有机结合的教育过程，也是实施素质教育和培养全面发展人才的重要途径。开展体育思政教育可不断丰富高校体育教育的内涵，提高高校体育课程的育人效果。

第二节　运动损伤与处理

运动损伤是指在体育运动过程中所发生的各种损伤。运动损伤与运动项目、教材内容、技术动作、练习水平、技能基础、教学环境与条件有着密切的关系。运动损伤会直接影响大学生的身心健康和学习，因此，大学生应采取有效的安全措施，尽量避免运动损伤的发生。

一、运动损伤的分类

运动损伤的分类方法较多，常用的有以下几种。

（1）按损伤组织的种类，运动损伤可分为肌肉肌腱损伤、滑囊损伤、关节囊和韧带损伤、骨折、关节脱位、内脏损伤、脑震荡和神经损伤等。

（2）按有无创口与外界相通，运动损伤可分为开放性损伤和闭合性损伤。伤部皮肤或黏膜破裂，创口与外界相通，有组织液渗出或血液自创口流出，称为开放性损伤，如擦伤和刺伤等。伤部皮肤或黏膜完整，无创口与外界相通，损伤后的出血积聚在组织内，称为闭合性损伤，如肌肉拉伤和关节韧带损伤等。

（3）按发病的缓急，运动损伤可分为急性损伤和慢性损伤。瞬间遭受直接或间接暴力而造成的损伤，称为急性损伤。其发病急，症状骤起，病程短。因局部长期负担过度，由反复微细损伤积累而成的损伤，称为慢性损伤。其发病缓慢，症状渐起，病程较长。此外，慢性损伤还可因急性损伤处理不当或过早运动转变而成。

二、运动损伤的发生原因及预防

（一）运动损伤的发生原因

思想麻痹大意；准备活动不充分；缺乏运动经验与自我保护能力；技术动作上存在错误；纪律松懈或组织不严密；锻炼环境不好；身体状况不佳；内容组合不科学、方法不合理。

（二）运动损伤的预防

加强运动安全教育、克服麻痹思想、提高预防损伤意识；认真做好准备活动；改进技术动作，合理安排运动负荷；加强保护与帮助，特别是提高自我保护能力；做好医务监督工作，掌握运动损伤的预防与处理方法。

三、常见运动损伤与处理

（一）出血和止血

在运动过程中，外伤引起各部位出血，特别是较大的动脉损伤所引起的大出血，如果止血不及时或处理不当，很可能会危及生命。

1. 出血的种类

出血是运动损伤中较常见的一种，可分为外出血和内出血两类。其中外出血分为动脉出血、静脉出血和毛细血管出血3种，可从出血的颜色和出血的情形作出判断。动脉出血，呈喷射状，血色鲜红，出血速度快；静脉出血，漫涌而出，血色暗红；毛细血管出血为缓慢渗出。

2. 止血方法

（1）压迫止血法。

①指压法。这一方法简便有效，可用于浅部动脉出血，方法正确可即刻止血。需要注意的是，动脉出血时指压伤口的近心侧，静脉出血时指压伤口的远心侧。

头部出血：头顶、额部及颞部出血，压迫颞动脉。压点在耳前，用手指正对颧骨后

端骨面压迫。(图1–2–1)

面部出血：压迫颌外动脉，压点在下颌角前约半寸处。(图1–2–2)

颈部出血：压迫颈总动脉，压点在甲状软骨外搏动处。注意，不要同时压迫两侧的颈总动脉，以免引起大脑出血。(图1–2–3)

上肢出血：腋部和上臂出血时压迫锁骨下动脉，压点在锁骨上方，胸锁乳突肌外缘。前臂出血压迫肱动脉，使患肢外展，用拇指压迫上臂内侧上1/3处。(图1–2–4)

下肢出血：大腿出血压迫股动脉，压点在腹股沟中点该动脉搏动处。(图1–2–5)

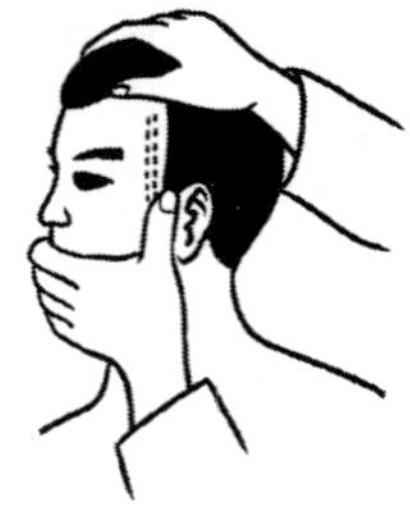

图 1–2–1

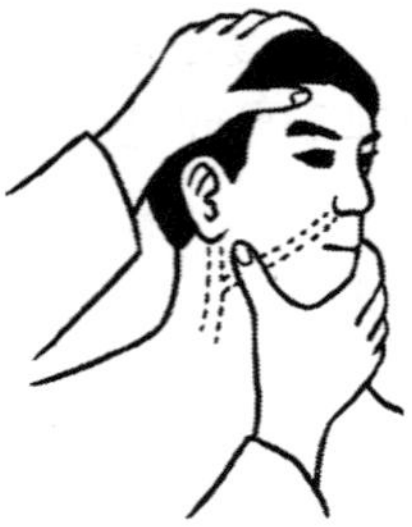

图 1–2–2

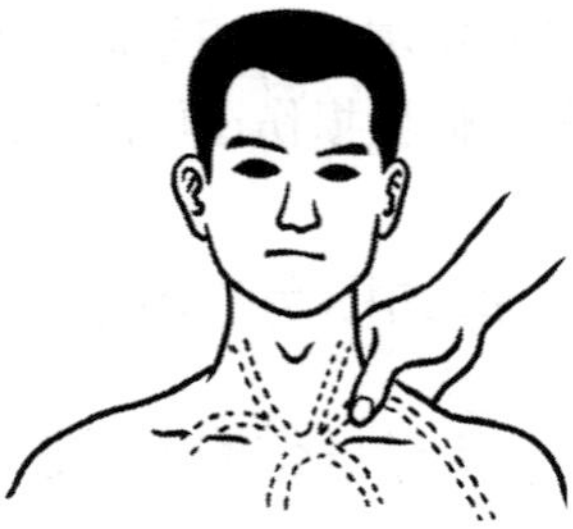

图 1–2–3

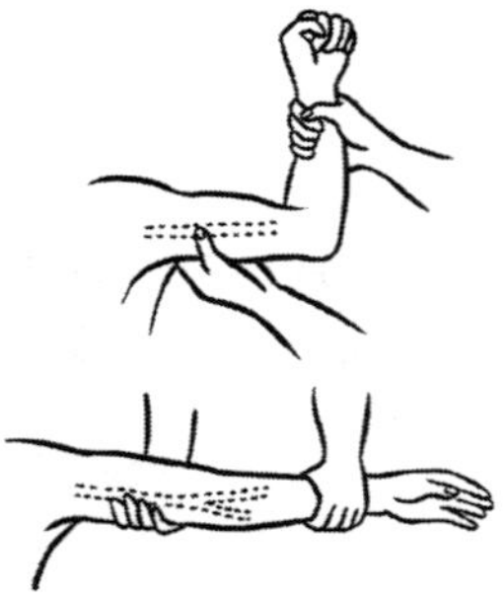

图 1–2–4

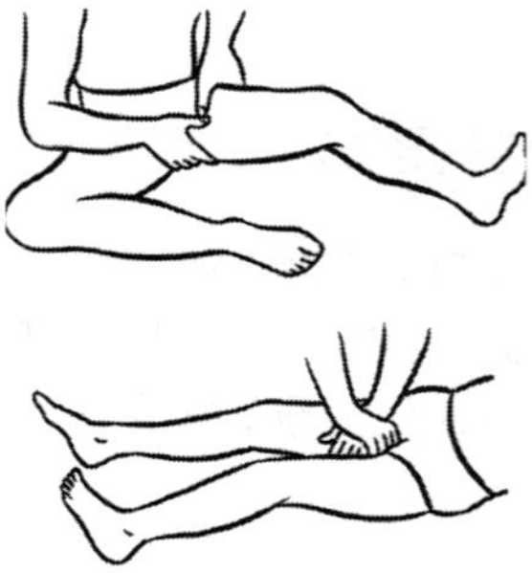

图 1–2–5

②绷带加压包扎法：用数层无菌敷料覆盖伤口，再用绷带加压包扎，以压住出血的血管而达到止血的效果，同时抬高伤肢。适用于小动脉、小静脉和毛细血管的止血。

③止血带法：用胶管或用绳子之类(宽布条、三角巾和毛巾均可)绑扎在伤口的近心端。较大的肢体动脉出血，且为运送伤员方便起见，应上止血带。若上肢出血，止血带应扎在上臂的上1/3处，禁止扎在中段，避免损伤桡神经；若下肢出血，止血带应扎在大腿的中上段。

(2)抬高伤肢法：用于四肢出血。抬高伤肢，使伤处血压降低，血流量减少，以达到减少出血的目的。

严重出血用以上方法处理后，立即送医院治疗。

(二)软组织损伤

软组织损伤是指运动中发生的除骨骼以外的损伤。软组织损伤可以分为开放性软组织损伤和闭合性软组织损伤。开放性软组织损伤的皮肤和黏膜的完整性遭到破坏，闭合性软组织损伤的皮肤和黏膜则完整无缺。

1. 擦伤

擦伤是指运动时机体表面与粗糙的物体相互摩擦而引起的皮肤表层损伤，创面有擦痕、渗出液和点状出血，属于开放性软组织损伤。擦伤多发生于对抗性运动项目及摔倒等意外情况下。

（1）主要症状：皮肤被擦破出血或有组织液渗出，有一定的伤口。

（2）处理方法：小面积轻度擦伤，伤口干净，只需涂抹一些红药水即可；大面积重度擦伤，应去医院由医生进行处理。

2. 裂伤

裂伤也称撕裂伤，属于开放性软组织损伤的一种，是指身体受钝性暴力打击引起的皮肤、皮下组织撕裂的损伤。

（1）主要症状：伤口周围多不整齐，常常伴有周围软组织的损伤。

（2）处理方法：轻度裂伤用红药水涂抹即可；裂口大时则需去医院止血和缝合伤口，必要时注射破伤风抗毒素，以防感染。

3. 扭伤

扭伤属于闭合性软组织损伤之一，多是在外力作用下，关节发生超常范围的活动，造成关节内外侧副韧带损伤。

（1）主要症状：关节出现疼痛、肿胀、皮下淤血、关节功能障碍等症状。轻者发生部分韧带纤维断裂，重者则韧带纤维完全断裂，并引起关节脱位或半脱位，同时合并关节内滑膜和软骨损伤。扭伤在运动中较为常见。

（2）处理方法：关节韧带扭伤或部分韧带纤维断裂者，伤后立即冷敷，加压包扎，抬高伤肢并休息，以减轻出血和肿胀。24～48小时后，拆除包扎固定，根据伤情可采用中药外敷、痛点药物注射、理疗或按摩等，但理疗或按摩在开始时只能施于伤部周围，3天后才可用于伤部。韧带完全断裂者，经急救处理后把伤员送至医院，以争取进行早期手术缝合或固定。关节韧带扭伤时，当关节肿胀和疼痛减轻后，在不引起疼痛或疼痛加重的原则下，尽早进行伤肢功能性活动，防止发生肌肉萎缩和组织粘连，以促进功能恢复。

4. 拉伤

（1）肌肉拉伤。肌肉拉伤是指由于肌肉的猛烈收缩或被动牵拉超过了肌肉本身所能承受的限度，而引起的肌肉损伤。肌肉损伤除由直接外力作用引起肌肉挫伤外，主要是在间接外力作用下使肌肉发生拉伤。常见的拉伤部位为大腿后侧肌群、腰背肌、小腿三头肌、大腿内收肌群等。

①主要症状：肌肉拉伤后，伤处疼痛、肿胀、压痛，肌肉紧张或痉挛，触之发硬。受伤肌肉做主动收缩或被动拉长的动作时，疼痛会加重。肌肉严重拉伤时，患者在受伤当时可感到或听到断裂声，疼痛和肿胀明显，皮下淤血显著，运动功能严重障碍，肌肉出现收缩畸形。

②处理方法：肌肉微细损伤或少量肌纤维断裂时，立即冷敷、加压包扎并抬高伤肢，注意局部休息。疼痛较重者可遵医嘱口服镇静、止痛剂。24～48小时后可遵医嘱采用中药外敷、痛点药物注射、理疗或按摩等。肌纤维大部分断裂或完全断裂时，经加压

包扎等急救处理后，立即将伤员送至医院，及早进行手术。

（2）关节韧带拉伤。关节韧带拉伤是指在间接外力作用下，关节发生超常范围的活动而引起的关节韧带损伤，主要是由间接外力作用引起的一种闭合性软组织损伤。在运动中常见的是踝关节、膝关节、掌指（间）关节和肘关节韧带拉伤。

①主要症状：伤后局部疼痛、肿胀，若伤及关节滑膜或韧带断裂及合并关节内其他组织损伤时，出现整个关节肿胀或血肿，局部有明显压痛。关节功能障碍，轻者关节活动受限，不能着力；韧带完全断裂或撕脱时，关节有不稳或松动感，关节功能明显障碍。

②处理方法：早期止血，预防肿胀；晚期消炎活血。最初要用压迫及减少局部供血（降温）。经冰袋冷敷或冷水淋浴、喷冷冻剂后，覆盖绷带加压包扎。24小时后打开观察伤部变化，考虑是否做进一步处理。拉伤后早期妥善处理，对减少淤血肿胀、防止韧带无力是非常重要的。24～48小时后出血停止，遵医嘱局部用封闭治疗、中药外敷、理疗或按摩等，促进组织损伤后的炎症尽快消散。1～3周后，大多都能恢复。伤后的运动练习，要尽量用支持带保护，避免再损伤。

5. 挫伤

挫伤又称撞伤，是指钝性外力直接作用于人体某部，引起该处及其深部组织的一种闭合性软组织损伤。

（1）主要症状：运动时遇到碰、跌、撞、打、摔等，受伤局部红肿、疼痛，皮肤破裂的当时就出血，没有破裂的，过几天就会出现青紫淤血。

（2）处理方法：24小时内冷敷或加压包扎，抬高伤肢；24小时后，可理疗或按摩。进入恢复期可进行一些功能性锻炼。如果怀疑内脏损伤，则可做临时性处理后立即送医院检查和治疗。

（三）骨折

由于外伤或病理等原因致使骨的连续性、完整性遭到破坏的损伤称为骨折。运动中发生的骨折多为闭合性骨折。

1. 主要症状

（1）疼痛：较明显，动则加剧，可引起休克。

（2）畸形：与健侧比较有成角、变短等异态。

（3）活动失常：失去正常活动功能，而在关节以外的地方出现异常活动。

（4）肿胀：伤后不久便出现，也可成血肿。

（5）压痛：骨折处压痛最明显，轴线撞击时骨折处剧痛。

（6）骨擦音：轻微活动或推摸局部时，断端会出现骨擦音。

2. 处理办法

一旦出现骨折后，暂勿随意移动患肢，应先用夹板或其他代用品固定伤肢。如出现休克时，应先施行人工呼吸。若伴有伤口出血，应同时施行止血，并及时送医院治疗。

（四）脱臼

脱臼又称关节脱位，因外力或其他原因造成关节各骨的关节面失去正常的对合关系。

1. **主要症状**

（1）关节畸形：失去正常关节外观，骨标志改变。

（2）活动失常：失去正常活动功能，常弹性固定于半屈曲状态。

（3）患肢缩短。

（4）局部肿胀或积血。

（5）压痛。

2. **处理办法**

用长度和宽度相称的夹板固定伤肢。如果没有夹板，可将伤肢固定在自己的躯干或健肢上，防止震动，随后及时送医院治疗。必须指出，如果没有把握做整复处置时，切不可随意做整复手术，以免再度增加伤害。

体育思政园地

生命在于运动，运动需要安全的方式。大学生只有了解常见的运动损伤和急救措施，才能科学地进行运动，并保障身心健康发展，从而使自己以充沛的精力学习各方面知识和技能，为新时代中国特色社会主义建设贡献自己的力量。

第三节　健康与营养

一、饮食与健康

饮食又称膳食，是指我们通常所吃的食物和所喝的饮料。人们通过饮食获得所需要的各种营养素和能量，维护身体健康。合理的饮食，充足的营养，能提高人的健康水平，预防多种疾病的发生，延长寿命。不合理的饮食，营养过度或不足，都会给健康带来不同程度的危害。饮食过度会因为营养过剩导致肥胖、糖尿病、胆石症、高脂血症、高血压等多种疾病，甚至诱发肿瘤，如乳腺癌、结肠癌等，不仅会严重影响健康，还会缩短寿命。饮食中长期营养素不足，可导致营养不良、贫血，多种元素、维生素缺乏，影响儿童生长发育，人体抗病能力及劳动、工作、学习能力下降。女性怀孕期营养不良可引起流产、早产，甚至胎儿畸形。饮食的卫生状况与人体健康密切相关，食物上带有的细菌、霉菌及毒素和有毒化学物质，随食物进入人体，可引起急、慢性中毒，甚至可引起恶性肿瘤。总之，饮食得当与否，不仅会影响自身的健康和寿命，还会影响后代的健康。因此，只有合理的饮食，才能从营养和卫生两方面把好“病从口入”关。

二、七大营养素

营养素是维持正常生命活动所必需摄入生物体的食物成分。现代营养学对营养素的研究，主要是针对人类和禽畜的营养素需要。人体必需的营养素有蛋白质、脂肪、碳水化合物、矿物质、维生素、膳食纤维和水七大类。每种营养素在人体内都发挥着特有的生理作用，共同维持着人体的生命活动。

（一）蛋白质

机体组织细胞成分主要为蛋白质，体液也含蛋白质。蛋白质的营养作用在于它的各种氨基酸。组成食物蛋白质的氨基酸有20种，其中有数种不能在人体与动物体内合成，必须获自食物，这些氨基酸被称为“必需氨基酸”，即蛋氨酸、赖氨酸、色氨酸、苏氨酸、缬氨酸、苯丙氨酸、亮氨酸和异亮氨酸。除这些必需氨基酸以外的其他氨基酸，因为都能在机体内合成，故被称为“非必需氨基酸”。各种蛋白质的氨基酸的种类与含量是不相同的。有的蛋白质缺少某种必需氨基酸，如明胶蛋白不含色氨酸，玉米胶蛋白不含赖氨酸。因此，评价一种食物蛋白质的营养价值，主要应视其所含的各种必需氨基酸量是否能满足机体的需要。不足时，机体就不能有效地合成蛋白质，其他种氨基酸只能经脱氨代谢，生成糖（糖异生）和作为燃料供给热能。由此可知，食物蛋白质的氨基酸模式是决定其质量优或劣的关键。

（二）脂肪

脂肪的基本组成为脂肪酸，有必需脂肪酸和非必需脂肪酸之分。必需脂肪酸主要有两种，即亚油酸和亚麻酸。动物缺乏必需脂肪酸时，生长迟缓，出现皮肤症状（如脱毛、湿疹性皮炎、鳞皮等）。相关资料显示，幼儿缺乏必需脂肪酸时也有同样症状。但成年的动物和人很难产生缺乏症状，这是因为体内有较大量亚油酸储备之故。必需脂肪酸缺乏，可引起细胞膜磷脂的脂肪酸组成的改变，因而影响膜的功能，并可减低前列腺素的合成。人的必需脂肪酸需要量按其热量计为每日热能需要量的1%～2%。

（三）碳水化合物

碳水化合物是供给生物热能的一种主要营养素。食物中的碳水化合物是多糖（淀粉）和纤维素。多糖的降解产物——单糖，可为绝大多数生物所利用，而纤维素则仅在具有纤维素酶的生物体内才能被降解和利用。在膳食热量摄入不足时，机体的脂肪和蛋白质将被分解以补充热量的不足，表现为生长停滞、体重下降，严重时可致死亡。若膳食中碳水化合物的热量过低，脂肪热量过高将会发生酮症。减肥的人常过多地限制碳水化合物，以限制热量的摄入，并加强锻炼以消耗热量，在这种情况下也会出现酮症。因此，来源于碳水化合物的热能不宜少于总热能的45%。

（四）矿物质

矿物质又称无机盐，它是人体内不可缺少的营养素之一。根据体内含量的多少，矿物质可分为常量元素和微量元素两大类。常量元素有钙、磷、钾、钠、镁、氯、硫；微量元素有铁、锌、铜、碘、硒、氟、锡、硅、钒、钴、锰、铬、镍、钼等。矿物质的主要生理功能是构成人体细胞组织，维持体液渗透压，调节电解质与代谢平衡，维持体内环境的相对稳定，以及对各种酶的激活作用。

（五）维生素

维生素为机体所必需的微量有机化合物。每种维生素都有各自的生理功能，缺乏时会引起特殊的疾病，严重缺乏时可致死亡。维生素分为脂溶性维生素和水溶性维生素两类。现在已知的脂溶性维生素有维生素A、维生素D、维生素E、维生素K；水溶性维生素有维生素B_1、维生素B_2、维生素B_6、维生素B_{12}、烟酸、叶酸、生物素、泛酸、维生素C等。

（六）膳食纤维

膳食纤维包括纤维素、半纤维素、果胶、藻多糖和木质素。膳食纤维经胃肠道中细菌的纤维素酶发酵，可有大部分被酶解为短链脂肪酸。草食动物即以此为能量来源。流行病学及实验室工作证明，膳食纤维可降低肿瘤的发生，如结肠癌。其原因在于它们的亲水性和形成凝胶的能力，利于粪便排出，从而加速了致肿瘤活性的固醇代谢物的排泄，减少了其与结肠接触的时间。

（七）水

水是一切生命的源泉。水是人体易得的、廉价的，但却是几大营养素中最为必要的。水作为体内一切化学反应的媒介，是各种营养素和物质运输的介质。

三、膳食平衡

（一）营养平衡

随着生活水平的提高，人们的食品结构发生了变化，食物中肉类、禽、蛋、鱼类有所增加，五谷杂粮的摄取减少，这个趋势是肯定的，但仍然需要讲究营养平衡。所谓营养平衡，主要指机体摄取蛋白质、脂肪和碳水化合物三者能量的平衡。在我们日常的食谱中，宜适当降低脂肪的摄入量。

（二）合理营养

现实生活中食物的种类很多，有的含营养素较多，有的含量较少，有的所含营养素比较全面，有的不全面。我们日常的膳食是由多种食物混合而成的混合型膳食，食物中各种营养成分可以相互补充，取长补短，提高营养价值。理想的膳食必须含有人体所需的全部营养素，其数量能够满足人体需要，并以一定的比例摄入，保证机体正常的生长发育和健康。如果摄入的营养素过剩或不足，都会影响机体的生长发育和健康。在正常情况下，成年人的体重应该保持稳定，如果体重增加常提示热量的摄入超过热量的消耗，是营养过剩的表现。在青少年阶段，体重随年龄、身高而增加是正常生长发育的表现，但不应该超过正常范围，否则，同样是营养过剩的表现。由于营养增加，运动减少，青少年超重和肥胖的发生率有增加的趋势，这对他们的身心发育不利。

（三）膳食安排

一天的膳食安排会对人整天的工作、学习和健康产生影响。俗话说“早吃好、午吃饱、晚吃少”，这是很有道理的。一般情况下，早餐的热量应占全天食物热量的30%。不少人早餐都比较随便，甚至不吃早餐，这会影响整个上午的工作和学习效率。适当地选择体积小、合口味而又富含蛋白质的食物作为早餐较为适宜。这种食物可使体内血糖保持较高水平且较为稳定，不会出现高糖饮食后的“思睡”现象，而且蛋白类食物较耐饥，从而使人整个上午精神饱满，精力充沛。午餐应占全天食物热量的40%，适当增加含蛋白质和脂肪的食物，保证下午的工作和学习效率，同时也是机体一天中营养的最主要来源。晚餐不宜超过全天食物热量的30%，且以少而精为好。晚餐吃得过多，过于油腻，容易使人兴奋和失眠；同时会使血液的黏滞度增高，流动缓慢，如果此时入睡，对心脑血管不利；也容易使人发胖。对有晚睡习惯的人，晚餐可以适当增加热量，也可在晚餐后加用夜宵，但应注意全天食物的总热量不应超过机体正常的热量需求。进行体育锻炼要注意饮食规律。进餐时间与体育锻炼的时间应有一定间隔，特别是早、中、晚3顿正餐，食物较多且复杂，胃肠道负担较重。因此，一般是运动后半小时以上再进食。餐后应休息半小时后才可运动，如从事剧烈运动，应在餐后1.5～2小时后进行。

体育思政园地

均衡饮食是指选择多种类和适当分量的食物，以便能提供各种营养素和恰当热量去维持身体组织的生长，增强抵抗力和维持适中的体重。大学生是祖国的未来、民族的希望，要保持合理的膳食营养摄入，以健康的身体为中华民族的伟大复兴而奋斗。

第二章 田径运动

田径运动指由走、跑、跳跃、投掷和全能运动所组成的运动项目。以时间计算成绩的走和跑的项目叫径赛，以高度和远度计算成绩的跳跃、投掷项目叫田赛；由跑、跳跃、投掷部分项目组成的，用评分办法计算成绩的组合项目叫全能运动。

第一节 跑

一、短跑

（一）短跑简介

短跑是田径运动的基础项目。其正式比赛项目有男（女）100米跑、200米跑、400米跑等。短跑是一种用最快速度跑完全程的赛跑。在全程跑中，人体的运动器官和内脏器官在大量缺氧的状态下完成大强度的工作，属于极限强度的运动，是发展快速奔跑能力的一种有效手段。

（二）短跑技术

短跑由起跑和起跑后的加速跑、途中跑、终点跑几个紧密联系的技术环节组成。

1. 起跑和起跑后的加速跑

起跑和起跑后的加速跑的主要任务是使身体迅速摆脱静止状态，获得最大的起动初速度和向前的冲力，尽快地发挥速度并转入途中跑。短跑采用的是蹲踞式起跑。蹲踞式起跑姿势见图2–1–1。

（a）　　（b）　　（c）

图 2-1-1

2. 途中跑

途中跑是短跑的主要阶段，是全程跑中距离最长的一段，也是短跑技术中最主要的环节，对成绩起主要作用。其任务是继续发挥和保持高速度。

3. 终点跑

终点跑是短跑全程跑的最后一段。其任务是尽量保持途中跑的速度并进行冲刺，尽快以胸部或肩部触压终点线，跑过终点。

二、中长跑

（一）中长跑简介

中长跑是中跑和长跑的统称。中长跑项目有800米跑、1500米跑、3000米跑、5000米跑、10000米跑等。

中长跑既要跑出一定的速度，又要跑得持久。其特点是需要人体内脏器官长时间的工作与连续的肌肉活动。中长跑是发展持久奔跑能力、提高心血管系统和呼吸系统机能的有效手段。同时，它对培养人顽强的意志品质也有明显作用，还是一项简单易行的健身运动。

（二）中长跑技术

中长跑项目较多，各种距离跑的技术结构基本相似，只是因距离不同，技术细节上稍有差异。

1. 起跑和起跑后的加速跑

长跑采用站立式起跑。口令与短跑有所区别，少“预备”口令，发令前运动员位于起跑线后3米处的集合线处。听到“各就位”口令时，走到起跑线后做几次深呼吸，两脚前后开立，有力脚在前，紧靠起跑线后沿，前脚跟与后脚尖距离约一脚长，左右间距约为半脚，身体重心落在前脚上，后脚用前脚掌支撑站立，两腿弯曲，上体前倾，前腿异侧臂在前，同侧臂在后，保持身体稳定姿势，集中注意力听枪声。当听到枪声后，两腿迅速用力蹬地，两臂有力地前后摆动，身体迅速向前冲出，以便在短时间内获得较快跑速并跑向便于发挥自己战术的有利位置。加速跑达到预定速度并占据有利位置后，即转入途中跑。起跑后的加速跑距离长短与速度快慢，应根据个人特点、比赛项目和战术使用情况而定。中跑采用半蹲踞式起跑，动作是一手的拇指与其他四指分开成“人”字形撑于起跑线后，另一臂在体侧，体重落在前腿和支撑臂上，起跑动作近似蹲踞式。

2. 途中跑

途中跑是中长跑的主要部分，因此，掌握途中跑的技术是极其重要的。途中跑在整个中长跑过程中距离最长。其技术结构与短跑基本相同。因为途中跑的距离长、体力消耗大，所以要求途中跑的动作更加放松协调、平稳和节省体力。上体基本保持正直，稍前倾。两肩下沉，两臂靠近躯干，上臂、前臂约成90° 角，以肩为轴轻松快速有力地前后摆动。两脚有力地后蹬，推动身体更快地向前移动，蹬地角度一般为55° 左右。脚的落地一般有两种：一种是用前脚掌或前脚掌外侧着地（适合于中跑）；另一种是用脚跟外侧着地，向前滚动至前脚掌外侧着地（适用于长跑）。

3. 弯道跑

中长跑一半以上的距离是在弯道上进行的，为了克服沿弯道跑进时产生的离心力，在跑进时，身体需适当向左倾斜，跑速越快向左倾斜的程度越大。摆臂时，右臂稍向内前摆，前摆幅度稍大，左臂后摆幅度稍大。摆动腿前摆时，右膝应稍向内扣，左膝稍向外展。脚着地时，右脚用前脚掌内侧着地，左脚用前脚掌外侧着地。弯道跑时，应靠近跑道的内沿，以免多跑距离。超越对手最好不要在弯道上进行。

4. 终点跑

终点跑是在到达终点前的一段加速跑，动作要求基本上和短跑相同。这时机体已处于疲劳状态，应动员全部力量，以顽强意志冲向终点。终点跑的动作应该是摆臂快而用力，加强腿的后蹬与前摆。终点跑距离的长短，应根据个人体能、场上情况和战术要求而定。一般800米跑可在最后200～250米开始加速并逐渐过渡到终点跑；1500米可在最后300～400米逐步加速过渡到终点跑。

三、跨栏跑

（一）跨栏跑简介

跨栏跑是田径运动中技术性较强、难度较大的径赛项目。其正式比赛项目有男子110米栏、女子100米栏、男（女）400米栏等。跨栏跑是途中设有固定数量、固定距离、固定高度栏架的短跑项目。跨栏跑可以培养勇敢、顽强、果断和克服困难的意志品质，并能有效地发展速度、弹跳力、柔韧和灵敏等身体素质，其锻炼价值较高。

（二）跨栏跑技术

跨栏跑由起跑和第一栏前的加速跑、跨栏步、栏间跑和终点跑4个技术环节组成。

男、女各个项目所跨越的栏数都是10个，只是高度不同，但其跨越技术大致相同，都是用跨栏步和栏间跑动作完成。

第二节　跳跃

跳跃属田径运动中的田赛项目，有跳高、跳远、三级跳远和撑竿跳高。下文仅介绍跳高与跳远项目。

一、跳高

（一）跳高简介

跳高是田赛项目之一，是人体通过快速的助跑和有力的起跳，采用合理的过杆姿势，使身体腾越尽可能高的垂直障碍的运动项目。随着技术的不断发展，跳高姿势已从跨越式、剪式、滚式、俯卧式，发展到现在主要采用的背越式。这里只介绍背越式跳高技术。

（二）背越式跳高技术

背越式跳高由助跑、起跳、过杆和落地4个技术环节组成。起跳必须用单脚。

1. 助跑

助跑分直线助跑和弧线助跑两个阶段。

（1）直线助跑：一般为4～5步加速跑。两腿后蹬和前摆的幅度较大，身体重心较高，动作轻松、自然、有弹性。

（2）弧线助跑：一般为4～5步加速跑。助跑时身体略向圆心倾斜，脚落地时由脚跟过渡到前脚掌，摆臂与弯道跑相似。倒数第二步，步幅稍大，用全脚掌着地；最后一步稍小，速度较快，准备起跳。

2. 起跳

（1）以远离横杆的腿为起跳腿，向身体对侧迈出，踏上起跳点，以脚跟外侧着地，迅速过渡到全脚掌，屈膝缓冲，身体向起跳腿一侧倾斜。

（2）摆动腿大腿积极向前上方摆至水平位置，小腿自然下垂，身体转为正直。

（3）摆动腿屈膝内扣，向异侧肩上方摆动，并带动髋部向内转动，起跳腿迅速蹬伸髋、膝、踝关节，完成起跳动作。

3. 过杆和落地

（1）保持起跳腿蹬伸，躯干充分伸展；上体转动成背对横杆，起跳腿自然下垂。

（2）当头和肩越过横杆后，迅速沉肩，两臂置于体侧，髋关节向上挺起，形成“背弓”；两膝自然弯曲，小腿自然下垂。

（3）当髋关节过杆后，大腿向上摆动，小腿上踢，使整个身体过杆。

（4）两肩继续下潜，含胸收腹，自然下落，以肩部领先着垫。

二、跳远

（一）跳远简介

跳远是一项速度与弹跳力量相结合的运动项目。经常进行跳远练习，既可以发展速度、灵敏、协调等素质及弹跳能力，又可以培养坚毅、勇敢等意志品质。

（二）跳远技术

跳远由助跑、起跳、腾空和落地4个技术环节组成。

1. 助跑

跳远的助跑距离应根据自己的具体情况而定。一般情况下，跳远的助跑距离：男子在30～40米，跑18～22步；女子在25～35米，跑16～30步。确定助跑步数之后，须反复校正，并可在起跑点和最后8步或6步处做标记。

助跑一般从静止姿势开始，用“站立式”或“半蹲式”起跑，转入加速跑，也可以从行进中（先走几步）踏上起点线后开始加速助跑。加速的方式，可从助跑开始就积极加速跑出，也可逐渐加快速度。助跑应平衡、轻松而有弹性，有稳定的节奏，并保证发挥出所能控制的最高速度。从助跑的动作过程看，开始时，上体前倾，充分后蹬，大腿积极前摆，两臂用力摆动；助跑的中段，上体逐渐抬起，上、下肢摆动幅度增大，最后6～8步达到最大步长，并在起跳前达到最高步频，上体与地面成90°角；助跑最后一步的步幅应适当缩短。

2. 起跳

起跳动作是从助跑最后一步摆动腿后蹬开始，至起跳腿蹬离地面结束。

（1）助跑最后一步，摆动腿用力蹬地，使身体尽快向起跳板方向运动。起跳腿快速前摆，大腿积极下压，踏上起跳板，由脚跟过渡到全脚掌着地。

（2）起跳腿着地瞬间，髋、膝、踝关节被迫弯曲缓冲。同时，身体重心前移，起跳腿快速用力蹬伸，摆动腿大腿积极向前上方摆至水平位置，小腿自然下垂。

（3）起跳腿同侧臂屈肘向身体前上方摆动，异侧臂屈肘向体侧摆动，提肩、拔腰，向上顶头。

3. 腾空

随着起跳腿踝关节的最后蹬直，身体便进入腾空阶段。依据腾空后的身体姿势，跳远可分为蹲踞式跳远、挺身式跳远和走步式跳远。这里主要介绍蹲踞式跳远和挺身式跳远。

（1）蹲踞式：接近腾空最高点时，起跳腿屈膝上提，与摆动腿并拢；两腿屈膝，大腿靠近胸部，上体稍前倾；两臂由前向下、向后摆动；落地前，两小腿向前伸出，准备落地。（图2–2–1）

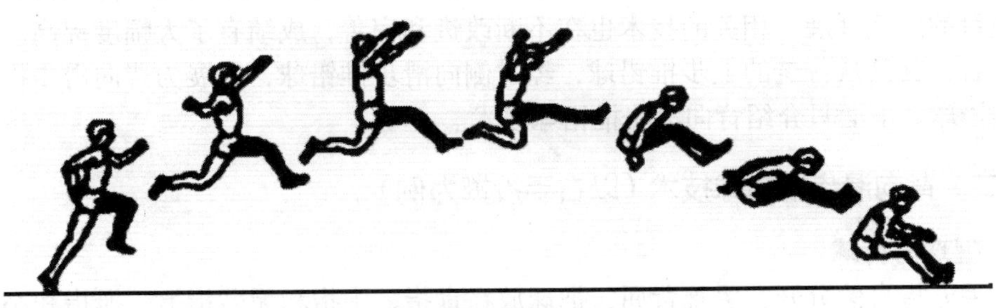

图 2–2–1

（2）挺身式：腾空后，摆动腿自然放下，小腿向后下方做弧形摆动；两臂向下，经体侧向后上方摆动；摆动腿与起跳腿并拢，髋部向前，胸、腰前挺，头、肩后展，成挺身展体姿势；落地前，两臂由后上方经体前向后摆动；同时两大腿上抬，收腹举腿，上体前倾，小腿前伸，准备落地。（图2–2–2）

图 2–2–2

4. 落地

正确的落地技术有利于获得最佳的跳远成绩，并防止受伤。无论采用哪种腾空姿势，落地前都要尽量向前伸出两腿，以脚跟首先触及沙面，然后前脚掌下压，膝关节迅速弯曲前跪，上体迅速向前跟。两膝同时弯曲前跪称为前倒落地法。一腿膝关节迅速弯曲，身体向屈膝一侧腿的方向侧向倒地称为侧倒落地法。

第三节　投掷

投掷是较为典型的力量型运动，它需要凭借人的力量，通过合理的发力技术和相应的身体姿势将一定重量的器械掷出尽可能远的距离。投掷的正式比赛项目有推铅球、掷铁饼、掷标枪和掷链球。下面只介绍普遍开展的推铅球、掷标枪项目。

一、推铅球

（一）推铅球简介

推铅球作为田径运动的正式比赛项目，是从19世纪开始的。第1届奥运会时，男子推铅球被列为正式比赛项目，第2届奥运会才把女子推铅球列为正式比赛项目。随着推铅球项目的广泛开展，相关的技术也在不断改进和完善，成绩有了大幅度提高。从投掷方法上看，其已从古老的上步推铅球，经过侧向滑步推铅球，发展为背向滑步推铅球和旋转推铅球。下面只介绍背向滑步推铅球技术。

（二）背向滑步推铅球技术（以右手投掷为例）

1. 握球与持球

右手五指自然分开，手腕背屈，把球放在食指、中指和无名指上，拇指和小指自然扶于球的两侧。握好球后，屈肘将球放在锁骨窝处，贴近颈部，手稍外转，掌心向前，

抬肘至上臂接近与肩平，持球手托顶住球，非持球臂自然向上伸举。（图2–3–1）

图 2–3–1

2. 预备动作

持球背对投掷方向，右脚尖贴近投掷圈后沿内侧，身体重心放在右腿上，左脚脚尖或前脚掌着地。根据右腿站立的曲直，站立可分为低姿势和高姿势。右腿与上体正直放松站立为高姿势。右腿弯曲，上体向前倾站立为低姿势。根据高、低姿势，两脚前后开立的距离以合适为度。（图2–3–2）

图 2–3–2

3. 滑步动作

滑步的目的是为器械的预先加速和最后用力创造良好条件。滑步动作要求使器械获得尽可能大的加速度，滑步结束时应确保完成最后用力动作的准备姿势，以便不停顿地与最后用力技术衔接。

预备动作之后左腿做1～2次预摆，随即向后摆出。随着臀部后移，右腿（支撑腿）弯曲并迅速而有力地蹬伸。蹬直的瞬间，脚尖内转并拉收至投掷圈的圆心附近，与投掷方向成90° 角。与此同时，左腿（摆动腿）迅速下落，以前脚掌内侧落于左侧抵趾板处。两脚落地的间隔时间力求短促，以保证连贯、加速地过渡到最后用力动作。

4. 最后用力动作

最后用力动作是从左脚积极主动着地的一刹那开始的。左脚着地后，身体左侧充分伸展形成稳固的制动和支撑。同时，右腿迅速、爆发式地用力蹬转，继续推动髋部向正对投掷方向转动。随两腿蹬转和支撑的反作用力向上体传递，上体向上抬起、挺胸抬头，右臂沿向上传递力的方向迅速、爆发式地用力向前上方伸展将球推出。球即将离手时，手指快速拨球。左臂与右臂相向，协调一致地向下屈肘压臂。球出手后，两脚迅速跳步交换，落地后右腿迅速屈膝、降低重心，左腿后拖以维持身体平衡，避免冲出投掷圈而犯规。最后用力动作不仅要在尽可能短的时间内以爆发式用力来完成，还要保证正确的用力顺序，以利于充分地将身体各部力量集中作用在球上。

二、掷标枪

（一）掷标枪简介

掷标枪具有悠久的历史，希腊人早就有非正式的掷标枪比赛。实际上掷标枪是人类与自然界进行斗争过程中形成的一种技术，在长期演进中，逐渐成为一种锻炼身体和进行竞赛的运动项目。

（二）掷标枪技术（以右手投掷为例）

掷标枪技术比较复杂，但从基本理论、基本技术来看仍和其他投掷项目类似，分为握枪、持枪、助跑、最后用力动作、维持身体平衡5个部分。

1. **握枪**

常用的标枪握法有3种，分别为普通式握法、中指握法和现代式握法，如图2–3–3 所示。这里主要介绍普通式握法和现代式握法。

（1）普通式握法（拇指和食指握法）。右手拇指、食指握在缠绳把手末端边沿，其余手指顺着食指方向握在缠绳把手上。

（2）现代式握法（拇指和中指握法）。将标枪斜放在右手掌心上，拇指和中指握在缠绳把手末端边沿，食指自然弯曲斜放在枪身上，无名指和小指自然地握在缠绳把手上。

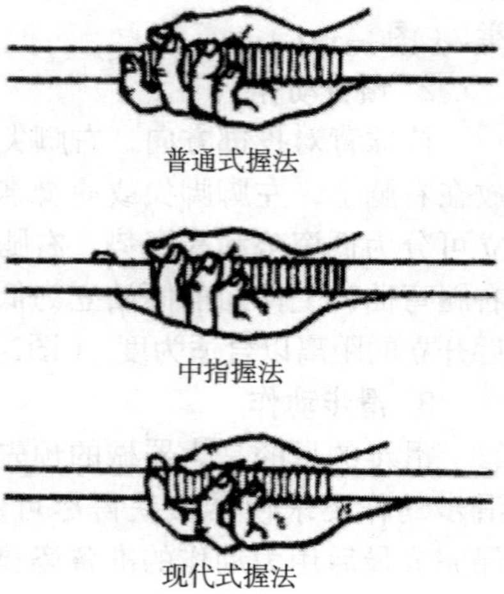

图 2–3–3

目前，标枪运动员多数采用现代式握法。其优点是中指长而有力，有利于增加最后用力的工作距离，能发挥更大的力量完成掷标枪时的鞭打动作和在出手瞬间使标枪产生绕纵轴的旋转。

2. **持枪**

正确的持枪技术应有利于持枪助跑发挥速度，有利于引枪并控制标枪的位置和角度并保持肩部和持枪臂放松。

持枪有多种方式，如肩上持枪法、腰间持枪法等。还有一种方式是持枪助跑前半段采用腰间持枪法，后半段变换成肩上持枪法，到投掷步时再引枪。这样做既有利于前半程发挥速度，又便于后半程引枪和控制标枪。因此，许多运动员都喜欢采用这种综合方式持枪助跑。

3. **助跑**

掷标枪的助跑的作用如同推铅球的滑步、掷铁饼的旋转一样，是给器械获得预先速度，并有利于控制好标枪的位置，为引枪和超越器械创造良好的条件。

助跑由两个阶段组成：第一个阶段是预跑，也就是持枪跑；第二个阶段是标枪特殊的助跑——投掷步（图2–3–4）。

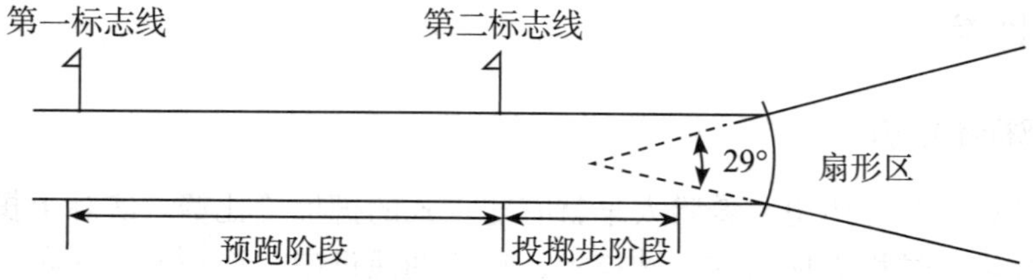

图 2–3–4

（1）预跑阶段。

掷标枪的助跑距离一般要25～35米。从第一标志线到第二标志线15～20米的距离作为预跑阶段，通常跑8～14步。预跑阶段时，投掷臂持枪，上体稍前倾，用前脚掌着地；

高抬大腿，蹬伸动作有力，动作轻快而富有弹性，并且助跑的节奏性要强；持枪臂和另一臂要与两腿动作协调配合，两眼平视，头部自然抬起。预跑阶段的助跑应是逐渐加速的，助跑的步长要稳定，助跑阶段也要能控制，以便于完成投掷步和最后用力为前提。尤其对初学者来说，预跑阶段的助跑速度更要控制，随着技术熟练程度的提高，可逐步提高助跑的速度。

（2）投掷步阶段。

由于掷标枪的投掷步不同于普通跑步，在投掷步中还包含一个特殊的交叉步，为此，有人把掷标枪的投掷步阶段叫作交叉步阶段。投掷步是从第二标志线开始，到投掷弧这一段距离内的助跑，实际上是从预跑加速过渡到最后用力直至标枪出手这一系列的动作阶段。投掷步的任务是通过特殊的助跑技术，使下肢动作加快，在快速向前运动中完成引枪，并且通过投掷步形成身体超越器械，为最后用力和出手创造良好条件。

投掷步有两种形式：一种是跳跃式的投掷步，另一种是跑步式的投掷步。投掷步通常跑4～6步，男子为9～15米，女子为8～13米。

4. 最后用力动作

投掷步的第3步右脚着地后，右腿被动屈膝缓冲，身体继续向前运动。在身体重心越过右脚支撑点上方时，右腿积极蹬伸用力。在左脚着地时，左腿做出有力的制动动作，可加快上体向前的运动速度。右腿继续蹬地，推动右髋加速向投掷方向运动，使髋轴超过肩轴，并带动肩轴向投掷方向转动。在肩轴向投掷方向转动的同时，投掷臂快速向上翻转，使上体转为面对投掷方向，形成“满弓”姿势。此时投掷臂处于身后，与肩同高，与躯干几乎成直角。

形成“满弓”姿势后，胸部继续向前，将投掷臂最大限度地留在身后，右肩部的肌肉最大限度地伸展。由于向前惯性的作用，左腿被迫屈膝，但随即做迅速有力的充分蹬伸，同时以胸部和右肩带动投掷臂向前做爆发性鞭打动作，并使用力的方向通过标枪纵轴。

在最后用力时，合理的用力顺序是取得最大出手速度的关键。从右腿落地后的及时发力到右臂的快速鞭打，再到标枪出手，人体各部位形成一个完整的运动链。身体左侧的支撑和用力动作对于投掷成绩起着至关重要的作用。

5. 维持身体平衡

标枪出手后，维持身体平衡是全过程的结束动作。为了防止人体越过投掷弧而造成犯规，标枪出手后，右腿应及时向前跨出一大步，降低身体重心，以保持平衡。为了保证最后用力时运动员可以大胆向前做动作而又不犯规，最后一步左脚落地点至投掷弧的距离应为1.5～2米。

体育思政园地

“95后”残奥冠军邓培程　田径赛场上的“飞人”

2021年9月4日，在广东省肇庆市怀集县怀城镇一户人家的电视机前，邓培程的母亲在一片欢呼声中激动地抱住身边的亲友，流下了开心的眼泪。电视机的画面里，邓培程刚在东京残奥会男子100米T36级决赛中，以11秒85的成绩打破残奥会纪录并夺得金牌。

1996年出生的邓培程，患有先天性脑瘫，身体四肢不协调，但他从小热爱跑步，展现出很强的运动天赋。2008年的一天，电视里正播放北京残奥会田径比赛，正在上小学的邓培程被勇敢追梦的残疾人运动员震撼，他在心中埋下“奥运梦”的种子，“别人能做到的我也一定能做到”，之后他便开始利用课余时间练习跑步。

转眼10年过去，广东省残运会召开在即，肇庆正招募田径运动员，邓培程主动自荐参加比赛。那是他首次参加广东省残运会，便一举勇夺5金、打破3项省纪录。正是这次运动会，让教练员胡正观发现了邓培程这个“好苗子”，并极力邀请他加入自己的训练团队。

2019年，邓培程正式成为一名残疾人运动员，走上与训练、比赛为伴的竞技体育之路，他也付出了远超常人的汗水与艰辛。

2021年1月，邓培程右脚踝不慎崴伤，出征东京残奥会前，脚伤还未完全恢复。赛前，队医还在为他治疗伤病，他的双腿绑满了黑色的肌贴。在那场夺金的百米决赛中，当邓培程爆发出最高速度时，腿脚伤病又被触发，赛后疼痛感再次袭来，他说：“拼尽全力，跑的过程中忘记痛了。”

从“野生训练”到残奥会上夺冠，身残志坚的邓培程在追梦的路上，全力以赴、奔跑不止。目前，他正在备战新的比赛，在热爱的田径场上继续奔跑。

（资料来源：人民网，2022年7月20日，有改动）

第三章 大球运动

第一节 篮球运动

一、篮球运动简介

篮球运动起源于美国。它是1891年由美国体育教师詹姆斯·奈史密斯博士发明的。篮球运动于19世纪末传入我国，当时主要在我国大城市的学校中开展。中华人民共和国成立后，篮球运动已成为群众喜爱的体育项目之一，有着雄厚的群众基础。与此同时，中国篮球运动的竞技水平也取得了历史性突破。中国女篮先后取得了1992年奥运会和1994年世界锦标赛亚军；中国男篮则打进了1994年世锦赛八强和2008年奥运会八强。现在，我国职业篮球赛事的蓬勃开展带动了中国篮球运动向更高水平发展。

二、篮球运动基本技术

篮球运动基本技术主要有移动、传球、接球、运球、投篮和抢篮板球等。各类技术又有若干不同的方法和不同的完成方式。各种方法和方式的组合运用构成了进攻技术和防守技术两个部分。

（一）移动

移动是篮球技术的基础。移动是篮球运动中队员为了改变位置、方向、速度和争取高度、空间所采用的各种脚步技术的总称。移动技术包括起动、跑、跳、急停、转身、滑步、撤步等。

1. 起动

起动是队员改变静止状态、摆脱防守、抢占有利位置有效的方法之一。两脚前后或左右开立，两膝弯曲，上体成稍前倾的站立姿势。起动时，前脚掌用力蹬地，使动作具有突然性。起动的前3～4步要短而快速，同时身体稍前倾，加快跑的速度。

2. 跑

跑既是队员在球场上改变位置、发挥速度的重要方法，也是比赛中运用最多的一种移动动作。篮球比赛中经常运用的跑主要有变速跑、变向跑、侧身跑。变速跑是队员跑动中利用速度的变换来争取主动的一种方法。

3. 跳

跳是队员在球场上争取高度及远度的一种动作方法。篮球比赛中的很多技术动作需要队员在空中完成。因此，队员要会单、双脚起跳，能在原地、跑动中和对抗条件下向不同方向跳、连续跳等，并要求跳得快、跳得高，滞空时间长，以便更好地在空中完成各种攻守动作。

4. 急停

急停是队员在跑动中突然制动的一种动作方法，也是各种脚步动作衔接和变化的过渡动作。篮球比赛中急停更多的是与其他技术动作结合在一起运用的。急停的动作有以下两种。

（1）跨步急停（两步急停）。队员在快速跑动中急停时，先向前跨出一大步，用脚跟先着地过渡到全脚抵住地面，并迅速屈膝，同时身体微向后仰，后移重心。然后，再跨出第二步。脚着地时，脚尖稍向内转，用前脚掌内侧蹬住地面，两膝弯曲，身体稍有侧转（右脚跨出第一步，身体后移），微向前倾，重心移至两脚之间。两臂屈肘时自然张开，保持身体平衡。

（2）跳步急停（一步急停）。队员在中、慢速跑动中急停时，用单脚或双脚起跳（一般离地面不高），上体稍后仰，两脚同时平行落地。落地时全脚掌着地，用前脚掌内侧蹬住地面。两膝弯曲，两臂屈肘微张，保持身体平衡。

5. 转身

转身是以一脚为中枢脚，另一脚向前或向后跨出改变站立位置和方向的一种动作方法。转身包括前转身和后转身。

前转身：移动脚蹬地，在中枢脚前方（身前）进行弧形移动的叫前转身。

后转身：移动脚蹬地，在中枢脚后方（身后）进行弧形移动的叫后转身。

6. 滑步

两脚平行站立，两膝较深弯曲，上体略前倾，两臂侧伸。向左侧滑步时，在左脚向左迈出的同时，右脚蹬地滑动，向左脚靠近，两脚保持一定距离，左脚继续跨出。向后滑步时，在后脚向后撤步着地的同时，前脚紧随着向后滑动，保持前后开立姿势。向前滑步时，在前脚向前迈出一步着地的同时，后脚紧随着向前滑动，保持前后开立姿势。滑步时注意屈膝，降低重心。

7. 撤步

撤步是前脚向后撤步的一种动作方法。做撤步时，用前脚的前脚掌内侧蹬地，同时腰部用力向后转动，后脚蹍蹬地面，前脚快速后撤，紧接滑步调整防守位置。

（二）传球

传球是篮球比赛中进攻队员通过有目的的转移球，实现配合进攻的有效手段。因此，它是组织全队进攻配合的纽带，也是提高进攻战术质量的重要环节。下面主要介绍双手胸前传球和单手肩上传球。

图 3-1-1

1. 双手胸前传球

双手持球于胸前（两臂不要外张），手指自然分开，握在球两侧偏后的位置上，两腿屈膝前后（左右）开立。传球时，两腿蹬地，重心前移，两臂前伸，手腕向上翻转，拇指下压，中指、食指拨球，将其协调传出。（图3-1-1）

2. 单手肩上传球

单手肩上传球是单手传球中最基本的一种传球方法。这种传球力量大，出球方向多，速度快，常用于中、远距离传球，在发动长传快攻时运用较多。右手传球时，左脚在前，左肩侧对传球方向，同时将球引至右肩上方，肘部外展，上臂与地面近似平行，手腕后仰托住球的后下方，重心落在右脚上，用右脚前脚掌蹬地，向左扭腰转肩，带动右前臂迅速向前挥摆，并扣腕拨球，通过食指、中指用力拨球将球传出，要有明显的屈腕鞭打动作。球出手后，右脚随着身体重心前移，保持基本站立姿势。（图3-1-2）

图 3-1-2

（三）接球

接球是获得球的动作，是抢篮板球和抢断球的基础。

1. 双手接球

两眼注视来球，两臂伸出迎球，手指自然分开，两拇指成“八”字形，手指向前上方，两手成一个半圆形。当手指触球后，两臂顺势后引缓冲来球的力量，两手握球于胸腹之间。保持身体平衡，做好传球、投篮或突破的准备。当来球的高度不同时，两臂伸出迎球的高度也有所不同。

2. 单手接球

单手接球时，接球手向来球方向伸出，五指自然分开，掌心正对来球，腕、指放松。当手指触球时，顺球的来势迅速收臂置球于身前或体侧，另一只手迅速扶球，保持身体平衡，做好下一步进攻的准备姿势。

（四）运球

运球是篮球技术中重要的基本技术，是组织全队进攻配合和突破防守的基础。下面主要介绍低运球、高运球、体前变向换手运球、运球急停急起。

1. 低运球

低运球时，两腿应迅速弯曲，重心下降，上体前倾，球的落点在体侧，用上体和腿保护球。同时，用手腕和手指短促地按拍球的后上方，将球的反弹高度控制在膝关节以下。

2. 高运球

高运球时，两腿微屈，上体稍前倾，两眼平视，以肘关节为轴，前臂自然屈曲，用手腕、手指柔和而有力地按拍球的后上方。球的落点控制在运球的手臂的同侧脚的外侧前方，使球的反弹高度于胸腹之间。

3. 体前变向换手运球（以右手运球为例）

运球队员从防守队员右侧突破时，先向防守队员左侧做变向运球假动作。当防守队员向左侧移动堵截运球时，运球队员突然按拍球的右后上方，使球经自己体前右侧反弹至左侧前方。右脚向左前方跨出，上体向左转，侧肩挡住防守队员，同时换左手按拍球的后上部。左脚跨出并用力蹬地加速，从防守队员的右侧突破。

4. 运球急停急起

在快速运球中急停时，快速按拍球的前上部，同时两脚做跨步急停，并转入低运球。在急起时，后脚用力蹬地，同时按拍球的后侧上部，向前运球。

（五）投篮

投篮是队员将球投入篮筐的一种专门动作。它是篮球比赛中唯一的得分手段，是一切进攻技战术的最终目的和全部攻守矛盾的焦点。

1. 原地单手肩上投篮

以右手投篮为例。两脚原地开立，右脚稍前，身体重心落在两脚中间。右臂屈肘，手腕后仰，掌心向上，五指自然张开，右手持球于右眼前上方，左手扶球侧，两膝微屈，上体放松并稍前倾，目视瞄篮点。投篮时下肢蹬伸，同时依势伸腰展腹，抬肘上伸前臂，手腕前屈，以指端拨球，最后通过食指、中指用力地将球投出。球离手后右臂应有自然跟进动作。（图3-1-3）

图 3-1-3

2. 行进间单手肩上投篮

以右手投篮为例。跑动接球时，右脚跨出一大步，然后左脚接着跨出第二步，这一步稍小并用力起跳，右腿屈膝抬高。在左脚蹬地起跳的同时，双手迅速将球举至右上方，右手五指自然分开，掌心空出，手腕后屈托球，左手扶球作保护，肘下垂，眼睛注视球篮。接着右手托球向上伸展，手指柔和地拨动，手腕下压，将球投出。

3. 行进间单手低手投篮

以右手投篮为例。当球在空中运行时，右脚向来球方向或投篮方向跨出一大步，同时接球。左脚向前跨出一小步，脚跟先着地，上体稍后仰，然后迅速过渡到前脚掌着地，并用力蹬地起跳。右腿屈膝上提，左脚蹬离地面，同时双手向前上方举球，腾空后，右臂向前上方伸展。投篮出手后，两脚同时落地，两腿弯曲，以缓冲落地的力量。

4. 跳起单手投篮

跳起投篮简称跳投。这里主要指跳起单手投篮，其出手动作与原地单手投篮基本相同，只是在动作结构上增加了起跳部分，投篮动作要在空中完成。

以右手投篮为例。双手持球于胸腹之间，两脚左右（或前后）开立，两膝微屈，身体重心落在两脚之间，上体放松，眼睛注视篮筐。起跳时，两膝适当弯曲（两脚前后开立时也可上一步再做此动作），接着脚掌蹬地发力，伸腰展腹，向上迅速摆臂举球并起跳，双手举球于肩上或头上，左手扶球左侧。当身体升至最高点或接近最高点时，左手离球，右臂向前上方伸直，同时用突发性力量屈腕、压指，使球通过指端投出。球离手后身体自然落地，屈膝缓冲，准备冲抢篮板球或回防。（图3–1–4）

图 3–1–4

（六）抢篮板球

篮板球是攻守双方争夺的焦点，是攻守转换的关键。抢篮板球是获得球权的主要手段。

1. 抢进攻篮板球

当同队队员投篮后，既要及时判断球反弹的方向，又要快速抢占有利位置。可利用假动作绕到对手的前面，用单脚或双脚起跳，在最高点时进行补篮或抢篮板球。

2. 抢防守篮板球

当对手投篮时，保持正确的站立姿势，两肘外展以占据较大的空间，要判断出球的反弹方向，并注意对手的移动。防守队员要根据对手的行动，选择抢占有利位置，把对手挡在身后。如难以抢到球，可用点拨球的方法在空中将球点拨给同伴。

（七）防守

防守是防守队员合理地运用脚步移动和手臂动作积极地抢占有利位置，阻挠和破坏对手的进攻动作，并以争夺控球权为目的的行动。

1. 防守无球队员

（1）位置的选择。防守时，位置的选择非常重要，正确、合理地占据有利位置，会使防守变得主动。就一般情况来说，防守队员应站在对手与球篮之间的内侧位置上，保持与对手有适当的距离和角度，以便能按要求来行动。与对手的距离要根据对手与持球队员的距离而定，一般来说，离球近则近，离球远则远，以能控制对手为原则。

（2）手臂的配合。在积极移动的同时，必须借助手臂的动作，扩大防守面积。手臂要随着移动配合做伸出、挥摆、上举等动作，以便能更有效地阻挠对手接球和争取断球。

（3）积极地移动。防守时，要随时保持有利的防守位置，就必须有正确的准备姿势，以保证及时地移动。由于对手不断地向不同的方向移动，因此防守队员的准备姿势的站法也要随着变换。在离球较近防守时，经常采用面向人侧向球的站法，不让对手摆脱接球；在离球较远防守时，经常采用侧向人面向球的站法，以便断球或进行协防配合。不论哪种站法，都要积极运用撤步、滑步、交叉步、碎步和快跑等脚步移动跟住对手，堵截其移动路线。为了及时起动，防守队员应以短小的步幅，不停地滑动，以便更快地移动阻挠对手，使他向不利的位置上转移。

2. 防守有球队员

（1）位置、距离的选择。当对手接球后，必须迅速调整位置和距离，在占据对手与球篮之间的有利位置的基础上，还要与对手保持适当的距离。一般来说，离篮远则远，离篮近则近，并根据对手的特点（善投、善突等）、战术的需要而有所调整。

（2）防守的动作。由于持球队员的特点、意图及其与球篮的距离不同，因此防守队员在防守持球队员时的动作也有所不同。一般防守持球队员有两种方法。

① 平步防守：两脚取平行站立的防守姿势，两臂侧伸和挥摆。这种方法防守的面积大，便于左右滑动，对防突破比较有利。

② 斜步防守：两脚取前后站立的防守姿势，一臂上伸，另一臂侧伸进行阻挠。这种方法便于前后移动，对防投篮比较有利。

不论采用哪种方法，都要积极移动。当对手运球或突破时，应阻截其移动路线，迫使其运向边角；当对手做假动作时，不要受其引诱而失去身体平衡。

（3）合理地运用抢断球技术。在防守持球队员的过程中，始终要伺机抢断对手的球，但要判断准确，动作突然快速。注意保持身体平衡，避免犯规。

三、篮球运动基本战术

（一）进攻配合

进攻配合是指进攻队员之间有目的、有组织的协同作战的配合方法。它是进攻队员在场上制造、捕捉不同战机，相互协同、相互配合制造机会，以达到进攻目的的方法。

1. 传切配合

传切配合是指进攻队员之间利用传球和切入技术所组成的配合方法。传切配合主要包括一传一切和空切两种方式。传切配合要求变向切入动作要快，切入过程中要侧身看球。

2. 突分配合

进攻队员持球突破或运球突破对手后，遇到对手补防或关门时，及时将球传给空隙地带的同伴，这种在突破中区别情况及时传球给无人防守的同伴的配合方法叫突分配合。突分配合的要点是同伴之间要有良好的配合默契，突破者在突破过程中要注意观察攻守队员的位置变化，既要做好投篮准备，又要在遇到对手补防时巧妙地分球给同伴投篮。

3. 掩护配合

掩护配合是指进攻队员以合理的行动，用身体挡住防守队员的通路，为同伴摆脱防守，创造接球和投篮机会的一种配合方法。

（二）防守配合

防守配合是指防守队员之间为了破坏对手的进攻配合，或当同伴出现防守困难时及时相互协作和帮助的配合方法。防守配合主要有关门配合、穿过配合、挤过配合、交换配合等。

1. 关门配合

关门配合是邻近的两名防守队员协同防守持球突破的一种配合方法。当进攻队员持球突破时，防守突破队员应向侧后方滑步，这时邻近突破一侧的防守队员也应及时地向进攻队员突破方向滑动，与防守突破队员靠拢，像两扇门一样“关闭”起来，迫使进攻队员失误或造成撞人犯规。

2. 穿过配合

当进攻队员进行掩护时，防守掩护者要及时提醒同伴。当两个掩护配合的进攻队员交错时，防守掩护者的队员要主动后撤一步，让同伴能及时从中间穿过去，以便继续防守自己的对手。这种配合方法一般在对方无投篮威胁时采用。

3. 挤过配合

对手采用掩护配合进攻时，防守队员为了破坏对手的掩护配合，当掩护者临近的一刹那，被掩护者的防守队员主动靠近自己的对手，并从两名进攻队员之间侧身挤过去，继续防住自己的对手。

4. 交换配合

交换配合是指破坏对手掩护时，防守队员之间及时地互换防守的一种配合方法。

（三）半场人盯人防守

半场人盯人防守是指由攻转守时，全队用最快的速度退回后场，每人的防守都有明确的被防对象的人盯人防守战术。这种防守方法分工明确、任务具体，在防守中有一定的攻击力，比赛中运用较普遍。根据进攻队的特点，常用的有半场缩小（松动）人盯人防守和半场扩大（紧逼）人盯人防守。

1. 半场人盯人防守的要求

防守队应根据双方队员的身高、位置和技术水平合理地进行防守分工。由攻转守时，要迅速退回后场，防持球队员时要逼近对手，迫使对手处于被动局面。防守无球队员要根据对手、球和离球篮的距离选择人球兼顾的位置。

2. 半场人盯人防守的方法

防守时，根据球的转移和以盯人为主的原则，要球、人、区兼顾，强侧与弱侧进行不同的防守。强侧防守要求：球在正面时，要错位防守，防守队员站在能够控制对手接球的路线上，阻止接球。球在45°角一带时，强侧的防守队员要绕前防守对手接球，并且罚球线位置的防守队员要缩回罚球线以上协防。弱侧防守要求：球在正面罚球线时，罚球线位置的防守队员要回缩，注意关门配合，同时弱侧的防守队员要向强侧移动或注意协防篮下。

（四）进攻半场人盯人

进攻半场人盯人是根据半场人盯人防守的特点，从每名队员的具体实际出发，综合运用传切、突分、掩护和策应等配合所组成的全队进攻战术。

1. 进攻半场人盯人的要求

（1）从本队实际出发，合理组织进攻阵形，迅速落位，有目的地组织战术进攻。

（2）人、球都动，连续穿插掩护，调动防守，制造防守漏洞。扩大攻击面，增加攻击点，使战术具有连续性。

（3）主攻明确，内外结合，集体配合与个人进攻相结合，提高战术的灵活性和机动性。

（4）掌握好进攻节奏，快、慢、动、静相结合，控制进攻的主动权。同时，注意保持攻守平衡，提高攻守转换速度。

（5）组织冲抢进攻篮板球，把冲抢进攻篮板球作为战术的组成部分，并明确个人职责。

2. 进攻半场人盯人的方法

（1）单中锋进攻法：进攻队员获得球后迅速进场，中锋站在罚球线后，背向球篮准备接球，队员按“2–1–2”站位。进攻发动时，持球队员传球给中锋，然后中锋在有利位置上接到球后果断投篮。

（2）双中锋进攻法：这种方法主要由掩护和策应配合组成。通过中锋掩护和外围队员的穿插跑动创造内线的得分机会。由于内线给对手的压力大，迫使对手缩小防区，为外围队员中远投篮创造了机会。

（3）无中锋进攻法：这种方法把传切、策应、掩护等配合组合在一起，特点是机动灵活、连续性强，能保持攻守平衡，但这种方法要求队员战术素养和意识较高。

（五）区域联防

区域联防是指由攻转守时，全队队员迅速退回后场，按区分工，各自负责防守一定区域的进攻对手，形成一定的防守阵势，把每个防守区域有机地联合起来，并随球进行协同移动防守的一种全队防守战术，也是篮球两大防守战术系统之一。区域联防一般运用较多的阵形有“2－1－2”阵形、“2－3”阵形、“3－2”阵形，在其基础上又演变出“1－3－1”阵形等。

区域联防的要求：防守阵形应根据对手的情况而选用。在比赛中随球的转移合理选位，防守阵形及时变化。以防球为重点，随球的转移经常调整位置，做到人球兼顾，彼此呼应，及时换位、护送、协同防守。对持球队员要靠近防守，阻挠其投篮和运球突破；对无球队员的移动要阻截。全队队员必须快退迅速组阵，严防进攻队员在篮下活动，极力防范球和进攻队员轻易向内线穿插渗透。

（六）进攻区域联防

进攻区域联防是针对区域联防的阵形和变化特点，结合本队的实际情况，组织相应的站位阵形，有目的地通过传球及队员的穿插，破坏对手整体防御部署，创造良好的内外线进攻机会的进攻战术。确定进攻阵形的原则是根据进攻的点、面，合理部署队员占据区域联防的薄弱地区，避免与防守队员形成一对一的站位，在局部区域形成以多打少的优势，并始终保持攻守平衡。进攻区域联防常用的进攻阵形有“1–2–2”阵形、“1–3–1”阵形、“2–1–2”阵形、“2–3”阵形等。

进攻区域联防的要求：首先要以快制胜，不论在何处获得球权，都应抓住时机，发动快攻，力争在对手未落位前进行攻击。在进攻中加强横、纵切，溜底线，背向插入，打乱其防守阵形，创造进攻机会。布置突破口和远投手，外投内抢，并针对区域联防重于内线防守的特点，先取外线攻击以扩大其防守区域，形成真空地带，乘机展开移动穿插。投突攻击，内外结合，使其在跟防、协防、补防的情况下顾此失彼，从中寻找更多的攻击机会。

体育思政园地

中国篮球名人堂传承“传奇”

4月9日，2022年中国篮球名人堂入堂仪式在天津青年会南开区东马路会所旧址（中国现存最早篮球馆）举行。穆铁柱、胡卫东、刘玉栋、王治郅、宋晓波、丛学娣、郑海霞、许利民、蒋兴权……15位“特别致敬人物”、“新中国篮球运动杰出贡献奖（五十杰）”优秀集体获奖人，当他们的名字被念出之时，中国篮球的历史、现实和未来在这一刻汇聚。

篮球运动于1895年传入天津，如今已经在中国发展了128年。这是漫长的时间，诞生了多位值得载入中国篮球史册的人物。在名人堂中，有许多黑白的影像资料和照片，记录着如今我们已经有些陌生的人和事。这又是“短暂”的时间，历史长河中，一个多世纪也是弹指一挥间，未来一定会有更多同样了不起的人物，为中国篮球、世界篮球的发展作出同样了不起的贡献。

仪式上登台发言的每一位入堂人物，无一例外都谈到了自己的篮球之路、自己的恩师教练和篮球对于自己的意义。“永远追风、依然追风”的王治郅说，7岁那年去北京工人体育场训练，郑海霞送给自己的一双大码国家队篮球鞋，燃起了自己的篮球梦。从少年到如今，从运动员到教练员，王治郅说：“在篮球道路上，对我而言，时间只不过是考验，心中信念依然未减。”

郑海霞说，自己是穿着穆铁柱送的篮球鞋，从一名农村女孩成长为篮球运动员，要感谢的人很多，最难忘的是当初商丘地区体校的方丙银教练，每顿饭省下白面馒头给自己补充营养，自己去吃窝头。“先行者创造历史，后来者延续历史，我更期待未来年轻运动员可以超越历史，为中国篮球创立新的篇章。”

83岁的蒋兴权记得50多年教练生涯中的每一名弟子，他在入堂仪式上讲述了当年胡卫东和刘玉栋训练中受罚的趣事。他还说，看到当年的两个小朋友今天来到名人堂，自己十分欣慰。“对我来说，任何荣誉都比不上弟子们为篮球事业发展而努力的模样。能为国家培养优秀的篮球人才，比立功更重要。”

1984年8月17日出版的《体育报》（1988年更名《中国体育报》）在一版刊登了一封题为《祖国在我心中　力量在我们身上》的致谢信，作者是1984年洛杉矶奥运会中国体育代表团所有奖牌获得者，当时主教练杨伯镛带领的中国女篮也在其中。当时的女篮队长宋晓波在现场和大家一起重温了这封感人至深的信：“我们将不忘父老兄妹的殷切希望，从零开始，迈出新的步伐，我们一定能实现新的突破，因为祖国在我们心中，力量在我们身上。”

传奇自传承，没有传承，传奇也会被遗忘，中国篮球名人堂就是一个“传承”的地方。中国篮球协会主席姚明说：“我们要向前看，但同时还要看我们从哪里来，过去有什么故事，创造这些故事的人为我们留下了什么。当这些被一一讲述，并成为我们的基因的时候，未来的道路就会越来越清晰。”

（资料来源：《中国体育报》，2023年4月10日，有改动）

第二节　排球运动

一、排球运动简介

排球运动是一项由两支相等人数构成的球队，在被球网隔开的两个均等的场地内进行集体性攻防对抗的体育项目。随着现代排球运动的内涵和外延不断拓展，排球比赛的技术性与观赏性不断提高，排球赛事不断向社会化、职业化和商业化的方向发展。

排球运动始于1895年，是由美国人威廉·G. 摩根发明的。排球运动最初作为一种消遣游戏，称为“空中飞球”。1905年排球运动传入我国，先后经历了16人制、12人制和9人制。中华人民共和国成立后，为了适应国际交往的需要，才改为6人制，一直沿用至今。1964年第18届奥运会把排球列为正式比赛项目。

二、排球运动基本技术

（一）准备姿势和移动

准备姿势和移动是排球运动基本技术之一，属于无球技术，是完成发球、垫球、传球、扣球和拦网等各项有球技术的前提和基础，并在各项有球技术中起串联和纽带作用。准备姿势和移动是相辅相成的，准备姿势主要是为了移动，而要快速移动又必须先做好准备姿势。

1. 准备姿势

准备姿势按身体重心高低可分为稍蹲准备姿势、半蹲准备姿势和低蹲准备姿势3种。

（1）半蹲准备姿势：两脚左右开立，比肩宽，一脚在前，两膝弯曲。脚尖朝前并稍内收，脚跟稍提起，身体重心放在前脚掌上。上体前倾，重心靠前，以利于向前及前斜方移动和接起较低的来球。两臂放松，两肘自然弯曲并下垂，双手置于腹前。全身适当放松，处于灵活状态，并根据球场变化随时调整身体的位置、方向和重心。

（2）稍蹲准备姿势：稍蹲准备姿势比半蹲准备姿势重心稍高，动作方法相同。

（3）低蹲准备姿势：低蹲准备姿势比半蹲准备姿势重心更低、更靠前，两脚之间的距离更宽。

2. 移动

移动的目的是及时接好球，保持好人与球的位置关系，以便于击球。

移动的常用步法有以下几种。

（1）并步和滑步：如向右侧移动，右脚先向右迈出一步，左脚迅速并上，落在右脚的左面。连续并步就是滑步。

（2）跨步：即向移动方向跨出一大步，屈膝，上体前倾，身体重心移至跨出腿上。

（3）交叉步：以右交叉步为例，上体稍右转，左脚从右脚前面向右交叉迈出一步，然后右脚再向右跨出一大步，同时身体转向来球方向保持击球姿势。

（4）跑步：注意边跑要边把身体转向来球的方向。

无论采用哪种移动步法都要迅速起动，且几种步法可以根据场上情况综合运用。

（二）发球

在端线后自行抛球，并用一只手将球直接击入对方场区的技术动作称为发球。发球是比赛的开始，也是进攻的开始。发球的方法很多，这里重点介绍正面下手发球、正面上手发球、侧面下手发球和勾手发球技术。

1. 正面下手发球

面对球网，两脚前后开立，左脚在前。两膝微屈，上体稍前倾，重心偏于右脚，左手持球于腹前。发球时，左手将球抛起在体前右侧，离手约20厘米高。抛球前，右臂伸直，以肩为轴向后摆动。击球时，右脚蹬地，身体重心随着右手向前摆动击球移至左脚

上，右手在腹前用全手掌击球的后下方。右手触球时，手指手腕紧张，手成勺形。击球后，迅速进入场地。（图3-2-1）

图 3-2-1

2. 正面上手发球

面对球网，两脚前后开立，左脚在前，身体重心在右脚上，左手托球于腹前。发球时，左手或双手将球平稳垂直的上抛至右肩前上方约 1 米高度，同时右臂抬起，屈肘后引，使肘与肩平，手高于头。击球时，五指自然张开，抬头挺胸，展腹送髋，上体稍向右侧转。利用蹬地、收腹、收胸和上臂带前臂的力量加速向前上方挥动，用全手掌击球的后中部，击球点保持在右臂前上方，并伴有手腕向前推压动作，使球呈上旋飞行。

3. 侧面下手发球

左肩朝向球网，两脚左右开立，与肩同宽。两膝微屈，上体前倾，重心落在两脚之间，左手持球于腹前。发球时，左手把球平稳地抛送于胸前，距身体约一臂远，离手约30厘米高。在左手抛球的同时，右臂摆至右侧后下方，接着利用右脚蹬地向左转体的力量带动右臂向前上方摆动，右手在腹前用全手掌击球的右下方。（图3-2-2）

图 3-2-2

4. 勾手发球

左肩朝向球网，两腿稍屈，自然开立，双手持球于腹前。抛球时，将球垂直、平稳地抛至头的左前上方1米左右，同时身体重心下降，挺胸抬头看球。击球时，右脚用力蹬地，利用向左移重心和转体动作，带动手臂协调、自然地向上做弧形摆动，用全手掌击球的后下部。

（三）垫球

垫球是排球运动基本技术之一，是通过手臂或身体其他部位的迎击动作，使球从垫击面反弹出去的击球动作。垫球有正面双手垫球、体侧双手垫球、背垫球、跨步垫球、让垫、单手垫球、前扑垫球、滚翻垫球和鱼跃垫球等。下面主要介绍正面双手垫球、体侧双手垫球。

正面双手垫球：采用半蹲准备姿势。当球飞来时，双手成垫球手形（图3–2–3），手腕下压，两臂外翻形成一个平面。当球飞到腹前一臂距离时，两臂夹紧前伸，插到球下，向前上方蹬地抬臂，迎击来球，利用腕关节以上10厘米左右处的桡骨内侧平面击球的后下部，身体重心随击球动作前移。击球点保持在腹前一臂距离。（图3–2–4）

图 3–2–3

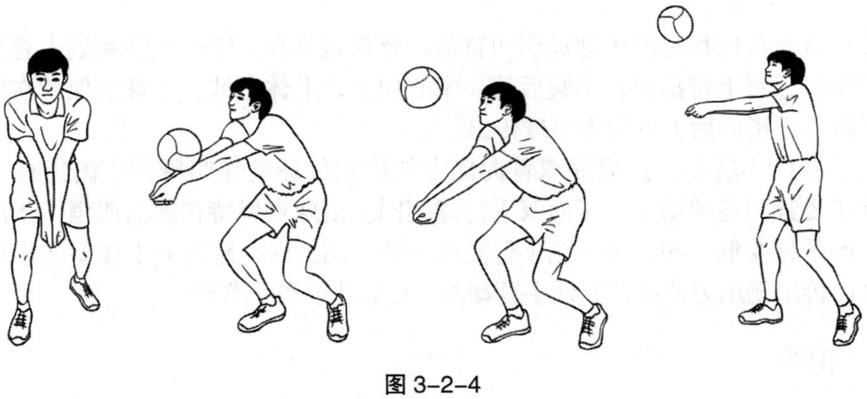

图 3–2–4

体侧双手垫球：击球点在体侧的双手垫球称体侧双手垫球。来球飞向体侧来不及移动正对来球时，即要采用体侧双手垫球。如球从左侧飞来，左脚往外跨出一步，右脚前脚掌内侧蹬地，重心随即移至左脚上，左膝弯曲。同时，两臂向左侧伸出，右肩微向下倾斜，使两臂击球面截住球飞行的弧线，两前臂并拢成一平面，垫击球的后下部。来球在右侧时，以相反方向的动作击球。

（四）传球

传球是排球运动基本技术中重要的技术之一，是利用手指、手腕的弹击动作将球传至一定目标的击球动作。传球包括正面双手传球、背传、侧传、跳传。下面主要介绍正面双手传球、背传和侧传。

正面双手传球：采用稍蹲准备姿势。抬头看球，双手自然抬起，放松置于额前。

双手自然张开成半球状，使手指与球自然吻合。手腕稍后仰，两拇指相对成“一”字或“八”字形，以拇指内侧、食指全部和中指的第二、第三指关节触球，承担来球的主要冲力，无名指与小指在球的两侧辅助控制传球的方向，两肘分开，自然下垂。击球点保持在额前上方一球处。在来球接近额前时，要开始蹬地、伸膝、伸臂，双手经脸部前向前上方迎球。击球部位一般在球的后下方。传球主要是靠蹬地、伸臂和手指、手腕力量以及球的反弹力将球传出。（图3-2-5）

图 3-2-5

背传：背对传球目标的传球动作叫背传。背传是具有一定隐蔽性和战术意义的传球技术。传球时，将上臂抬起，手腕后仰，掌心向上，上体后仰。击球点保持在额上方。手臂、手腕、手指向后上方用力将球传出。

侧传：身体不转动，主要靠双臂向侧方伸展的传球动作叫侧传。侧传有一定的隐蔽性。准备姿势和迎球动作与正面双手传球相同。击球点保持在脸前或稍偏于出球方向一侧。一侧手臂要低一些，另一侧手臂要高一些。用力时，蹬地后上体要向出球方向倾斜。双臂向传出侧用力伸展，异侧手臂动作幅度较大，伸展较快。

（五）扣球

扣球是队员起跳后，在空中将高于球网上沿的球有力地击入对方场区的击球动作。扣球包括正面扣球、单脚起跳扣球、双脚冲跳扣球、小抡臂扣球、勾手扣球、扣各种战术球。下面主要介绍正面扣球、单脚起跳扣球。

正面扣球：采用稍蹲准备姿势。两臂自然下垂，随时做好助跑起跳扣球的准备。左脚在前，右脚向前跨出一大步，同时重心落在右腿上，左脚迅速并在右脚前，脚尖内扣，同时两臂绕体侧后引。在左脚制动踏跳过程中，两臂积极向前摆动。伴随两脚蹬地的力量，两臂挥至肩上方。在空中挺胸、展腹、转体，右臂向后上抬起，身体成反弓形。通过收腹、转体的力量，带动肩关节、上臂、前臂和手依次鞭打击球。击球时，五指张开成勺形，并保持适度紧张，用全手掌击球的后中部，同时主动甩腕用力向前推压。击球后，两脚落地，前脚掌先落地，依次过渡到全脚掌，顺势屈膝缓冲下落的力量。（图3-2-6）

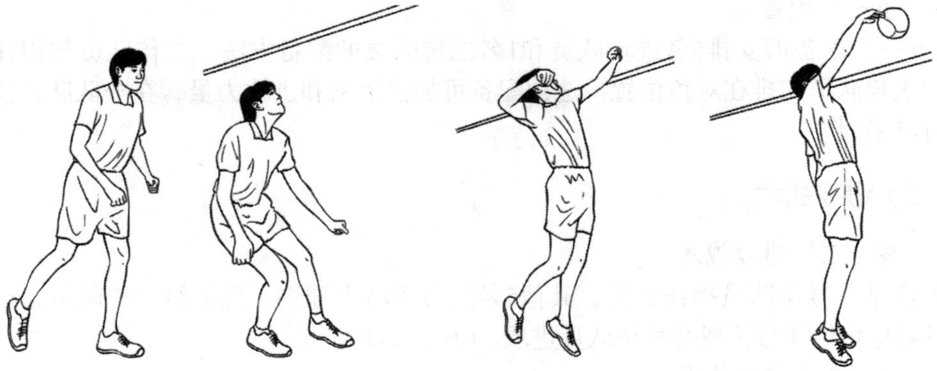

图 3-2-6

单脚起跳扣球：单脚起跳扣球是指助跑的最后一步以单脚踏地，而另一只脚直接向前上方摆动帮助起跳的一种扣球方法。单脚起跳扣球，可采用一步、两步或多步助跑。助跑的路线与球网的夹角宜小不宜大，以免造成前冲力过大而碰网或过中线犯规。在助跑的最后，以左脚向扣球点方向跨出一大步，身体重心稍后倾，在右脚向前上方摆动时，左腿用力蹬地起跳，两臂配合上摆。起跳后的扣球动作与正面扣球基本相似。（图3-2-7）

图 3-2-7

三、排球运动基本战术

（一）阵容配备

1.“三三”配备

“三三”配备即安排3名进攻队员和3名二传队员的配备方法。站位时，一名进攻队员隔一名二传队员。

2.“四二”配备

“四二”配备即安排4名进攻队员和2名二传队员的配备方法，适合有一定训练水平的排球队使用。4名进攻队员又分成2名主攻队员和2名副攻队员，他们和2名二传队员分别站在对角位置上。

3.“五一”配备

“五一”配备即安排5名进攻队员和1名二传队员的配备方法。二传队员与担任接任二传的进攻队员安排在对角位置。这种配备可加强拦网和进攻力量，在全队队员技术较全面时可采用。

（二）进攻战术

1.“中一二”进攻战术

由前排③号位队员担任二传，其他5名队员都将来球垫（传）给二传队员，再由二传队员将球传给④号位或②号位队员进攻。（图3-2-8）

2.“边一二”进攻战术

“边一二”进攻战术是一种比较简单的进攻战术。它与“中一二”进攻战术的相同之处，都是前排只有2名进攻队员；不同之处是二传队员不是站在③号位，而是站在②号位，将球传给③号或④号位队员进攻。（图3-2-9）

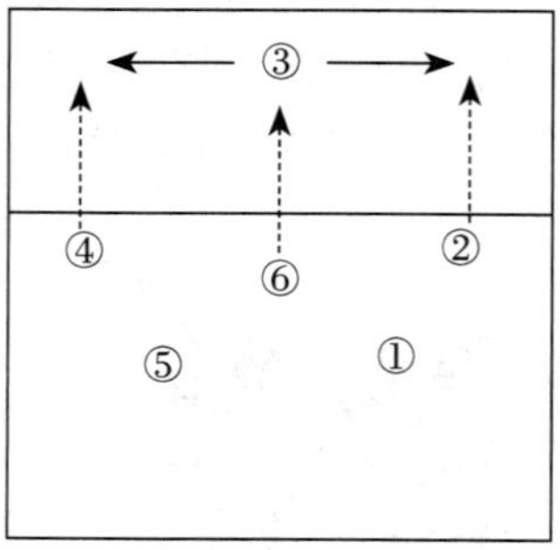

图 3-2-8

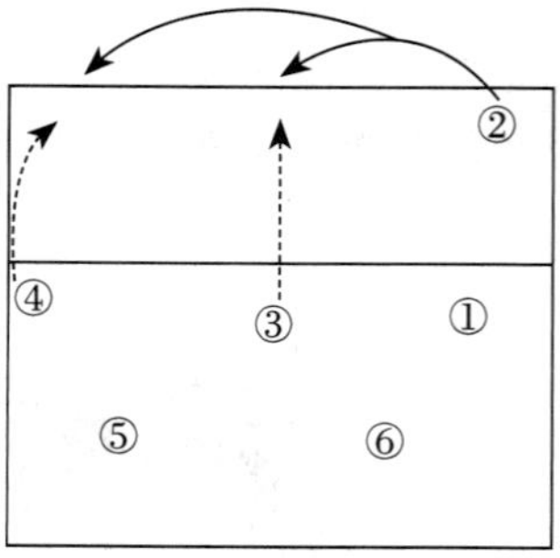

图 3-2-9

3.“后排插上”进攻战术

由站在后排的二传队员在对方发球击球后，或由本队队员将对方进攻的球防起之后，或在对方的第三次击球，不可能进行强有力的进攻时，迅速插到网前担任二传，将球传给前排3名进攻队员中任何一名队员扣球进攻，其他2名队员做佯攻掩护。根据后排队员插上时起动的位置不同，可以分为①号位插上（图3-2-10）、⑥号位插上和⑤号位插上；根据场上战术的时机不同，可分为接发球时的插上和接扣球时的行进插上。

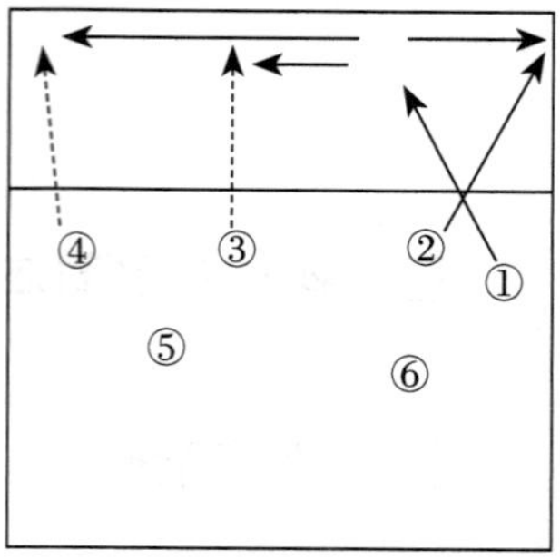

图 3-2-10

（三）单人拦网防守战术

在对方进攻威力不大，路线变化不多时，一般多采用单人拦网防守战术。另外，因受对方战术变化的迷惑，来不及组织集体拦网时，被迫采用单人拦网防守战术，在比赛中也不少见。

（四）双人拦网防守战术

1.“心跟进”防守战术

该战术是固定由⑥号位队员跟进保护、防吊球的防守形式，又称“心跟进”防守。跟进队员应根据对方进攻点的不同来选择跟进的最佳位置和时机；不参加拦网的队员，要及时后撤到进攻线以后准备防守；后排①号和⑤号位队员应随着对方进攻点的不同，适时、正确地取位。（图3-2-11）

2.“边跟进”防守战术

该战术是由①号或⑤号位队员跟进做保护的防守形式。前排不拦网的队员后撤参加防守，与后排3名队员要形成面对进攻点的弧形防守区，明确各自的防守区域和范围。其具体站位方法是：如对方从④号位进攻，则由己方②号和③号位队员组成双人拦网；④号位队员撤至进攻线以后防守斜线进攻；①号位队员跟进到进攻线附近准备保护。（图3-2-12）

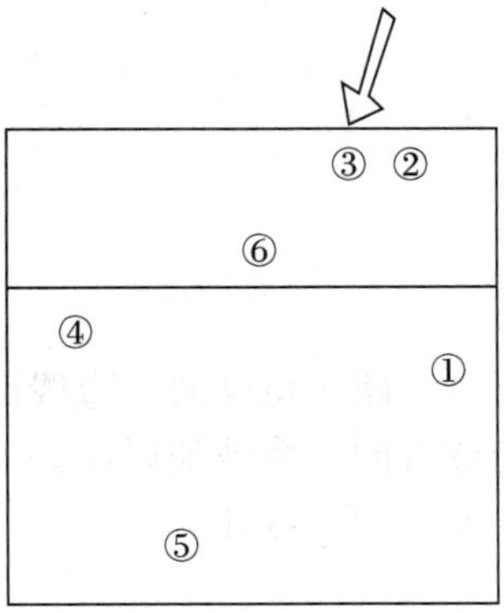

图 3-2-11

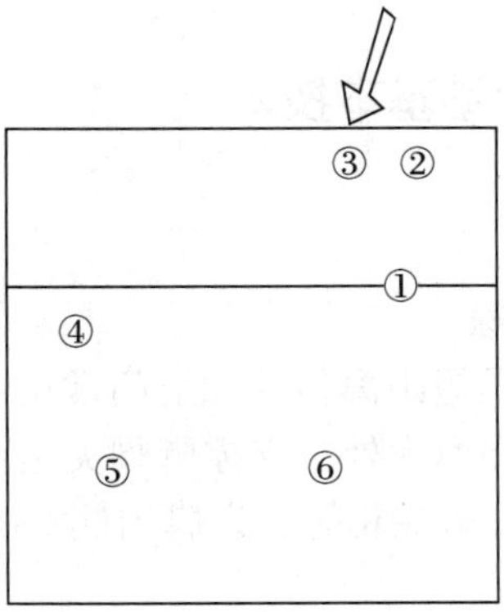

图 3-2-12

体育思政园地

国家体育总局排球运动管理中心举办主题教育专题党课

国家体育总局排球运动管理中心7月3日在京举办学习贯彻习近平新时代中国特色社会主义思想主题教育专题党课。国家体育总局有关领导以《坚持系统观念以中国式现代化开启中国排球事业振兴发展新篇章》为题，讲授专题党课。

国家体育总局有关领导表示，要深刻认识中国式现代化理论内涵，牢固树立中国共产党在中国式现代化建设中的领导地位；要坚持系统观念，以中国式现代化推动中国排球事业振兴发展；要团结奋斗，传承和发扬女排精神；要深刻领悟“两个确立”的决定性意义，增强“四个意识”、坚定“四个自信”、做到“两个维护”，胸怀“国之大者”，为加快建设体育强国作出排球人应有的贡献。

（资料来源：《中国体育报》，2023年7月4日，有改动）

第三节　足球运动

一、足球运动简介

足球运动的发展已有几千年的历史。我国是足球运动开展最早的国家，在春秋战国时期就有了“蹴鞠”的脚球游戏。现代足球起源于英国。公元16世纪以后，足球游戏在欧洲一些国家盛行起来。19世纪下半叶足球有了新的发展。1857年英国成立了第一个足球俱乐部。1863年10月26日，世界上第一个足球运动组织——英格兰足球协会在英国伦敦成立，并制定和通过了第一部较为统一的足球竞赛规则，促进了现代足球运动的发展。目前，国际足坛重大的比赛有国际足联世界杯、奥运会足球比赛、世界青年足球锦标赛等。

二、足球运动基本技术

（一）踢球

1. 脚内侧踢球

脚内侧踢球是短距离传球和射门常用的脚法。踢定位球时，直线助跑，支撑脚踏在球的侧后方10～15厘米处，支撑脚脚尖正对击球方向。踢球腿以髋关节为轴，由后向前摆动，脚踝外展，脚尖稍翘，以脚内侧对准来球。（图3–3–1）

图 3–3–1

2. 脚背内侧踢球

脚背内侧部位踢球主要用于踢定位球、过顶球、中长传、转踢球及各种距离的射门。踢定位球时，斜线助跑，助跑方向与击球方向约成45°角，支撑脚踏在球的侧方20～25厘米处，屈膝，脚尖指向击球方向，身体稍向支撑脚一侧倾斜，支撑脚一侧肩部侧对击球方向。支撑脚着地的同时，踢球腿以髋关节为轴，大腿带动小腿由后向前摆。当膝关节摆至接近球的内侧正上方的刹那，小腿加速前摆，脚尖稍外展（指向斜下方），膝关节稍内旋，脚趾扣紧，以脚背内侧击球的后中部。击球后踢球腿随球前摆。（图3–3–2）

图 3–3–2

3. **脚背正面踢球**

脚背正面踢球适用于远距离传球和大力射门。踢定位球时，直线助跑，支撑脚踏在球的侧后方约25厘米处，支撑脚脚尖正对出球方向。踢球脚脚背绷直，以脚背正面击球的后下部。踢地滚球时，脚趾对准出球方向。（图3–3–3）

图 3–3–3

4. **脚背外侧踢球**

脚背外侧踢球主要用于踢定位球、过顶球、中长传、转身踢球及各种距离的射门。踢定位球时，正面直线助跑，最后一步稍大，支撑脚迅速地以脚跟着地，踏在球的侧后方10～15厘米处。膝关节微屈，脚尖正对击球方向，以髋关节为轴，大腿带动小腿由后向前摆。当膝关节摆至接近球的垂直正上方的刹那，小腿加速前摆，脚尖稍内转，脚面绷直，脚趾扣紧，以脚背外侧击球的后中部。击球后踢球腿随球前摆。（图3–3–4）

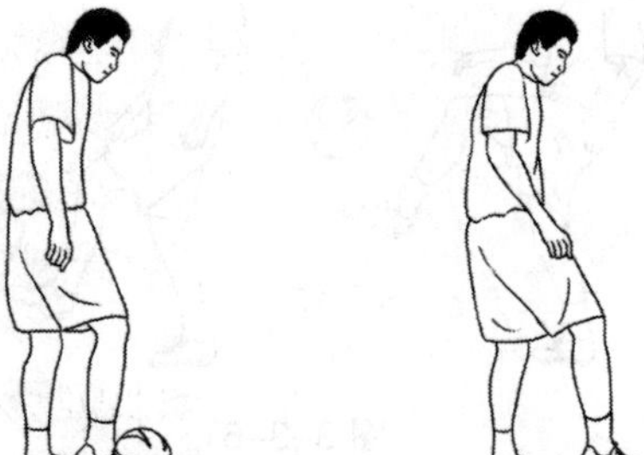

图 3–3–4

（二）接球

1. 脚内侧接球

脚内侧接地滚球：支撑脚正对来球。接球腿屈膝外转并前迎，以脚内侧触球。在球与脚接触前的瞬间，接球脚向后回撤缓冲来球力量，在后撤过程中将球接在自己控制范围之内和下一个动作需要的位置上。（图3–3–5）

图 3–3–5

脚内侧接反弹球：支撑脚在球的落点的侧前方。上体稍向接球方向倾斜并稍前倾。接球脚提起，踝关节适当紧张（脚尖适当勾起，以脚内侧对准球的反弹路线）。当球落地反弹刚离地面时，用接球脚的脚内侧触球的外侧中上部，将球接在支撑脚的附近位置以便连接下一个动作。

脚内侧接空中球：支撑脚的位置一般在球的侧方适当距离。根据来球的高度和位置，接球脚提起以脚内侧对准来球，踝关节保持适当紧张以控制脚形并适当前迎。在球与脚接触前的瞬间，接球脚向回后撤缓冲来球力量，在后撤过程中将球接在自己控制范围之内和下一个动作需要的位置上。

2. 脚背正面接空中球

支撑腿屈膝稳固地支撑身体重心，支撑位置一般在球的侧后方适当位置。接球腿屈膝抬脚，踝关节保持适当紧张，以脚背正面正对来球。在球下落触到脚背前的瞬间接球，脚向下回撤将球接在自己控制范围之内和下一个动作需要的位置上。（图3–3–6）

图 3–3–6

3. 脚背外侧接球

脚背外侧接地滚球：面对来球，支撑腿屈膝稳固地支撑身体重心，支撑位置常常在球的侧面。接球脚稍提起，膝关节和脚尖稍内转（向支撑脚一侧靠近），以脚背外侧正对来球，在支撑脚的前侧方触球的外侧部位（球靠近支撑脚一侧的部位）。脚触球时，踝关节要适度紧张，并伴有一个向接球方向推送的拨球动作，将球控制在下一个动作需要的位置上。（图3–3–7）

图 3–3–7

脚背外侧接反弹球：面对来球，支撑腿屈膝稳固地支撑身体重心，支撑位置常常在球的侧面。接球脚稍提起，膝关节和脚尖稍向支撑脚一侧靠近，脚尖稍向内上方勾起（脚内翻状态），以脚背外侧正对来球，并使接球腿小腿及接球脚与地面形成一个夹角，在球刚反弹离地时接球脚脚背外侧于支撑脚的前侧方触球的外侧上部位（球靠近支撑脚一侧的部位）。脚触球时，踝关节要适度紧张，并伴有身体重心向接球方向倾斜移动的动作，将球控制在下一个动作需要的位置上。

4. 大腿接球

大腿接高球：面对来球，支撑腿屈膝稳固地支撑身体重心。接球腿向前上方屈膝抬起，以大腿中部正对下落来球，肌肉适当紧张。在大腿与球接触前的瞬间，大腿向下撤引，在撤引过程中接控球，将球控制在下一个动作需要的位置上。

大腿接平球：面对来球，支撑脚稳固地支撑身体重心。接球腿屈膝前迎，以大腿中部正对来球，肌肉适度紧张。在大腿与球接触前的瞬间，小腿迅速向后下方撤引（接球腿的大小腿成伸直状态），在撤引过程中接控球，将球控制在下一个动作需要的位置上。

（三）运球

运球包括脚背正面运球、脚背外侧运球、脚背内侧运球和脚内侧运球等。

1. 脚背正面运球

跑动时身体自然放松，上体稍前倾，两臂自然摆动，步幅要适当。运球脚提起时，膝关节弯曲，脚跟提起，脚尖下指，在迈步伸脚着地前，用脚背正面向前推拨球。（图3–3–8）

2. 脚背外侧运球

跑动时身体自然放松，上体稍前倾，两臂自然摆动，步幅不宜过大。运球脚提起时，膝关节弯曲，脚跟提起，脚尖稍内转，在迈步伸脚着地前，用脚背外侧向前推拨球。（图3–3–9）

图 3–3–8

图 3–3–9

3. **脚背内侧运球**

跑动时身体自然放松，上体稍前倾，并稍向运球方向转动，两臂自然摆动，步幅要小些。运球脚提起时，膝关节弯曲，脚跟提起，脚尖稍外转，在迈步伸脚着地前，用脚背内侧向前推拨球。（图3–3–10）

图 3–3–10

4. **脚内侧运球**

运球时，支撑脚踏在球的侧前方，膝关节稍弯曲，上体稍前倾侧向球。随着身体的向前移动，运球脚提起，用脚内侧向前推拨球。（图3–3–11）

图 3-3-11

三、足球运动基本战术

（一）比赛阵形

1.“四三三”阵形

“四三三”阵形，后防稳固，攻防机动灵活，是世界足坛运用最广泛的阵形之一。（图3-3-12）

2.“四四二”阵形

“四四二”阵形也是常用的阵形之一，有平行站位和菱形站位。（图3-3-13）

3.“三五二”阵形

在20世纪80年代的欧洲足球锦标赛和第13届世界杯足球赛上就出现的“三五二”阵形也是现代足球常用的阵形。（图3-3-14）

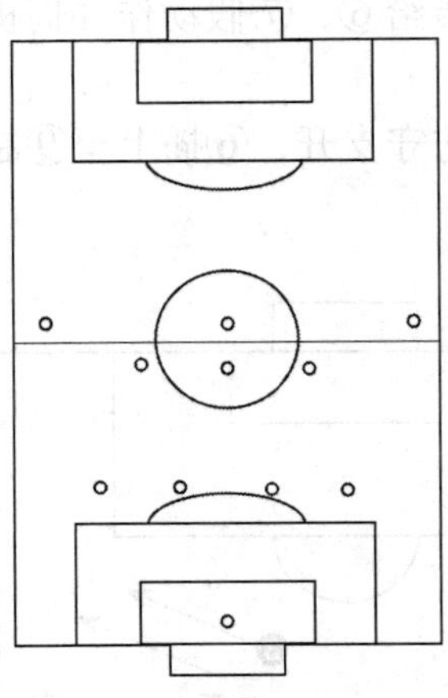

图 3-3-12

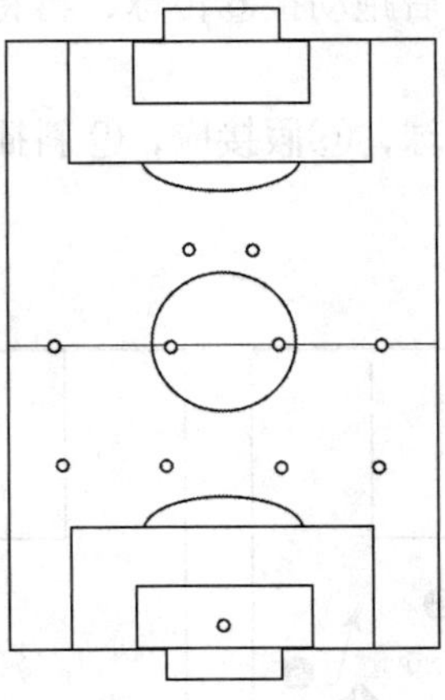

图 3-3-13

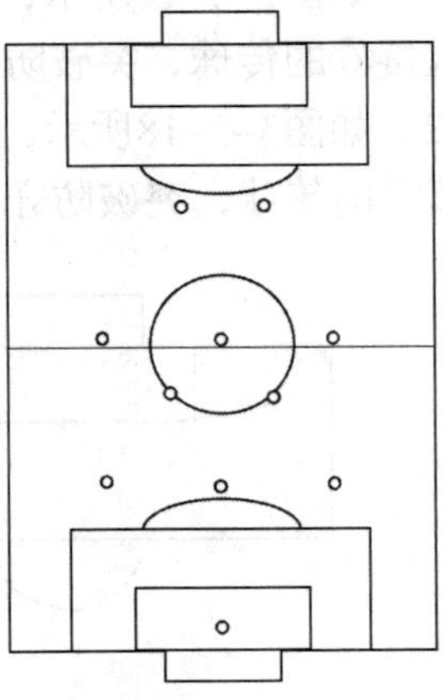

图 3-3-14

（二）个人进攻战术

个人进攻战术是指在比赛中为了战胜对手而采取的符合整体进攻目的的个人行为，

是构成局部和整体进攻战术的环节。个人进攻战术水平的高低直接影响局部和整体进攻战术的质量。

（三）局部进攻战术

1.“二过一”配合

（1）斜传、直插“二过一”。如图3-3-15所示，⑥运球前进并吸引对手上前逼防，⑥斜线将球传给⑨，⑥直线插入接⑨斜传球。

（2）直传、斜插“二过一”。如图3-3-16所示，⑤将球斜传给⑦，⑦再直传球给斜线插入的⑤。

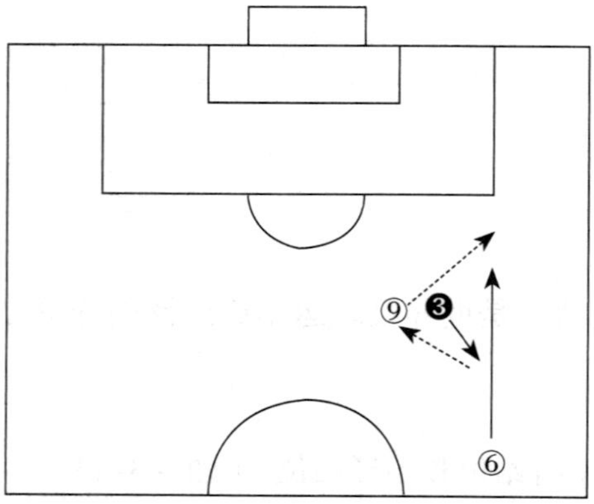

图 3-3-15

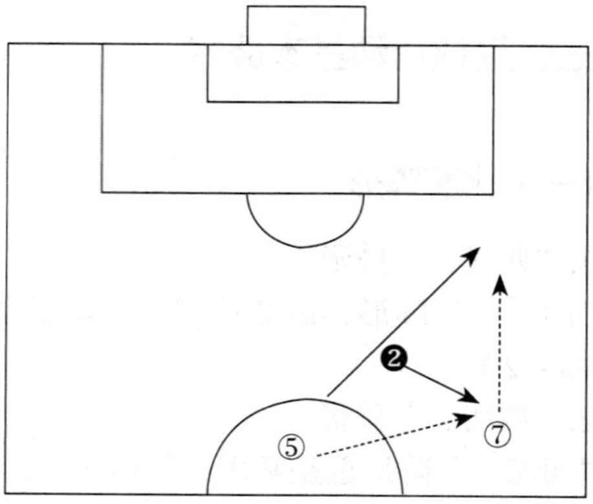

图 3-3-16

2.“三过二”配合

下面介绍两种“三过二”配合方法。

（1）如图3-3-17所示，⑨向后跑动接⑥传球，再将球传给⑥，⑦假动作并伺机从内线切入接⑥的传球，突破防守。

（2）如图3-3-18所示，⑦持球，⑥假接应，⑨斜插把防守支开，⑥插上至⑨制造的空当接⑦的传球，突破防守。

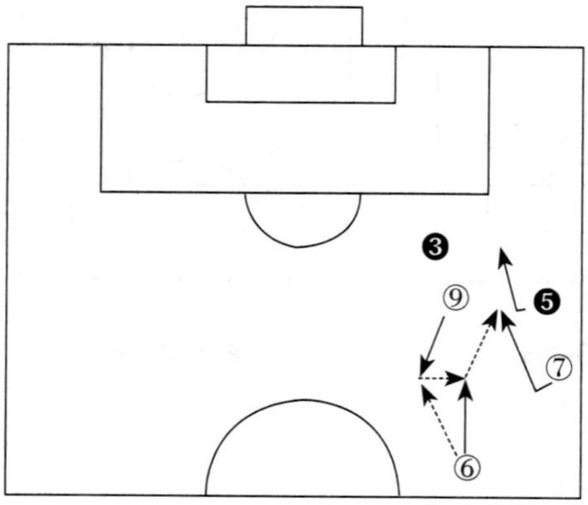

图 3-3-17

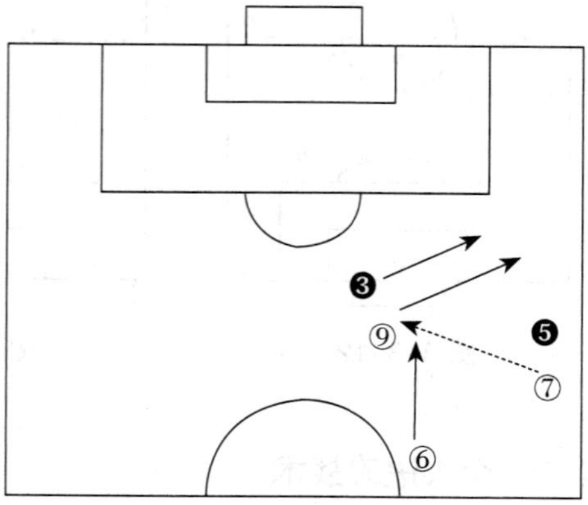

图 3-3-18

3. **传切配合**

传切配合是指控球队员将球传给切入的进攻队员的配合方法，是局部进攻战术中运用最多的方法。其基本形式有局部传切和转移长传切入。

4. **交叉掩护配合**

交叉掩护配合是指在局部区域，两名进攻队员在运球交叉换位时，以自己的身体掩护同伴越过防守队员的配合方法。

（四）防守战术

1. **个人防守**

选位与盯人是防守战术中重要的个人战术。防守队员一般处于对方控球队员与本方球门中心所构成的一条直线上。盯人是指对控球方实行紧逼的战术，目的是阻止对手传球、接球或把对手脚下的球抢过来、破坏掉。

2. **局部防守**

保护与补位是防守队员间协同配合弥补漏洞的方法。保护是补位的前提，没有保护也就不可能有效地补位。保护时要求队员间距离适当且斜线站位。补位要求队员交换防守位置。围抢是几个人同时围住控球队员进行抢断的一种积极的集体防守方法。局部防守一般是在以多防少的有利局面下，在中场边线和角球区附近采用。

3. **整体防守**

整体防守是指全队所采取的防守配合。整体防守按形式可分为人盯人防守、区域盯人防守和混合盯人防守，按打法可分为向前逼压式打法、层次回撤式打法和快速密集式打法。

体育思政园地

京城足球少年竞逐百队杯

“感觉暑假和百队杯‘锁定了’，我很期待比赛的到来。”来自艾伦俱乐部的陈子轩说，今年13岁的他是第七次参加百队杯比赛，终于和小伙伴一起赢得了冠军，百队杯也见证了他的成长。

8月16日，中国足球发展基金会2023年第40届–京东–北京晚报百队杯足球赛分别在国家奥林匹克体育中心西北训练场、瀛海足球主题公园圆满收官。经过9个比赛日、六大赛区的激烈角逐，1376支队伍和15 555名参赛者竞逐绿茵场，让热爱足球的京城少年感受到了足球带给他们的快乐。

百队杯足球赛作为北京孩子们的“足球节日”，已经走过了40年的历程。百队杯不仅是一项足球赛事，更是一种精神、一种传承。第40届百队杯的成功举办，不仅在于赛事本身的成功，更在于它所代表的足球文化和精神，让更多青少年了解和参与到足球运动中，感受足球的魅力和力量。

百队杯主办方代表、京报集团体育新闻部负责人说，百队杯已从一个赛事成长为一场属于青少年的体育嘉年华，“正如赛场中的标识‘百队杯，不止是足球’，我们希望通过充满仪式感的安排，对孩子进行激励和教育。此外，百队杯还有篮球赛、冰球赛，明年还计划加入排球赛，我们希望百队杯能够成为孩子们体验体育魅力的大平台。”

北京市足球运动协会有关负责人表示：“百队杯40年来获得了无数人的赞扬，这也鼓励我们更好地提供各方面赛事保障且坚持创新。这次百队杯40年来的首场‘决赛夜’就是我们组织方的一次创新之举。”

陈子轩的父亲说：“孩子每次参加百队杯都有不一样的感受。这次我们参加的是U13组，很幸运我们感受了百队杯的第一次夜场比赛，无论是灯光还是赛前演出，像职业足球比赛一般的现场氛围给孩子留下了独特而难忘的记忆。虽然我们每年参加很多比赛，但百队杯总给我们一种特别的感觉，不仅赛事举办得越来越专业，随着参赛队伍越来越多，整体的竞技水平也越来越高。”

百队杯正在见证很多青少年的成长，更记录了很多人的童年，是他们与足球的一场约定。北京足坛名宿金志扬希望百队杯足球赛成为一项百年赛事，在他看来，百队杯不仅是一项足球比赛，更有丰富的教育内涵，“一直以来，参加百队杯的孩子们都是在教育过程中参赛的。在踢足球的过程中，可以让孩子们培养健硕的体质、锤炼不屈的精神、形成合作友爱互相学习的习惯、学会遵守纪律。希望百队杯能一直办下去，因为中国足球的发展需要青少年足球的发展。”

（资料来源：《中国体育报》，2023年8月17日，有改动）

第四章
小球运动

第一节　乒乓球运动

一、乒乓球运动简介

乒乓球运动属于隔网对抗的技能类运动项目。其起源于19世纪末的英国，是由网球运动派生而来的。乒乓球运动诞生后，逐渐被人们所熟悉和喜爱。1926年12月，国际乒乓球联合会在英国伦敦正式成立。1988年，乒乓球被国际奥林匹克委员会列为奥运会正式比赛项目，引起了世界各国的极大重视。乒乓球作为我国的“国球”，具有丰富的文化底蕴，有着雄厚的群众基础和物质基础。

二、乒乓球运动基本技术

（一）握拍法

1. 直式握拍法（以右手为例）

以拇指第一指节与食指第二指节扣住拍柄，虎口贴于拍柄后面；其余三指自然弯曲，重叠，以中指第一指节侧面顶在拍后面拍柄延长线1/3处；用中指、虎口、食指、拇指调节拍形。优点：手腕灵活，正手换反手时不换拍面，摆速较快。缺点：板形不易固定，反手不好发力，左右照顾面小。（图4–1–1）

2. 横式握拍法（以右手为例）

以中指、无名指、小指自然地握住拍柄，虎口压在球拍的右侧肩部，拇指轻贴在球拍正面中指下方，食指自然伸直斜贴在球拍的背面。正、反手攻球时，手指做适当的配合变化。（图4–1–2）

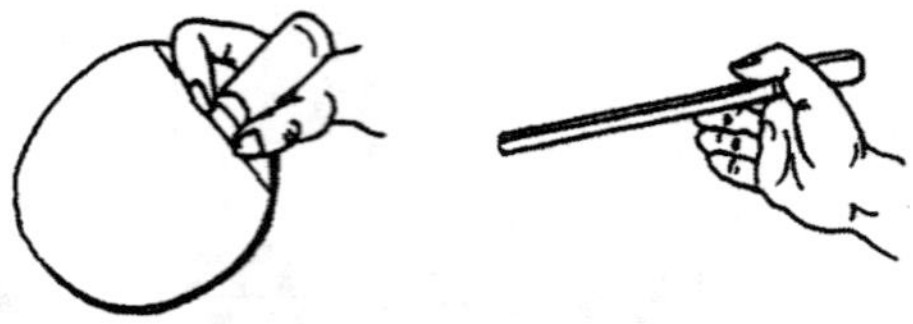

图 4-1-1

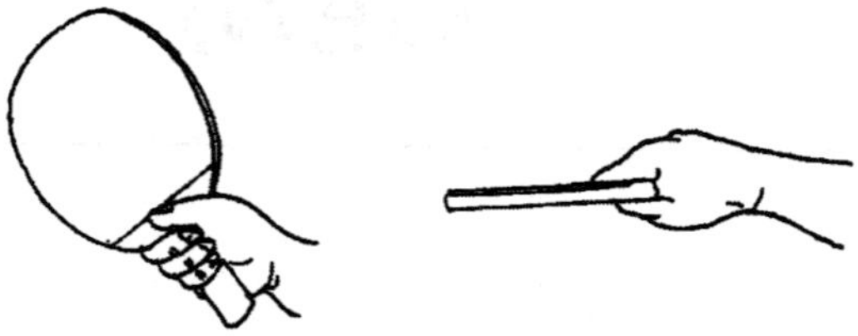

图 4-1-2

（二）基本步法

单步：移动时以一脚蹬地为轴，另一脚可向目标方向跨步，身体重心随之落在移动脚上。

跨步：移动时一脚蹬地，另一脚向目标方向跨出一大步，蹬地脚随后跟上半步或一小步，身体重心随即转移到跨步脚上。

跳步：以移动方向的反方向脚向移动方向蹬地发力为主，两脚同时离地向来球方向跳动。

交叉步：移动时以靠近来球方向的脚作为支撑脚，该脚的脚尖调整指向移动方向，远离来球方向的脚在体前交叉，向来球方向跨出一大步，身体随之向来球方向转动，支撑脚跟着向来球方向再迈一步。

（三）准备姿势和基本站位

1. 准备姿势

两脚前后开立，稍宽于肩。前脚掌着地，脚跟稍提起。两膝微屈，上体略前倾，重心在两脚中间。下颌略内收，两眼注视来球。两臂自然弯曲置于身体略前两侧，执拍手手腕适度放松。

2. 基本站位

（1）快攻打法和弧圈球打法基本站在近台中间偏左处。

（2）两面攻打法基本站在近台中间。

（3）攻削结合打法基本站在中远台中间。

（四）发球技术

发球动作由两个部分组成。一部分是一只手的上抛动作。上抛的高度大于等于16厘米，上抛动作要在球台端线外，高于台面，且须垂直上抛。另一部分是另一只手的挥拍动作。按照新规则，该动作要高于台面，并且要使两侧居中的裁判员和对方运动员都能看清动作。

1. 正手平击发球

左脚稍前，身体略向右转。肩关节放松，上臂自然靠近身体。左手托球放在球拍正前方，在左手垂直抛球的同时，右臂以肘关节为中心，向身体后方摆臂引拍。击球时，以肘关节为中心，右臂带动球拍向目标方向摆臂挥拍击球。（图4-1-3）

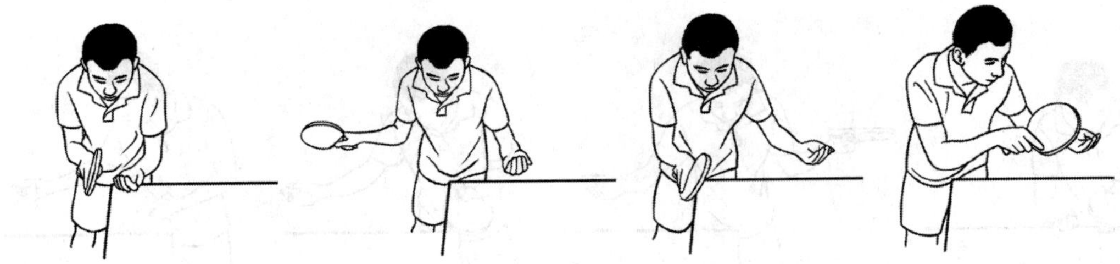

图 4-1-3

2. 正手下旋发球

左脚稍前，身体略向右转。肩关节放松，上臂自然靠近身体。左手托球放在球拍正前方，在左手垂直抛球的同时，右臂以肘关节为中心，向身体后方摆臂引拍。击球时，以肘关节为中心，右臂带动球拍向前下方摆臂挥拍摩擦击球。（图4-1-4）

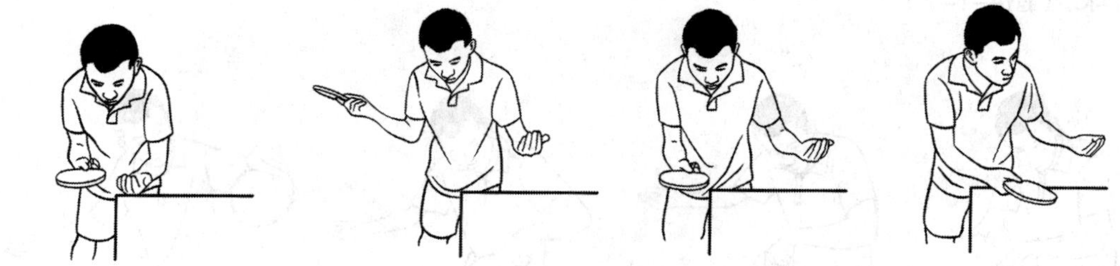

图 4-1-4

3. 正手侧上旋发球

左脚稍前，身体略向右转。肩关节放松，上臂自然靠近身体。左手托球放在球拍正前方，在左手垂直抛球的同时，右臂以肘关节为中心，向身体后方摆臂引拍。击球时，以肘关节为中心，右臂带动球拍向左侧上方肩关节方向摆臂挥拍摩擦击球。（图4-1-5）

4. 正手侧下旋发球

左脚稍前，身体略向右转。肩关节放松，上臂自然靠近身体。左手托球放在球拍正前方，在左手垂直抛球的同时，右臂以肘关节为中心，向身体后方摆臂引拍。击球时，以肘关节为中心，右臂带动球拍向左侧前下方髋关节方向摆臂挥拍摩擦击球。（图4-1-6）

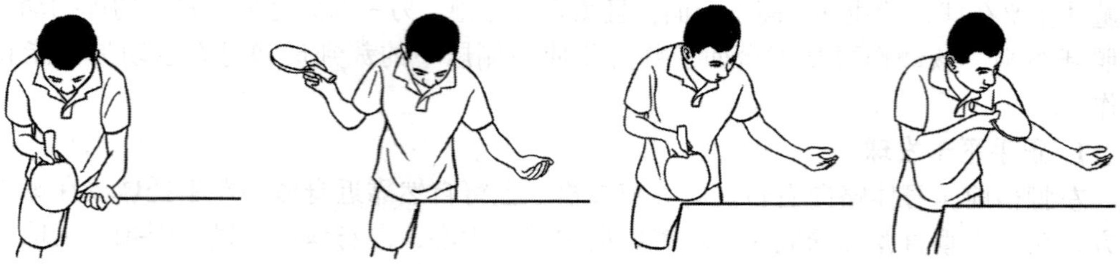

图 4-1-5

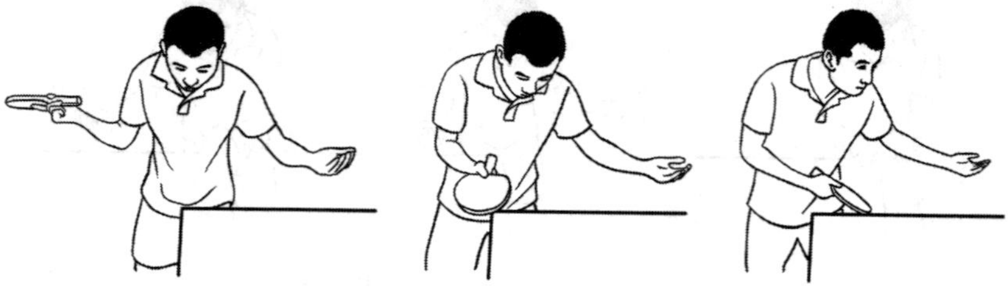

图 4-1-6

5. **反手侧上旋发球**

右脚稍前或平站，身体略向左转。肩关节放松，上臂自然靠近身体。左手托球放在球拍正前方，在左手垂直抛球的同时，右臂以肘关节为中心，向身体左侧后方摆臂引拍。击球时，以肘关节为中心，右臂带动球拍向身体右侧前上方齐肩高方向摆臂挥拍摩擦击球。(图4-1-7)

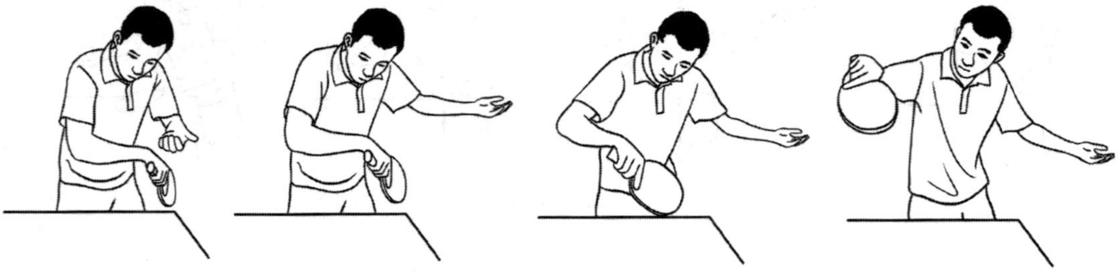

图 4-1-7

6. **反手侧下旋发球**

右脚稍前或平站，身体略向右转。肩关节放松，上臂自然靠近身体。左手托球放在球拍正前方，在左手垂直抛球的同时，右臂以肘关节为中心，向身体左侧后方摆臂引拍。击球时，以肘关节为中心，右臂带动球拍向右侧前下方球网柱方向摆臂挥拍摩擦击球。(图4-1-8)

图 4-1-8

（五）接发球技术

接发球是一个回合中的第二板球，同时也是接发球方的第一板球。接发球由点、拨、带、拉、攻、推等技术组成。

常见接发球方法如下。

（1）接平击发球：可在球刚刚弹起时用反手推挡、反手攻或正手攻技术回接，借来球之力将球击回；也可以借力为主，多做向前的动作。

（2）接侧下旋长球：可采用拉球和搓球技术回接。用拉球技术回接时，将球拍拍面前倾，摩擦球的中上部；用搓球技术回接时，将球拍拍面后仰，摩擦球的中下部。

（3）接侧下旋短球：可采用摆短、摆长、挑打等技术回接。运用挑打技术回接可以增加球的威胁性。

（4）接侧上旋球：侧上旋球有左、右两个方向，一般可采用推挡和攻球等技术回接。采用推挡技术回接时要将球拍拍面稍前倾，击球的中上部，发力向前以抵消球的旋转与力量；采用反手攻或正手攻技术回接时，要注意加大力量以抵消球的旋转。

（六）攻球技术

攻球力量大、速度快、攻击性强，是争取主动、克敌制胜的重要手段。

1. 正手攻球

直拍正手攻球：左脚在右脚前约半个脚掌的位置。身体离球台一个拍长的距离，屈膝、收腹、弯腰，身体重心前倾。肩关节放松，上臂自然靠近身体，球拍放在身体正前方。引拍时，右臂以肘关节为中心，前臂带动球拍向身体右侧下方球台台面上方引拍。击球时，右臂以肘关节为中心，前臂带动球拍向眉毛正前方15～20厘米处摆臂挥拍击球。（图4-1-9）

横拍正手攻球：前臂与手腕成直线并与台面接近平行，拍柄略朝下。击球的时间、部位、拍面角度及手臂挥动方向基本与直拍正手攻球相似。

2. 反手攻球

直拍反手攻球：身体靠近球台，两脚平行站立。击球时，上臂贴近身体，前臂外旋向右前上方挥动，配合转腕动作，使拍面前倾，在上升期击球的中上部。

横拍反手攻球：站位与直拍反手攻球的站位略同，前臂与手腕几乎成直线，拍柄向下，置于腹部左前方。击球时，前臂向右前上方挥动，在上升期击球的中上部。触球时手腕向外转动。

3. **正手扣杀**

击球时上臂带动前臂由后向前用力挥击，结合右腿蹬地和转腰力量在高点期击球。击上旋球时，拍面稍前倾，击球的中上部；击下旋球时，球拍略低于来球，击球的中部。

图 4-1-9

4. **弧圈球**

左脚在右脚前约一个脚掌的位置。身体距离球台80～100厘米，屈膝、收腹、弯腰，身体重心前倾。肩关节放松，上臂自然靠近身体，球拍放在身体正前方。引拍时，球拍拍面与球台台面形成35°～45°夹角，重心转移到右脚的同时转动髋关节，右臂以肘关节为中心，前臂带动球拍向身体右侧下方引拍。击球时，脚下重心由右脚转换到左脚的同时向同一方向转动髋关节，右臂以肘关节为中心，前臂带动球拍向眼睛、眉毛正前方20～30厘米处摆臂挥拍摩擦击球。

5. **削球**

削球是一种积极性的防御技术。削球主要包括正反手削加转弧圈球和削前冲弧圈球。

（1）正反手削加转弧圈球。正手削球时左脚稍前，反手削球时右脚稍前，以将球的击球点选在左、右腹前为宜。正手削球时，身体向右后转并向右后上方引拍，动作幅度稍大些，使球拍与击球点之间有适当的挥拍加速距离。反手削球时，身体向左后转并向左后上方引拍，动作幅度略小于正手引拍。正手削球由右后上方向左前下方挥拍，反手削球由左后上方向右前下方挥拍，以上臂带动前臂发力为主，拍形稍立一些。手臂的发力顺序是先压后削再送，发力为主，向前为辅。

（2）削前冲弧圈球。左脚在前，右脚稍后，两膝微屈，身体重心约在前脚掌内侧，手臂自然下垂伸直，拍形略前倾。当来球从台面弹起时，左脚稍蹬地右转，身体重心落在右脚上，右肩下沉，右手随之引拍至身体右后方。右脚蹬地，挺髋，腰部向左上方转动，在肩部带动下，上臂带动前臂向左前上方加速挥动。在击球瞬间，整个身体的动量传递到手腕，加速度达到最大。在来球的下降前期摩擦球的中部。

三、乒乓球运动基本战术

（一）发球抢攻战术

（1）力争主动进攻、先发制人。

（2）进攻技术稳定、质量高、威胁大。

（3）发球以平击球、长短侧上旋球为主，对方接发球无法回击短球，然后主动上手进攻得分。

（二）接发球抢攻战术

（1）力争主动进攻、先发制人。

（2）对来球位置、旋转和落点判断准确，进攻技术稳定、质量高、威胁大。

（3）接发球时，准确判断对方发球的位置、旋转和落点，快速移动找到击球位置，主动进攻得分。

（三）搓攻战术

（1）控制为主，相持中寻找进攻机会，主动进攻得分。

（2）充分利用搓球旋转的特点，灵活地变化搓球的方向、位置。需要耐心寻找机会，不得急于求成，出现机会，进攻果断。

（3）在搓球相持过程中，利用搓球旋转的变化和落点位置的变化为抢攻创造机会，主动进攻得分。

（四）防守反攻战术

（1）攻防兼备，适时出击。

（2）准确判断对方进攻的回球位置，快速移动，做好准备，主动防守，回球到对方的空当位置，最大限度地调动对方。

（3）在被动情况下，全力防守，利用防守落点的变化充分调动对方，使其在大范围的跑动过程中勉强完成进攻，降低进攻质量，给自己创造反攻得分机会。

体育思政园地

一天六赛　中国队包揽乒乓球混双冠亚军

成都大运会乒乓球混双决赛参赛双方都是中国选手，这也是他们当天的第六场比赛，对精神和体能都是考验。双方在赛场上的表现体现了他们对金牌的渴望，最终，刘丁硕/钱天一以4∶1战胜队友薛飞/王晓彤，获得冠军。

赛后，问到一天六赛感受时，刘丁硕说：“一天打六场比赛是一种挑战，但我觉得体力储备还是比较充分。回顾今天比赛，单打和双打在场上感觉不一样，双打队友能帮我分担一点，但是单打没有，所以下午男子单打时候稍微遇到一点困难，自己对遇到的问题处理得不够好，希望明天男子单打能发挥得更好。”

钱天一表示：“今天的赛程我觉得对自己意志力和体能是一种磨炼。混双决赛时盯球有点盯不住，特别是比分差距大一点时候，自己容易走神，好在及时调整，状态也恢复一些。”

交战双方都是国家乒乓球队队员，彼此之间非常了解。相较于王晓彤和薛飞两位右手选手，钱天一和刘丁硕一左一右跑动起来更为流畅。第三局双方打出多个高质量回合球，王晓彤和薛飞一度4∶1领先，相继打到7平、8平后，面对比分落后，刘丁硕说他们当时没有放弃。“当第三局比分落后时候我们还在相互鼓励，告诉自己比分追一追还有机会，正是这种很强的信念让我们赶上了比分。其次就是战术上的调整，我们改变了接发球的战术。因为我们彼此很熟悉，所以获胜的关键主要是看谁发挥得更好。这次赛前我们也准备比较充分，比赛时及时沟通，调动比较快，状态比较好。”

（资料来源：《中国体育报》，2023年8月4日，有改动）

第二节　羽毛球运动

一、羽毛球运动简介

羽毛球运动是一种相互进行击球对抗的球类运动。其前身是板羽毛球，即用木板拍打扎着羽毛的球体（类似于毽子）并避免它落地的游戏，在古代欧洲国家、中国、日本可见此项运动。现代羽毛球运动起源于英国。1893年，英国正式成立羽毛球协会。1899年，第一届全英羽毛球锦标赛在伦敦举行，以后每年一次，沿袭至今。现代羽毛球运动大约在1920年传入我国，并得到不断的发展。中华人民共和国成立后，我国涌现出一大批世界级羽毛球运动员。

二、羽毛球运动基本技术

（一）握拍法

以下以右手执拍为例，介绍两种握拍方法：正手握拍法和反手握拍法。

1. 正手握拍法

正手握拍法又称握手式握拍法。握拍时先用左手拿住球拍杆，使拍面与地面垂直，再张开右手，使虎口对着球拍框的内侧，手掌小鱼际肌靠在球拍柄端，小指、无名指、中指自然并拢，食指和中指微微分开，拇指的内侧和食指贴在拍柄的两个宽面上，将球拍柄握住。握拍时，掌心不要贴紧拍柄，要使掌心与拍柄间留有一定的空隙。（图4–2–1）

2. 反手握拍法

在正手握拍法的基础上，尽量放松握拍，拇指上提，顶贴拍柄的宽拍棱上，食指往中指、无名指和小指方向收回，形成食指、中指、无名指和小指并拢自然握住拍柄，掌心与拍柄间留有一定的空隙。切记拇指后端不可与拍柄接触。反手握拍法强调拇指握拍，击球时以拇指发力为主。单打时握拍的位置为小鱼际部分与拍柄底盖处相平，双打

一般握拍柄中间或偏上的位置。（图4-2-2）

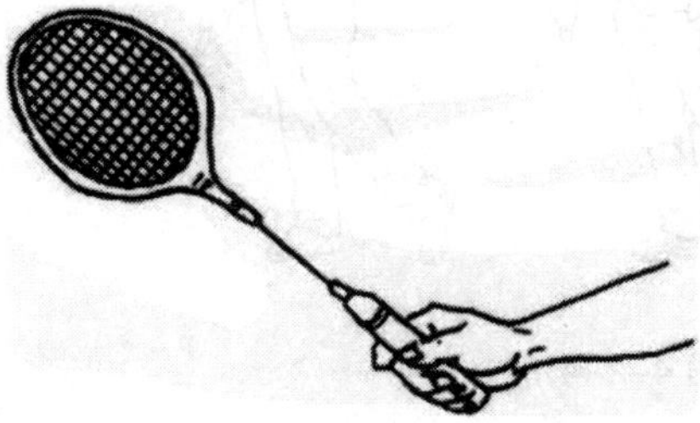

图 4-2-1

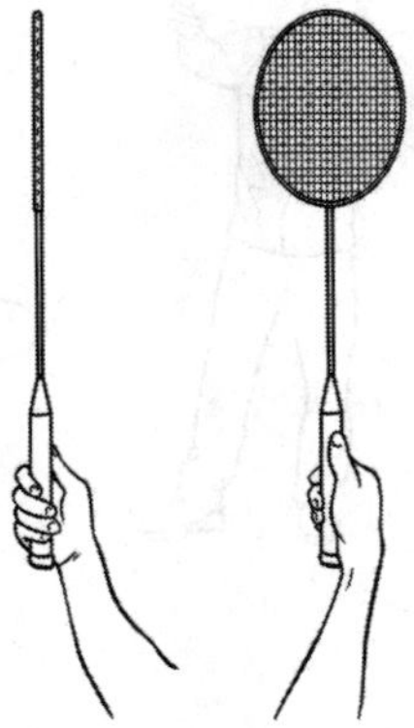

图 4-2-2

（二）发球技术

羽毛球的发球技术按动作分为两种，即正手发球和反手发球；按照发出球在空中飞行的弧线可以分为发高远球、发平高球、发平快球和发网前球。下面只介绍正手发高远球、正手发平高球、正手发平快球、正手发网前球、反手发网前球。

1. 正手发高远球

两脚开立，左脚在前，脚尖对网，右脚在后，脚尖稍向右侧，重心在右脚上。左手拇指、食指和中指夹持住羽毛球中部，自然平举于胸前方。持球左手自然松开，使球自然下落。右臂上臂外旋，并带动前臂自下而上沿半弧形做回环引拍动作。拍面与球在身体右侧前下方接触的瞬间前臂迅速内旋带动手腕，快速向前上方闪动，屈腕、屈指发力，用正拍面将球击出。身体重心移至左脚，持拍手随击球动作的惯性自然向上方挥动。（图4-2-3）

图 4-2-3

2. 正手发平高球

准备姿势和发球动作与正手发高远球大致相同，只是在击球的一刹那，前臂加速带动手腕向前上方挥动，拍面要向前上方倾斜，以向前用力为主。球击出的弧线高度以对方伸拍打不到为宜，落点在对方场区底线。（图4-2-4）

图 4-2-4

3. **正手发平快球**

准备姿势同正手发高远球。站位比正手发平高球稍后些（防止对方很快回球到己方后场），充分利用前臂带动手腕的爆发力向前方用力，球直接从对方肩上稍高位置越过，直攻对方后场。正手发平快球的关键是击球的动作要小而快，但前期动作应和正手发高远球一致。正手发平快球时应注意不要超手、超腰犯规。

4. **正手发网前球**

准备姿势同正手发高远球。击球时，持拍手要放松，上臂动作要小，主要靠前臂带动手腕向前切送，用力要轻，注意手腕不能有上挑动作。另外，落点要在前发球线后，发出的球要贴网而过，这可避免被对方扑杀。（图4-2-5）

图 4-2-5

5. **反手发网前球**

站位靠近前发球线，左脚或右脚在前均可，身体重心在前脚，上体前倾，后脚脚跟提起。右手反握在拍柄稍前部位，手腕稍前屈，球拍低于腰部，斜放在小腹前。发球时，球拍由后向前推送击球，使球的最高弧线略高于网顶，通过拍面的切削动作使球落到对方场区的前发球线附近。（图4-2-6）

图 4-2-6

（三）接发球技术

1. 单打接发球站位和准备姿势

站位：在右发球区接发球时，运动员应站在靠中线离前发球线约1.5米处接发球。在左发球区接发球时，运动员则应站在该发球区内的中间位置接发球。

准备姿势：两脚开立，左脚在前，右脚在后。侧身对网，身体重心在前脚上，后脚脚跟稍离地，两膝微屈，收腹含胸。左手自然抬起屈肘，右手持拍于右身前。思想集中，目视对方。

2. 双打接发球站位和准备姿势

站位：双打比赛接发球员接发球可在接发球区内离前发球线较近的位置。

准备姿势：与单打接发球准备姿势基本相同。身体重心可随意放在任何一只脚上，球拍要举高，以争取主动。在右发球区接发球时要注意防备发球员发平快球突袭反手部位。

（四）击球技术

1. 击高远球

击出高弧线飞行的、几乎垂直落到对方底线附近场区的球，称为击高远球。

（1）正手击高远球。左脚在前，右脚在后，侧身对网。右手正手握拍屈肘于体侧，上臂、前臂间的夹角为45°左右。左手自然上举，保持平衡，两眼注视来球方向。当球下落到一定的高度时，手肘上抬，右臂后摆引拍，以肩为轴做回环动作。前臂充分向后下方摆动并外旋，手腕充分伸展。左手随体协调屈臂向身体左侧下降。击球时，前臂急速内旋并带动手腕加速向前上方挥动，手腕屈收，手指屈指发力，用正拍面将球击出。击球点选在右肩的前上方，其高度以持拍手臂自然伸直击球为宜。右臂随击球后的惯性向左前下方挥动，顺势收回于身前，成击球前的准备姿势。（图4-2-7）

图 4-2-7

（2）反手击高远球。判断准对方来球的方向和落点，迅速将身体转向左后方。步法到位后，右脚前交叉跨到左侧底线，背对球网，身体重心在右脚上，使球在身体的右肩上方。击球前，由正手握拍迅速换为反手握拍，并持拍于胸前，拍面朝上。击球时，以上臂带动前臂，通过手腕的闪动，自上而下地甩臂将球击出。在最后用力时，要注意拇指的侧压力与甩腕配合，同时还要利用两脚的蹬地、转体等协调全身用力。（图4-2-8）

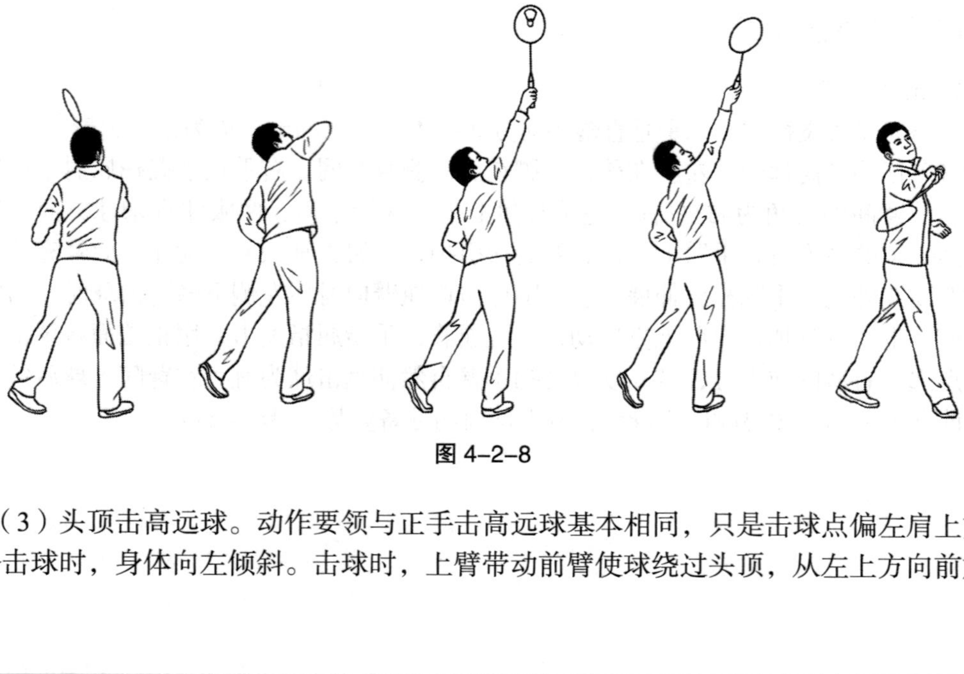

图 4-2-8

（3）头顶击高远球。动作要领与正手击高远球基本相同，只是击球点偏左肩上方。准备击球时，身体向左倾斜。击球时，上臂带动前臂使球绕过头顶，从左上方向前加速挥动，注意发挥手腕的爆发力击球。落地时，左脚向左后方摆动幅度大些。

2. 吊球

把对方击来的高球从后场轻击或轻切、轻劈到对方的近网附近叫作吊球。吊球从其动作方法、球的飞行弧线的不同可分为轻吊、拦吊、劈吊。击球前的准备姿势同正手击高远球。击球的一刹那，前臂突然减速，靠手腕的闪动向前下轻轻切击球托的右侧后下部。关键是用力方向朝前下，使球越网后即下落。击球后，手臂随惯性自然收回于胸前。

3. 杀球

把对方击来的高球全力向下扣压称为杀球。击球前的准备姿势和击球动作与正手击高远球相同，不同的是最后用力的方向朝下，而且要充分利用蹬地、转体收腹及手臂和手腕的爆发力全力将球向下击出，在击球的一刹那要握紧球拍。无论采用哪种动作杀球，都可做重杀、轻杀、长杀、深杀、直线杀和斜线扣杀。杀球时只要通过手腕和手指控制拍面倾斜角度、用力方向和大小，就可以扣杀出不同的球。这些不同形式的杀球主要是为了满足战术的需要，应根据对方的站位情况灵活运用。一般都是通过打高球和吊球来为杀球创造机会，显出杀球的威力。

4. 平抽球

平抽球有正、反手平抽球。

（1）正手平抽球。面对球网，右脚稍在前，膝微屈，前脚掌着地，右手握拍于体前。右脚稍向前迈出一小步，同时上体稍往右侧，右臂向右侧上摆。球拍上举，肘关节保持一定角度，前臂稍后摆带有外旋，手腕从稍外展至后伸，使球拍到后下方。前臂急速往右侧前挥动，从外旋转为内旋，球拍由后伸至闪腕，握紧拍柄挥拍抽击球托底部。击球后，球拍向左侧顺势盖过去，收回于身前。（图4–2–9）

图 4–2–9

（2）反手平抽球。击球前的准备姿势与正手平抽球基本相同。右脚向前跨一步，身体左转，右前臂往身前收。肘部稍上抬，前臂内旋，手腕外展，球拍引向左侧。右前臂往前挥拍的同时外旋，手腕由外展伸直至内收闪腕，手指突然握紧拍柄，拇指前顶，迎球挥拍，从球托的底部盖压过去。击球后，球拍随身体回动而收回于身前。（图4-2-10）

图 4-2-10

5. **推球**

（1）正手网前推球。站在右网前，球拍向右侧前上举。在肘关节微屈回收时，前臂稍外旋，手腕稍向后侧，球拍也随之往右下后摆，拍面正对来球。这时，小指和无名指稍松开，使拍柄稍离开鱼际肌，拇指和食指向外捻动拍柄，拍面更为后仰。推球时，身体稍往前移，右前臂往前伸并带内旋，手腕和手指控制拍面角度，手腕由后伸至伸直并闪腕，食指向前压，小指和无名指突然握紧拍柄，球拍急速地由右经前上至左挥动推球，使球沿边线飞向对方后场底角。击球后，球拍收回于身前。（图4-2-11）

（2）反手网前推球。站在左网前，以反手握拍，前臂往前上方伸举。在前臂稍向左胸前收引，肘关节微屈，手腕外展时，变成反手推球的握拍法，球拍松握，反拍面迎球。当前臂前伸并带外旋，手腕由外展到伸直闪腕，中指、无名指和小指突然握紧拍柄，拇指顶压。往右前方挥拍时，推击球托的左侧后部，使球沿对角线方向飞行。击球后，球拍收回于身前。（图4-2-12）

图 4-2-11

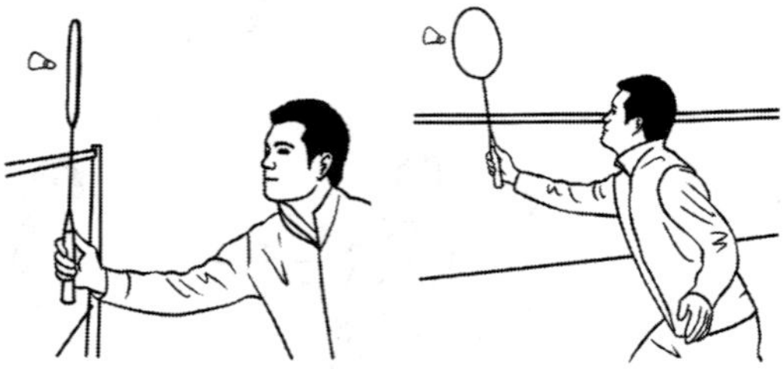

图 4-2-12

6. **搓球**

（1）正手网前搓球。左脚蹬地，右脚向网前跨成弓箭步，侧身对网，身体重心在右脚上。持拍手臂向前伸出，出手要快，握拍手腕和手指自然放松。击球时，前臂稍外旋，拍面与球网呈斜面向前，手指控制好拍面并发力，腕部由展腕至收腕闪动，带动手指向前切削，搓击球托的侧面底部，球呈下旋翻滚过网；或者腕部由收腕至展腕闪动，带动手指离网提拉，搓击球托的侧面底部，球呈上旋翻滚过网。（图4-2-13）

图 4-2-13

（2）反手网前搓球。上网步法要快，左脚蹬地，右脚向网前跨成弓箭步，侧身背对网，身体重心在右脚上。握拍手臂向前伸出，出手要快，手腕、手指自然放松。前臂稍上举，手腕前屈，握拍手部高于拍面，反拍迎球。击球时，主要靠前臂的前伸外旋和手腕由内收至展腕的合力，带动手指离网提拉，搓击球托的侧面底部，使球呈上旋翻滚过网。搓球时，要注意用手指控制拍面，用手指发力，击球点要高且近网，搓出的球要尽可能贴近球网，球旋转翻滚性能越强，对方回击就越困难。（图4-2-14）

7. 勾球

勾球是将对方击到自己前场区域位置的球还击到与之成对角线位置的对方网前区域内的击球技术。

（1）正手网前勾球。勾球一般采用并步加蹬跨步上网的步法。击球前的准备姿势与正手网前搓球相同。在步法移动的同时，球拍随着前臂往右前上方举起，前臂在前伸的同时稍外旋，手腕微后伸，这时的握拍稍有变化将拍柄稍向外捻动，使拇指贴在拍柄的宽面上，食指的第二指节贴在与其相对的另一个宽面上，拍柄不触及掌心。击球后，球拍收回于右肩前。（图4-2-15）

图 4-2-14

图 4-2-15

（2）反手网前勾球。

击球前的准备姿势与正手网前勾球相同。看准来球，手臂前伸，球拍平举。准备击球时，肘部突然下沉，同时前臂稍外旋。击球瞬间，手腕由屈腕到伸腕闪动，拇指内侧和中指将拍柄向右侧一拉，其余手指突然握紧拍柄，球拍背面朝对方左网前拨，击球托的侧面底部，球沿对角线越网而过。（图4-2-16）

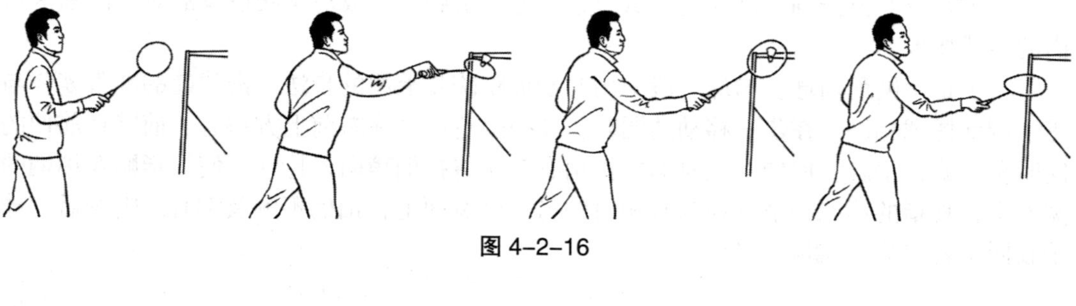

图 4-2-16

8. **扑球**

（1）正手扑球。迅速蹬步网前，右脚在前，上体直立。在跑动过程中完成击球准备，拍头要过头顶。击球时，随着手臂由屈到伸，手腕由后伸至向前闪动及手指顶压，将球扑下。（图4–2–17）

图 4–2–17

（2）反手扑球。迅速蹬步网前，右脚在前，上体直立。在跑动过程中完成击球准备，拍头要过头顶。向左转动球拍，使拍面正对球网。击球时，前臂伸直外旋带动手腕内收至外展，拇指顶压，加速挥拍扑球。如果来球靠近网，手腕可外展由左向右拉切击球，以免触网。（图4–2–18）

图 4–2–18

9. **挑球**

（1）正手挑球。正手握拍举在胸前，右脚向右前跨出一大步，侧身向前，重心在右脚上。同时，右臂向后摆，自然伸腕，使球拍后引。然后右臂以肘关节为轴，屈臂内旋，并握紧球拍，用食指及手腕的力量，将球向前上方击出。（图4–2–19）

图 4-2-19

（2）反手挑球。反手握拍举在胸前，右脚向左前方跨出一大步，重心在右脚上。同时，右肩向网，右臂屈肘引拍至左肩旁。然后右臂以肘关节为轴，握拍经体前由下往上，用拇指第一指节压住拍柄的宽面，用力将球击出。（图4-2-20）

图 4-2-20

三、羽毛球运动基本战术

（一）单打战术

1. 发球抢攻战术

从发球的第一拍起，争取控制对手，以攻杀得分。这种战术，一般为发网前低球结合平快球、平高球，争取第三拍的主动进攻。用这种战术对付应变能力较差的对手或实施于比赛的关键时刻，效果往往很好。实施这一战术时，应有高质量的发球予以保证，否则很难成功。

2. 攻后场战术

此战术是通过击高球、重复压对手的底线两角，造成对手的被动，然后寻找机会进攻。用它来对付初学者或后场还击能力较差或后退步子较慢或急于上网的对手是很有效的。

3. 攻前场战术

对网前技术较差的对手，可运用此战术先将其吸引到网前，然后再攻击其后场。采用此战术，自己首先要有较好的网前击球技术。

4. 四方球突击战术

以快速的平高球、吊球准确地打到对方场区的4个角落，迫使对手前后、左右奔跑，当对手来不及回中心位置或失去重心时，抓住空当和弱点进行突击。

5. 吊、杀上网战术

先在后场以轻杀配合吊球把球下压，落点要选择在场地两边，使对手被动回球。若对手还击网前球，便迅速上网搓球或勾对角快速平推球；若对手在网前挑高球，可在其后退途中把球直接杀到对手身上。

（二）双打战术

1. 攻人战术

集中攻击对手两人中有明显弱点的人，并伺机攻击另一人因疏忽而露出的空当，或对此人偷袭。双打比赛中的配对选手的技术，一般总有一人好，另一人稍差些，即便两人水平相差不多，但若能集中力量攻击其中一人，也可给其造成很大的心理压力，从而使其出现失误。

2. 攻中路战术

当对手分边站位防守时，将球攻击对手两人的中间；当对手前后站位时，可将球下压或平推两边半场。这样可使对手防守时互相争抢或互让而出现失误。

3. 攻直线战术

攻直线战术即杀球路线和落点均为直线，没有固定的目标和对象，只依靠杀球的力量和落点来得分。当对手的来球靠边线时，杀球的落点在边线上；当对手的来球在中间时，就朝中路进攻。这个战术在使用上较易记住和贯彻。杀直线球虽然难度高一些，但效果不错，便于网前同伴的封网。

4. 防守反击战术

防守时，对手攻直线球，己方挑对角平高球；对手攻对角球，己方挑直线平高球，以达到调动对手移动的目的。然后可采用挡或勾网前的精巧网前技术迫使对手起球，创造后场进攻机会，达到反守为攻的目的。

体育思政园地

广东省羽毛球绘就发展新篇章

2023年广东省羽毛球U系列赛119支参赛队伍超2000人次参赛，参赛人数及参赛规模均再创新高；2022年粤港澳大湾区羽毛球混合团体赛，首创重磅推出百万奖金，超高标准打造，立创湾区品牌；广东省名将陈清晨两年多来连夺6个世界冠军，世界羽联排名女双第一。记者8月16日从广东省体育局和广东省羽毛球协会获悉，近两年，广东省羽毛球在群众体育、竞技体育、青少年体育等方面得到了很好的发展。

2023年广东省羽毛球U系列赛新增了团体赛和港澳组单项赛，增强粤港澳三地之间的体育交流，同时也将赛事纳入中国羽毛球协会全民健身积分赛体系。通过比赛发现、培养和选拔羽毛球后备人才，以逐步实现羽毛球竞技比赛活动的常态化和规范化为目标，推动广东省羽毛球运动的发展和普及。

2022年粤港澳大湾区羽毛球混合团体赛按照国家“一带一路”倡议，将赛事邀请扩大到“一带一路”沿线友好国家和地区羽毛球协会，不断推动赛事高质量发展，为体育人文交流提升国家文化软实力作出贡献。

东京奥运会女双亚军、世界冠军陈清晨目前正备战接下来的杭州亚运会以及2024年巴黎奥运会，继续为国争光、为省添彩。

此外，今年暑假广东省还举办了两期“奔跑吧·少年”2023年广东省青少年羽毛球夏令营，下半年还将举办羽毛球冬令营。

广东省羽毛球协会相关负责人表示，展望未来，广东省还将进一步加强国际化交流，与国际接轨合作，在协会赛事、群众体育、竞技体育、青少年体育等方面统筹推进创新发展。

（资料来源：《中国体育报》，2023年8月17日，有改动）

第三节　网球运动

一、网球运动简介

现代网球运动起源于英国。1873年，英国人温菲尔德最先对草地网球的玩法做了几条简单的规定，成为网球运动最早的规则。1881年，美国草地网球协会宣告成立，并制定了一系列的规定，使网球运动成为一项正式的比赛项目。

现代网球运动诞生后，迅速传至世界各地。19世纪后期，网球运动传入我国，最初，网球运动仅在一些学校中开展，后来逐渐推广到上海、广州、北京等城市。随着我国经济实力和人民生活水平的提高，网球运动水平不断提高，且已成为一种时尚、深受群众欢迎的休闲项目。

二、网球运动基本技术

（一）握拍法

1. 东方式握拍法

（1）正手握拍：以右手持拍为例。左手先握住拍颈，使拍面和地面垂直，然后手掌也垂直地面，手握拍柄如同与人握手，又称握手式握拍法，即用右手掌根与拍柄右上斜面贴紧，拇指垫握住拍柄的左垂直面，食指微离中指，食指下关节压住拍柄右垂直面。拇指与食指成“V”形，对准拍柄的右上斜面和左上斜面的上端中间。(图4–3–1)

(2)反手握拍：在正手握拍的基础上把手向左转动(即把拍子向右转动)，使拇指与食指成“V”形，对准拍柄的左上斜面与左垂直面的中间那条线。用手掌根压住拍柄的右上斜面，食指下关节在右上斜面上。

2. 大陆式握拍法

正反手均采用同一种握拍法，不需要变换动作，适合截击和发球。握拍时用手掌根紧贴拍柄上部的平面，食指与其余三指稍微分开，食指上关节紧贴在右上斜面上，拇指垫贴在拍柄的左垂直面上。(图4–3–2)

3. 西方式握拍法

(1)正手握拍：手掌的大部分放在拍柄的底部，手掌根贴在拍柄的右下斜面，拇指压在拍柄的上部上面，食指的下关节握住拍柄的右下斜面，拇指与食指的“V”形对准握柄右垂直面。(图4–3–3)

(2)反手握拍：在正手握拍的基础上，把球拍上下颠倒过来，用同一拍面击球或手腕顺时针转，使拇指与食指的“V”形对准拍柄的左垂直面，食指下关节压住拍柄的上部手面，手掌根贴在左上斜面。

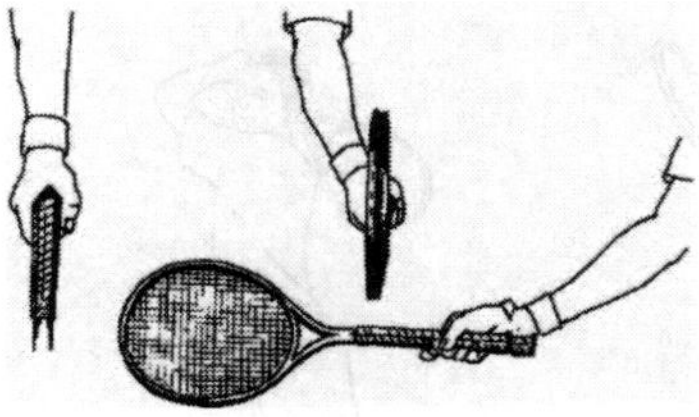

图 4–3–1

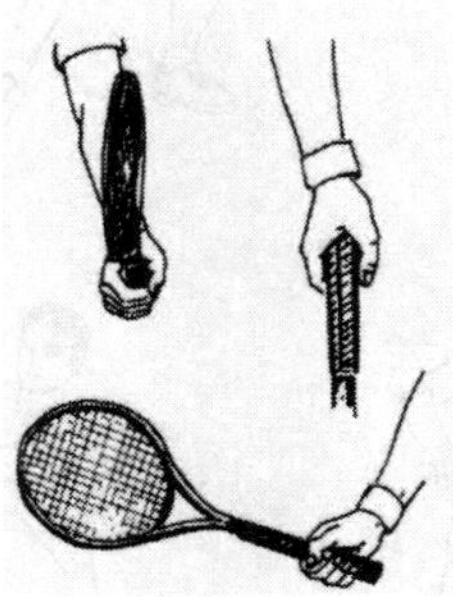

图 4–3–2

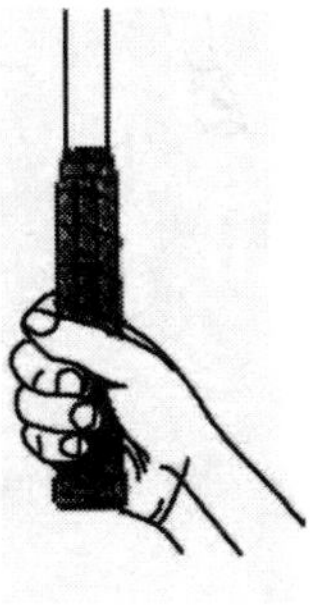

图 4–3–3

4. 双手反手握拍法

右手为东方式反手握拍法，握在球拍拍柄的底部，手掌根与拍柄对齐。左手握在右手的上方，为东方式正手握拍法。该握拍法的优点在于对力量不足的人双手反手比较容易，同时这种握拍法易于对来球加上旋和发力，且动作的隐蔽性强；缺点在于对步法要求精确。

(二)正手击球

1. 准备姿势

准备击球时面对球网，两脚开立约与肩宽。两膝微屈，上体微微前倾，重心在两脚的前脚掌上。右手握拍，左手轻抚拍柄的上端或者拍颈，两手自然置于体前。拍头向前上方并高于拍柄，拍面略微倾斜。两眼平视前方。

2. 后摆引拍

判断来球的方向，在转身转体的带动下，做弧形的后摆引拍动作。引拍时，在右肩向后转的基础上把球拍向后引出，整个过程中肘关节微屈，拍头微微向上，后摆至拍底指向来球，拍头指向后面的挡网，拍面略微向下关闭。

3. 挥拍击球

从后摆进入向前挥动时紧握球拍，配合蹬地转体动作，以上臂带动前臂向前上方挥拍，击球点位于身体重心脚的前侧方。击球时的挥拍速度达到最快，球打在拍面的中心。挥拍击球时，拍面略向上摩擦，使球稍带上旋。

4. 随挥跟进

击球后，球拍沿着球飞行方向继续向前上方挥动，重心前移至左脚，身体由侧身转向正对球网。挥拍动作在左肩上方结束，然后迅速还原成准备姿势。（图4–3–4）

图 4–3–4

（三）反手击球

1. 准备姿势

准备击球时面对球网，两脚开立约与肩宽。两膝微屈，上体微微前倾，重心在两脚的前脚掌上。双手反手握拍置于体前，拍头向前上方并高于拍柄，拍面略微倾斜。两眼平视前方。

2. 后摆引拍

当判断来球为反手时，在肩的带动下双手向左后摆动引拍。引拍时，右臂肘关节尽量伸直，让上臂紧贴身体，拍头高于拍柄，拍面向下，拍底指向来球方向。

3. **挥拍击球**

挥拍击球时，左脚蹬地发力，转髋带肩、手臂及球拍迎着来球的方向向前挥动。在球的上升期击打来球，击球点在右脚侧前方腰部高度。前挥动作要平滑、连贯。击球前瞬间拍头低于来球，击打时靠左手向前挥动的力量把球拍向前上方带出。

4. **随挥跟进**

击球后，球拍沿着球飞行方向继续向前上方挥动，重心前移至右脚，身体由侧身转向正对球网。挥拍动作在右肩上方结束，然后迅速还原成准备姿势。（图4-3-5）

图 4-3-5

（四）发球

1. **准备姿势**

单打在右区发球时，站在端线后中心标志点稍右侧的位置，左脚脚尖对准左边网柱，与底线成45°角。两脚分开约与肩同宽，两脚的连线指向发球区。单打在左区发球时，左脚脚尖对准右侧网柱，右脚约与端线平行。无论在哪个区域发球，人的重心都放在左脚上。抛球手的拇指、食指和中指轻轻托住球，掌心向上。球拍置于身体前方，拍头稍稍向前上方倾斜，呼吸均匀，注意力集中。双打发球站位与单打略有不同，一般站在边线与中心标志点的中间，这样做可以更好地保护自己的半场。

2. **后摆引拍**

做好准备姿势后，双手同时向下运动。当持球手向下到左大腿内侧时，持拍手运动到右大腿外侧，重心从左脚转移到右脚。当球拍从身后向头上方做大弧度的摆动，身体做转体、屈膝、展肩时，持球手柔和地在身前左脚前方上举，直至伸直高及头顶抛球。

此时身体重心转向左脚，两腿膝关节微屈，左侧腰、胯成“弓”形。抛球时，动作要协调、平稳，球送至最高点再离开手顺势到空中，右肘向后外展约同肩高，拍头指向天空，拍底指向地面，两肩与球网约成直角。

3. 挥拍击球

当左手抛球时，右臂抬肘转体让球拍继续一个向上摆起的趋势，在向前转动的身体和顶出的右肩的带动下，使右臂产生一个完美的绕圈。此时，右臂肘关节、球拍拍底向上，拍头向下。当球下降至击球点时，左脚上蹬，伸膝转髋发力，使右臂和身体充分伸展，迅速向前、向上挥拍击球。身体向前上方伸展击球时，肩、右臂回转，两肩与球网平行，持拍手腕带动前臂做旋内“鞭打”动作。这是发球技术的关键环节，也是其他诸如重心前移、蹬地、转体、挥拍等环节聚集的结果。

4. 随挥跟进

在球拍撞击球后，球员应顺着身体及挥拍动作的惯性做收腹、转肩及收拍的动作。这一系列动作称为随挥。随挥时球拍经过左腿外侧，并收于左侧身体腋下，右腿小腿上翘来维持身体平衡。（图4–3–6）

图 4–3–6

发球可分为平击发球、上旋发球和切削发球三类。平击发球的速度最快，击球点在身体的前上方，以拍面中心平直对准球的后中部，发球时前臂和手腕做旋内“鞭打”动作，以提高发球的速度和命中率。上旋发球能够产生足够的旋转，球抛到头部偏左一点的位置，球拍迅速从左下方向右上方挥动，从左下方向右上方摩擦球的背面。切削发球能够产生较大的速度与向右的旋转，发球时快速从右上方向左下方挥动球拍，击打球的外侧，使其产生右侧旋转。

（五）接发球

接发球是接发球员根据对手发球的速度、旋转、落点和弹跳弧度等所采用的各种正反手击球方法的集合。其主要目的是把对手发来的极具威胁的球回击到对方场区。

1. 握拍与站位

右手普遍采用正手握拍，左手采用双手反手握拍。这样接发球员既可以快速接发正手位的发球，也可以快速变换握拍接发反手位的发球。站位采用低重心、大分开脚步、上体略微前倾的方式。在右区接发球时右脚基本在边线的延长线上，在左区接发球时左脚基本在距离边线半步内。

2. 引拍

在接发球区准备好后，当对手准备发球时，两脚快速原地交换重心。对手发球瞬间向前快速分腿垫步，眼睛紧盯来球，并转身转体向后小幅度地引拍，随时准备向前上脚迎击来球。接发球的引拍动作比一般的正反手击球引拍动作的幅度要小，均为直线小摆动拉拍，总体归结为转体、侧身上步和手臂随身体小幅度转动拉拍。

3. 挥拍击球

由于发球的力量大、速度快、旋转强，造成接发球的挥拍和击球时间很短。接发球时不同于底线抽击球时依靠身体旋转来增加力量，而是借助身体重心的前移来增加力量。接发球挥拍击球时应注意以下几点。①快速侧身后，减小挥拍动作幅度。拍头向前加速包裹来球，前挥完整，动作流畅、不间断。②掌握拍形。在击球瞬间握紧球拍，使拍头稳定。③击球位置固定。球拍与球接触位置尽可能控制在球拍的甜点上，使球身与拍面完全接触。④注意球与身体的距离。一般小于正常击球位置，使手臂带动身体转动，借助身体的力量将球击出。⑤后腿蹬地，重心向前转移。

4. 随挥跟进

随挥要求球拍向前推送完整，以便产生足够的撞击力度，并由前臂带动球拍自然向前、向上，使整个接发球动作完整、自然、流畅。（图4-3-7）

图 4-3-7

（六）截击

截击是指来球过网未落地之前在空中飞行时被凌空回击到对方场区的击球技术，又称拦网。

1. 握拍与站位

正反手截击常用的握拍方式都为大陆式，这样在截击时就省去了换握拍的麻烦。在准备截击时两脚平行站立，与肩同宽，脚跟稍稍抬起。膝关节微屈，上体略微向前倾斜，以便灵活移动。非持拍手扶拍颈将球拍置于胸前，拍头竖起指向前方。

2. 引拍

截击技术的引拍动作要迅速、简练。不管是正手截击，还是反手截击，引拍动作一定是先分腿垫步再以肩转动引拍。正手引拍以右脚为轴向右侧转动，球拍略微向后打开，后引不要超过右肩，身体面向来球方向，拍头高于手腕，手腕高于肘关节，保持手腕固定，眼睛紧盯来球。反手引拍以左脚为轴向左侧转动，同时左手辅助拍颈将球拍向后拉，持拍手的肘关节弯曲，拍头向上竖立，球拍置于来球后方，重心移向左腿。

3. 上步击球

看准来球，正手时右脚蹬地向前上方跨出左脚，反手时左脚蹬地向前上方跨出右脚。触球时应该迅速、简短、干脆，手腕紧固，保持拍面的稳定。一般来说，击球点位置越低，拍面就越接近水平；击球点位置越高，拍面就越接近垂直，甚至是略微向下。与此同时，球拍的触球部位也由球的底部到后中上部发生微妙的变化。

4. 随挥跟进

截击的随挥动作要简短而干脆，随挥动作幅度极小。完成截击时，身体重心在跨出去的脚上，拍面指向出球方向。完成一次截击后应立刻收回跨出去的脚，回到刚开始的准备姿势，或者向前跟进准备。（图4-3-8）

图 4-3-8

（七）凌空抽击

当对手的回球是较高、较慢的中前场球时，越来越多的球员选择采用正反手的大力抽击球把球回击到对方场区，这就是凌空抽击。其动作要点是：击球点必须靠前，击球的高度在腰部和肩部之间；击球时，向前迈出的脚要大跨步，同时夹紧腋下，更多地使用前臂的力量；击球后球拍大幅度地随挥出去，结束时身体重心明显前移。（图4-3-9）

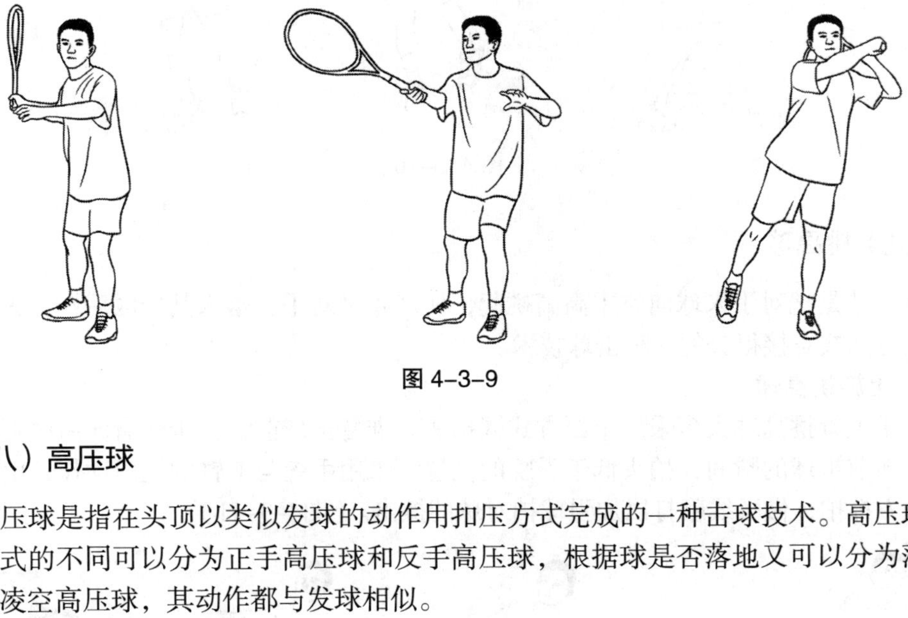

图 4-3-9

（八）高压球

高压球是指在头顶以类似发球的动作用扣压方式完成的一种击球技术。高压球根据击球方式的不同可以分为正手高压球和反手高压球，根据球是否落地又可以分为落地高压球和凌空高压球，其动作都与发球相似。

1. 握拍与步法

高压球的握拍基本为大陆式握拍法。侧并步是在高压球中比较常见的步法，多用于对手被动挑高球时球员主动高压。侧身举拍后，后脚带领前脚小步后撤，类似于侧身滑步移动。侧后交叉步相比侧并步难度稍大。侧身举拍时，前脚经后脚后方向后撤步，再让后脚移动至两脚平行位置，两脚依次交替移动。不论采用哪种移动方式，最后都是两脚一前一后的站位，两脚的连线几乎与球网垂直，人体的重心在后脚。

2. **侧身举拍**

高压球的动作与发球相似，但球拍直接从体前举起，并迅速侧身。持拍手向后抬起，将球拍放置脑后偏上位置。非持拍手高高抬起，向前上方伸展指向来球，并维持身体平衡。

3. **扣腕击球**

当来球接近击球区域时，后脚蹬地发力，由上肢带动肩部的回转，快速向前上方挥动手臂，在手臂带动下拍头快速向前、向上挥动。击球时，上臂、前臂完全伸展于高点接触，前臂内旋以做到拍面平击来球。跳起扣杀时，在击球时前后脚在空中交换，落地时非发力脚先落地。（图4-3-10）

图 4-3-10

（九）挑高球

挑高球是把对手来球向空中高高挑起，使球越过对手，落入其场区后端，为自己赢得回位时间或直接得分的一种击球技术。

1. **上旋挑高球**

正手上旋挑高球大多采用半西方式握拍法。准备击球前，上步转肩向后做弧线引拍动作，向前击球的瞬间，拍头低于手腕的位置，采用手腕与前臂的旋内动作，由后下方向前上方挥拍，做弧线鞭打以加强球拍对球的擦击。（图4-3-11）

图 4-3-11

双手反手上旋挑高球时，侧身转肩，右脚向前跨出，身体重心在右脚。转髋转腰，球拍由后下方向前上方挥出，拍面尽量垂直于地面，拍头略低于手腕。通过手腕与前臂的强力旋内动作触击球的中部或中下部，使球产生强烈上旋。（图4-3-12）

图 4-3-12

2. **下旋挑高球**

正手下旋挑高球采用大陆式握拍法。转肩向后引拍，球拍要低于预期的击球点，膝关节微屈，非持拍手前伸维持身体平衡。在上步击球时，球拍拍头向前加速，并确保拍面微微打开，拍面越开，球的飞行轨迹就越高，相应地，就会影响击球的深度。击球点在身体前面腰部高度。通过微微向下摩擦球体的后中下部使其产生下旋，最后以向前、向上的随挥动作结束击球。

单手反手下旋挑高球，拍头始终处于低点，以便能做出从低往高的挥拍动作。保持膝关节弯曲，两脚前后开立，向前上脚时向上、向前加速挥拍。

（十）放小球

放小球就是轻轻将球放到对方网前的一种击球技术。其目的是把球打到对方场区靠近网的位置，以调动对方，争取比赛的主动权。

采用与正反手击球相同的握拍方式，当向前挥拍击球瞬间将握拍方式调整为大陆式握拍法或根本不换握拍的方式。为保证放小球动作的隐蔽性和突然性，尽可能地把换握拍的时间推后，以免让对手过早地察觉击球意图。准备姿势、后摆引拍与正反手击球相似，动作要尽可能隐蔽，使对手无法判断。击球时，侧身对网，手腕保持适度紧张，拍面稍向后仰，拍头高于设想的击球点。球拍触球瞬间，手腕放松，拍面打开，从球的后部向下摩擦球，使球产生下旋，前臂和手腕前送上托将球轻柔地送过网。击球后，身体重心向击球方向跟进，自然、协调、连贯地完成随挥动作。

（十一）反弹球

反弹球一般采用东方式握拍法或大陆式握拍法。判断好对手来球后，身体迅速屈膝下蹲，重心下降。手腕用力握住球拍，拍面对准来球方向迅速向下，准备做跨步迎击的动作。以正手为例，转肩后摆引拍，拍头略高于手腕，左手指向来球，左肩侧对网，随着左脚向前跨出，身体重心随之下降。应对底线深区的反弹球，后摆动作幅度要大很多，因距网远，需要加力抽击。应对场地近网的反弹球，采用交叉跨步的步法，以保持侧身对网和下蹲，降低重心，保持身体平衡，击球点在前脚的侧前方，球拍尽量与地面平行，拍头与手腕同高，由下向上挥动击球。随挥动作不宜过长，只要送球方向清晰即可结束动作，迅速还原。

三、网球运动基本战术

（一）单打战术

单打战术是在单打比赛过程中，球员根据临场比赛的情况，有目的、有针对性地对技术的运用。单打战术不仅是单打比赛获胜的一个重要因素，而且是双打战术的基础。

1. 发球战术

发球要考虑落点、力量和旋转等因素的变化才能有良好效果。如果发出的球有角度而使球反弹出边线，就能迫使对手离开基本位置，则发球效果好。若对手站位离中线较远，可发球至中线附近，以牵制对手。第一次发球就应尽量利用大力发球，以加强攻击性，给对手造成压力。第二次发球应具有稳健性，以保持较高的命中率。

2. 接发球战术

在第一回合较量中，对手发角度大而弹出边线的球时，若球速慢，可用进攻方法回击，亦可回击大角度球，以牵制对手发球后抢攻。接大角度球时，不要向后跑，而应向前迎球，用拉球回击。接发球时应选择合适位置，其标志是使正手和反手各有1/2的机会接球。切忌在中场等球，应将中场视为接球时不站人的区域。

3. 底线战术

通过连续多拍的施压，从而造成对手的主动失误。通常调动对手前后、左右不断跑动，使对手疲于应付；主动改变球的旋转，利用平击球、上旋球、下旋球等不同的组合，让对手不适应球的旋转；适时改变击球的节奏，让对手失去运动时的舒适性。

4. 网前战术

当在底线打出极具威胁的进攻，把对手大范围地调动开或对手打出落点较浅的中前场球时，就应该主动上网，利用截击、高压或者放小球等技术在网前解决战斗。在网前应该果断、干脆、直接，人随球动，迅速来到网前封网，不给对手任何反击的机会。

（二）双打战术

1. 站位时的战术

站位会影响球员技战术的发挥。站位一般分为双底线、双上网、一底一前等几种类型。高水平的双打球员一般都采用发球上网或接发球上网的双上网战术。

2. 发球战术

双打发球落点要深，如果发球有足够深度，就能控制对手冲到网前进行截击。第一次发球应采用大力发球，发球后随球上网，这时动作要迅速，先冲前三四步，然后停下来，准备进行第一次截击。

3. 接发球战术

对手发球时，接发球员的同伴一般站在发球线附近，接发球员回球的情况将直接影响其同伴的动作。如果接发球员能有效地接过发球，并且能够上网，这时两人都应同时上网。如果接发球员回击的球力量较弱，这时接发球员的同伴就应立即退到端线附近，不要停在原地。如果两人同在后场站位时，应保持使球落在中间地带，以减小对手回球的角度。

4. 截击战术

双打中适合截击时就应该大胆地把球打向斜线，或者直接打向靠近的对手的脚下，或者打向对手两人的中间，伺机向前跟进争取更多的主动权。

5. 挑高球战术

挑高球时动作要隐蔽，应等对手有上网的意图或者已经来到网前准备截击时出其不意地打出，将球尽量打到后场。

6. 底线抽击战术

不论发球方或者接发球方都会有一人在底线开始比赛，当在底线抽击准备破网时应尽量把球打低、打平，保证每球过网，要巧妙、凶狠，争取变被动为主动，尽早压制对手为同伴创造机会或伺机来到网前。

体育思政园地

“郑洁杯”青少年网球巡回赛成都站收拍

8月13日，2023尤尼克斯“郑洁杯”青少年网球巡回赛成都站在成都市天府国际网球中心落下帷幕。成都站是本届“郑洁杯”的第六个分站赛，共有来自全国各地的326名选手参赛，在经过了小组循环赛和淘汰赛两个阶段的争夺之后，8个组别的冠军全部产生。

“郑洁杯”青少年网球巡回赛是由两届大满贯冠军郑洁发起的面向全国青少年的网球比赛。比赛旨在推广、发展中国青少年网球，选拔网球人才，为青少年选手提供专业比赛的机会。

自2010年创立以来，“郑洁杯”已经有了14年的历史。比赛于2015年首次走进成都，之后连续几年都在这里举办分站赛。作为土生土长的成都人，郑洁坦言每次回到家乡办赛都让她感到十分欣喜，看到有越来越多的孩子加入到网球的学习和训练中来，更让她对中国网球的未来充满期待。

2023年“郑洁杯”共有8站分站赛，最后两站比赛将于本月下旬在乌兰察布和泰安举办，分站赛后还将举办总决赛和菁英训练营。

（资料来源：《中国体育报》，2023年8月14日，有改动）

第五章
游泳运动

第一节　游泳运动概述

一、游泳运动简介

在古代，游泳运动是人类同大自然斗争的一种手段。在生产劳动的过程中，游泳运动的技能不断得到发展和完善。近代游泳运动是在19世纪出现的。英国率先创立了游泳俱乐部和业余游泳协会，有组织地开展游泳运动。1896年在希腊举行的第一届奥林匹克运动会上，游泳就被列为正式的比赛项目。

二、游泳运动价值

游泳运动是一项非常有益的运动。游泳运动是在水中进行的全身运动，经常进行游泳运动不仅能使躯体和四肢强健，肌肉丰满、有力而富有弹性，身体匀称，而且能扩大关节运动的幅度，提高关节的灵活性和稳定性。游泳运动可以享受到空气浴（户外）、日光浴和冷水浴的三浴之乐，能增强身体的抵抗力。经常进行游泳运动还能够改善人体各个器官的功能，尤其是心肺功能。

三、游泳运动装备

（1）泳装：泳装要紧身、舒适，使用后用冷水清洗，并风干。

（2）泳镜：游泳池的水中都含有消毒的氯，如不戴泳镜，对眼睛的刺激较大，会感觉不舒服。

（3）泳帽：泳帽在游泳过程中能保护头发，防止头发挡住视线。为了保持清洁卫生，游泳池规定游泳者必须戴泳帽。

第二节　游泳运动技术

一、爬泳

爬泳，又称自由泳。爬泳技术动作结构简单、自然、合理，是比较容易学习的一种姿势。现代爬泳技术特点是身体姿势高平，采用高肘、屈臂划水和晚呼吸配合技术，腿臂动作的配合形式呈多样化。在正式的游泳比赛中，爬泳的比赛项目是最多的。

（一）身体姿势

身体接近水平，俯卧在水中，保持较好的流线型，尽量减少游进方向的迎面阻力。头部保持自然后屈，两眼注视前下方，头的1/3露出水面，水平面接近发际，应转头吸气，避免抬头吸气。转头时头的一侧不应离开水面，身体纵轴与水平面成3°～5°的仰角。在游进中，身体可以围绕身体纵轴做有节奏的转动，保持良好的身体姿势。

（二）腿部动作

爬泳腿的作用主要是保持身体平衡和动作的协调并产生一定的向前推动力。正确的上下打水动作应当是从髋关节开始，通过整个腿部，最后到脚的一个鞭状打水动作。打水时两脚应稍向内收，踝关节自然放松，两脚尖上下的垂直距离为30～40厘米，膝关节自然弯曲的角度应为160°左右。

（三）臂部动作

爬泳的臂部动作是推动身体前进的主要动力。它分为入水、抱水、划水、出水和空中移臂5个部分。这5个部分在臂部动作中是一个紧密相连的完整动作。

1. 入水

入水应在臂的延长线和身体中线之间。手臂入水时，肘关节略屈并高于手臂，手指自然伸直并拢，掌心向外，前臂内旋，向前斜下方切入水。入水动作要自然放松，手、前臂、上臂依次入水伸直。（图5–2–1）

2. 抱水

手臂入水后，应积极插向前下方，在形成抱水的动作中，手臂开始是直的，然后弯曲，似用臂抱一个大圆球。抱水时，手的运动由向后、向下、向外3个分动作组成。抱水动作主要是为划水做准备，因此是相对放松和缓慢的。（图5–2–2）

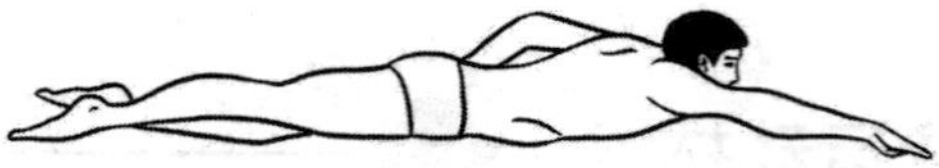

图 5-2-1

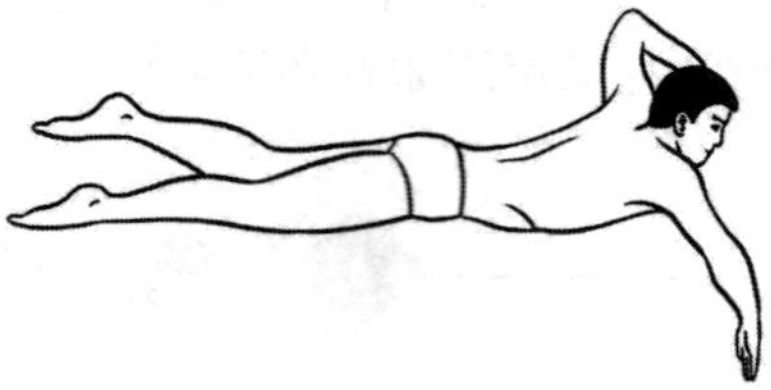

图 5-2-2

3. **划水**

整个划水过程分为两个阶段：从抱水结束到划至与水面垂直之前称为拉水，过垂直面后称为推水。拉水时，应保持高肘姿势，手向内—向上—向后运动。当拉水结束时，手在体下接近中线，这时肘关节弯曲的角度为90°~120°，前臂由外旋转为内旋，掌心由向内变为向外后方。向后推水是通过屈臂到伸臂来完成的。在推水过程中，手是向外—向上—向后运动的。肘关节要向上、向体侧靠近，并且手掌始终要与水平面保持垂直。整个划水动作应是连贯和加速的。（图5-2-3）

4. **出水**

在划水结束后，利用肩带肌肉的力量，由肩带动前臂、肘向外上方提拉，将前臂和手提出水面。前臂出水动作要比上臂稍慢一些，掌心向后上方。（图5-2-4）

图 5-2-3

图 5-2-4

5. **空中移臂**

手臂出水后，由肩带动上臂、前臂和手做高肘快速移臂。整个移臂过程的前半部分是肘关节领先，前臂相对慢；后半部分前臂向前伸出做入水准备。（图5-2-5）

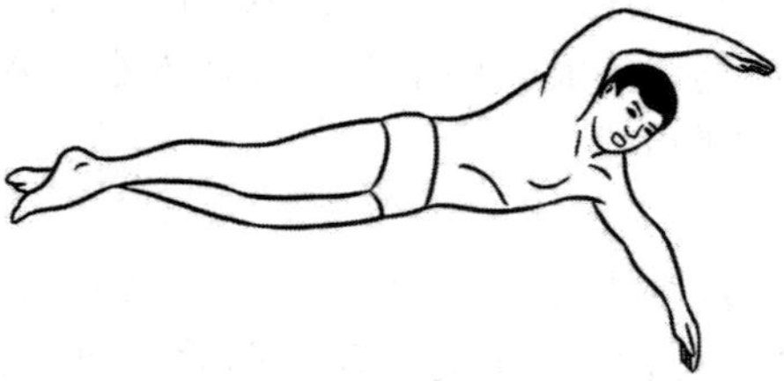

图 5-2-5

（四）配合技术

1. 两臂的配合

一臂入水时，另一臂处于肩下垂直部位称为中交叉；处于腹部身下部位称为后交叉；处于肩前，与水平面成30° 角时称为前交叉。

2. 呼吸与臂的配合

爬泳采用的是转头吸气的方式，一般是在左右臂各划1次之间完成1次转头呼吸。1次完整的转头呼吸包括吸气、闭气、呼气3个部分。以向右转头呼吸为例，右手入水后，开始慢慢呼气，右臂划到肩下时向右侧转头，呼气量加大，推水快结束时呼气量更大。右臂出水时，张嘴吸气，移臂一半时吸气结束，并开始向左侧转头，恢复面向下的姿势，然后闭气。用爬泳长游时，一般每一划臂周期应呼吸1次；短距离的冲刺可以采用划水4次，吸气1次的方法，甚至可以完全不换气。

3. 完整配合

完整配合即呼吸、手臂和腿的配合。因为手臂是产生推进力的主要来源，所以在配合中，呼吸和腿部动作都应该服从于臂部动作的需要。呼吸、手臂和腿的配合比例主要有3种：1∶2∶2（即1次呼吸、2次划水、2次打水）；1∶2∶4；1∶2∶6。也有极少数优秀运动员采用1∶2∶8的技术。

二、仰泳

仰泳是人体仰卧于水面游进的一种泳式。仰泳技术动作由身体姿势、腿部动作、臂部动作和呼吸等部分协调配合组成。

（一）身体姿势

仰泳时，身体仰卧于水面，头部和肩部略高于臀部，胸部自然伸展，腰腹和脸部保持水平，身体呈流线型。身体纵轴与水平面构成一个很小的仰角，约为10° ，腰部和两腿均处在水下。（图5-2-6）

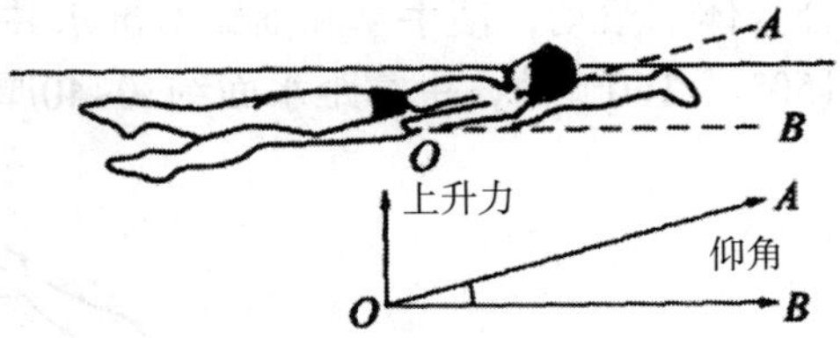

图 5-2-6

（二）腿部动作

仰泳腿的动作由上踢和下压两个动作组成。仰泳腿的技术与爬泳腿相似，同样是鞭状打水动作，但是因为是仰卧，所以产生推进力的动作是上踢。此外，仰泳腿上踢开始时膝关节弯曲的程度大于爬泳腿向下打水时，打水的幅度也比爬泳大。

1. 上踢

上踢开始时，足内收，大腿带动小腿和脚屈膝向上踢水，在踢水的过程中逐渐伸膝。上踢时，踝关节跖屈，踝关节的灵活性对踢水效果起着重要的作用。当大腿移到接近水面时转为下压。由于伸膝肌群的带动，小腿和脚在惯性作用下加速向上用力踢水，形成鞭状踢水动作。当膝关节完全伸直时，上踢动作结束，此时脚趾应该恰好位于水面或略低于水面。

2. 下压

因为腿下面的水会对腿产生向上的压力，所以下压动作的前半段是直腿完成的。膝关节和踝关节应自然放松。由于伸髋，大腿带动小腿下压到一定深度后，大腿停止下压，在腰腹肌肉群的控制和协同作用下，转入上踢过程，此时小腿和脚在惯性的作用下仍继续下压，使膝关节弯曲。之后，小腿和脚在大腿的带动下依次结束下压动作。当脚的位置低于臀部时，下压动作应适时停止，转入上踢。过度下压会破坏身体的流线型，造成增大的形状阻力。仰泳腿适宜的打水幅度为40 ~ 50厘米。

（三）臂部动作

仰泳的臂部动作是产生推进力的主要因素。仰泳的臂部动作可以分为入水、抱水、划水、出水和空中移臂5个部分。

1. 入水

一臂入水时，身体向同侧转动，可以加大手臂入水的深度。手入水点应在头前，同侧肩的延长线上。手臂应伸直，肘关节不能弯曲，以小指领先，手掌朝侧后方，干净利落地切入水中。手入水时，手掌与前臂形成一个150° ~ 160°的角，使手指先于手掌外侧和前臂入水，以减小入水时的阻力。

当手臂完全进入水中后，手继续向前、向后、向外3个方向运动，使手臂伸展到适宜的长度。这个阶段几乎不产生推进力，主要作用是为后面的划水做好准备。入水结束后手位于水面下10 ~ 15厘米。（图5-2-7）

2. 抱水

抱水是为划水创造有利条件的。手臂入水后，要利用移臂时所产生的动量积极下滑到一定的深度，手掌向下，向侧移动，通过伸肩、屈肘、上臂内旋和屈腕的动作，配合身体的滚动，使手掌和前臂对准水并有压力的感觉。当完成抱水动作时，肘部微屈成150° ~160° 角，手掌距水面约30~40厘米，肩保持较高的位置。（图5-2-8）

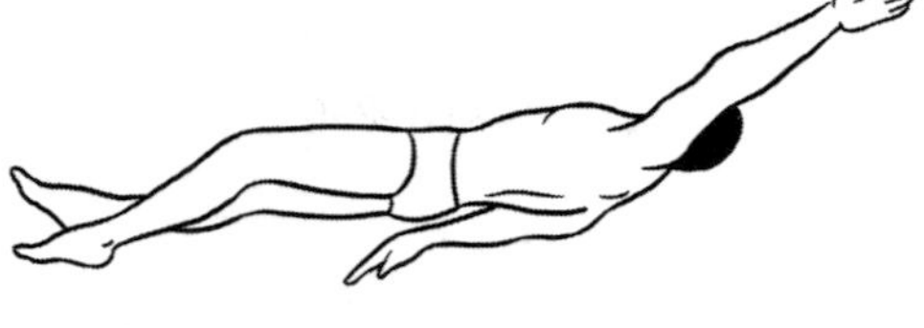

图 5-2-7

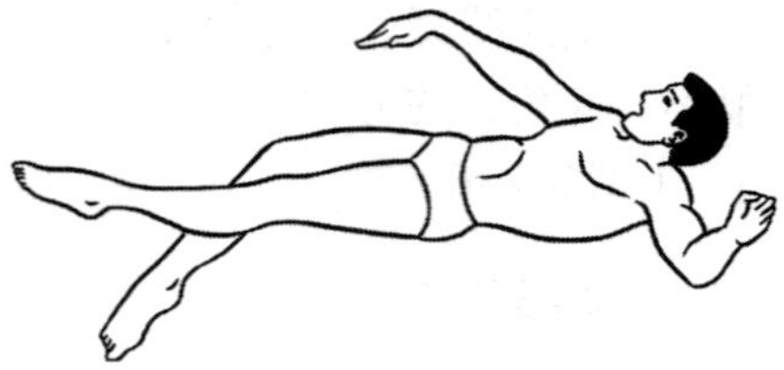

图 5-2-8

3. 划水

划水是推动身体前进的主要动力。整个动作是由屈臂抱水开始，以肩为中心，划至大腿外侧下方为止。划水动作包含拉水和推水两个阶段。拉水是在臂前伸抱水的基础上进行的。开始时前臂内旋，手掌上移，肘部下降，使屈肘程度加大，手掌和前臂要保持与前进方向垂直。当手掌划至肩侧时，屈臂程度最大，为70° ~ 110° 角，手掌接近水面。推水是在手臂划过肩侧时开始的，这时肘关节和上臂应逐渐向身体靠近，同时用力向脚的方向推水。当推水即将结束时，前臂内旋做加速转腕下压的动作，掌心由向后转向向下。推水结束时，手臂要伸直，手掌在大腿侧下方，借助于手掌压水的反弹力迅速提臂出水。（图5–2–9）

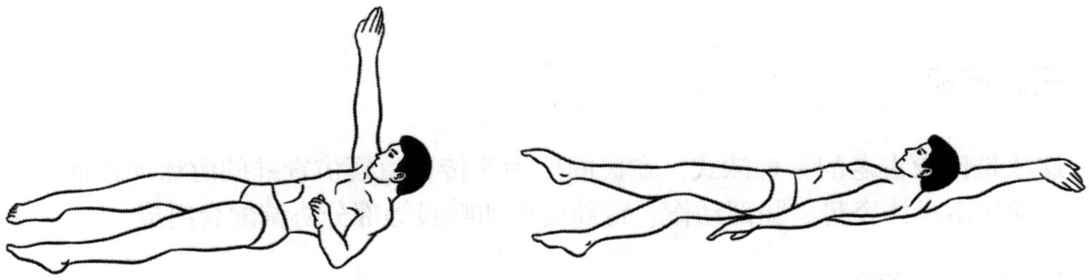

图 5–2–9

4. 出水

划水完成以后，手臂外旋，掌心指向大腿，借助手向下压水的反作用力和肩部肌肉的收缩，以及身体的自然转动，手臂迅速提拉出水面。出水时臂应伸直，压水提肩，使肩部首先出水，然后再带动上臂、前臂和手依次出水。出水前手臂应先外旋，使手掌转向于大腿外侧，使拇指领先出水，这样阻力小且手臂较自然放松，与爬泳出水时小指领先的道理是一样的。（图5–2–10）

5. 空中移臂

提臂出水后，手臂应迅速以直臂方式向前移动，上臂应贴耳。移臂的前半段，手掌向内，使手臂肌肉尽量得到放松。当手臂移到头上，即与水平面垂直时内旋，使掌心向外，为入水做好准备。（图5–2–11）

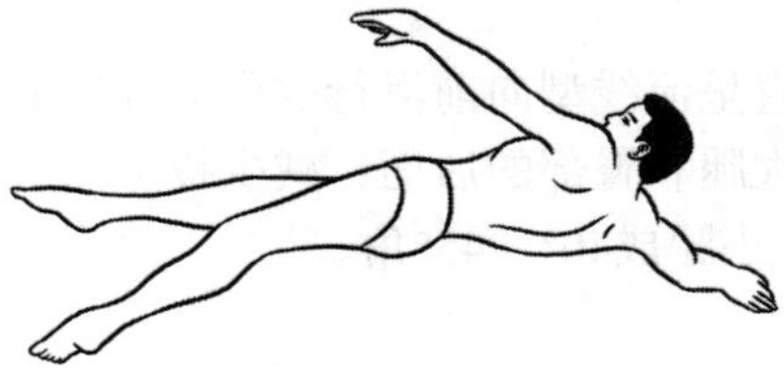

图 5–2–10

图 5–2–11

（四）配合技术

1. 两臂的配合

仰泳两臂的配合与爬泳两臂的配合一样，应该保证身体得到连贯而均匀的推进力，使身体匀速前进。现代优秀运动员采用后交叉配合的较多，即一臂入水时，另一臂划水结束，两臂基本处于相反的位置，使一臂结束划水动作后，另一臂能立即产生新的推进力。当一臂入水后前伸下划时，身体的转动使对侧手臂的移臂动作更自然轻松。

2. 呼吸的配合

仰泳时，口、鼻始终要露出水面，呼吸不受水的限制，但为了避免吸气不充分造成的动作紊乱，运动员一般保持一定的呼吸节奏。

3. **完整配合**

同爬泳的完整配合一样，仰泳的完整配合中任何一个动作也都要协调配合。现代仰泳较常见的是6次打水、2次划水、1次呼吸的配合方式（即6：2：1配合），目前很少见到4次或2次打水、2次划水的配合方式。

三、蛙泳

蛙泳是比较古老的一种泳式，在民间广为流传，由模仿青蛙的游泳动作而得名。蛙泳技术动作由身体姿势、腿部动作、臂部动作和呼吸等部分协调配合组成。

（一）身体姿势

身体保持自然伸展，微展胸，收腹，略塌腰，两腿并拢，两臂前伸，头略抬起，目视前方，身体呈较好的流线型，身体纵轴与水面成5°～10°的夹角。（图5-2-12）

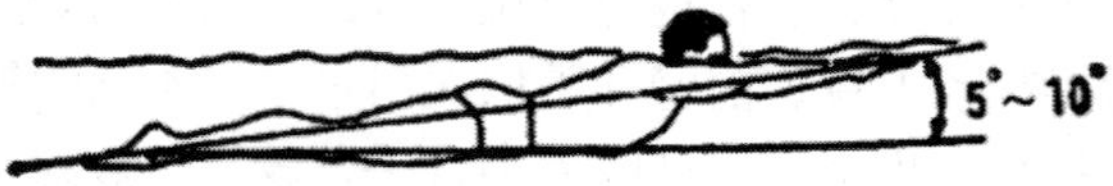

图 5-2-12

（二）腿部动作

蛙泳的腿部动作是推动身体前进的主要动力。蛙泳的腿部动作可分为收腿、翻脚、蹬夹和滑行4个阶段，它们是一个紧密相连的完整动作。

1. **收腿**

收腿是翻脚、蹬夹的准备动作，是从身体伸直呈流线型向前滑行的姿势开始的。开始收腿时，大腿稍放松屈膝屈髋，小腿和脚跟在大腿和臀部的后面，减少投影面。收腿结束后，大腿与躯干之间成130°～140°角，大腿与小腿成40°～45°角。

2. **翻脚**

当收腿使脚跟接近臀部时，大腿内旋，两膝稍内扣，小腿向外张开。两脚背屈使脚掌勾紧向外翻开，脚尖转向两侧，使小腿和脚的内侧面向后，形成良好的对水面，为蹬夹动作做好准备。

3. **蹬夹**

蹬夹动作在翻脚即将完成时就已开始。蹬腿时，由大腿发力先伸展髋关节，依次伸展膝关节，小腿内侧和脚掌做向下和向后的鞭状蹬夹水动作，直至两腿并拢，两脚自然伸直。蹬夹水要用较大的力量和较快的速度来完成。

4. **滑行**

蹬夹结束后，腿处于较低的位置，脚距离水面为30～40厘米。此时两腿伸直并拢，腰、腹、臀及腿部的肌肉适度紧张，使身体呈流线型向前滑行，准备开始下一个腿部动作周期。滑行中，要注意保持两腿较高的位置，减少滑行时的阻力。

（三）臂部动作

蛙泳的臂划水可产生较大的推进力。蛙泳的臂部动作分滑下、划水、收手和伸臂4个阶段。划水路线类似画一个“桃子”。（图5-2-13）

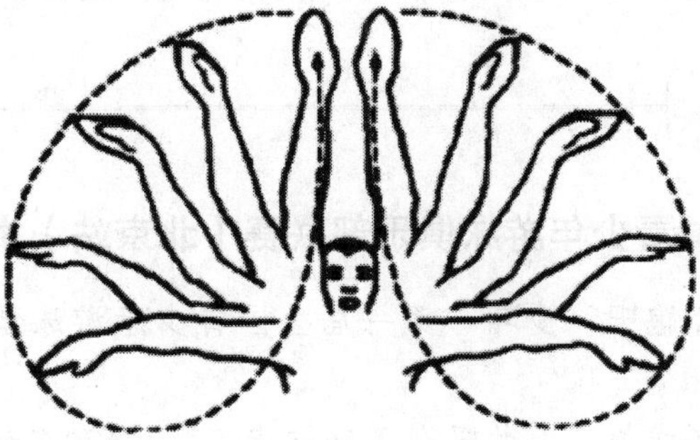

图 5-2-13

1. 滑下

滑下也叫抓水，两手掌转向斜下方勾手，两臂分开向斜下方压水，感觉到水对手掌和前臂有压力时，抓水结束，两臂分开约成45°角。

2. 划水

划水开始时，手臂向外旋转，同时屈肘、屈腕，随后两臂同时向内、向下和向后屈臂划水。在划水过程中，应逐渐加速，肘关节保持较高位置以形成有利的划水面。当肘关节屈至约90°时，手位于肩的前下方。（图5-2-14）

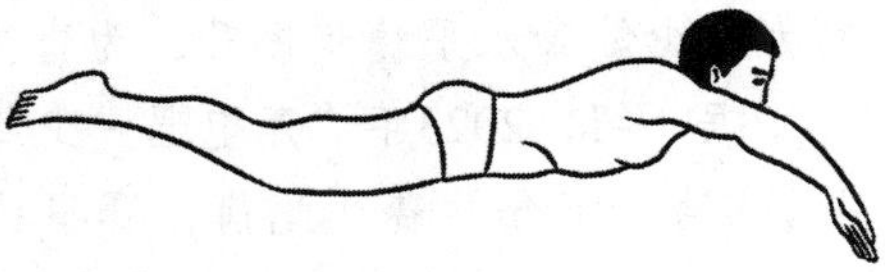

图 5-2-14

3. 收手

划水结束后，手臂向外旋转，两手同时向内、向上和向前快速转动。收手结束时，两手掌心相对，肘关节低于手，形成较小的锐角。（图5-2-15）

4. 伸臂

蹬腿结束时，两臂前伸与水面平行，掌心向下，身体保持流线型。（图5-2-16）

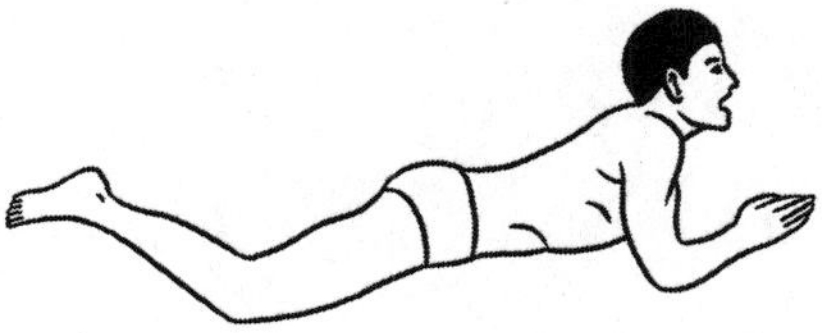

图 5-2-15

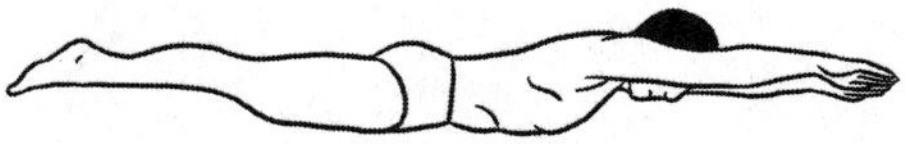

图 5-2-16

（四）配合技术

蛙泳的一个动作周期是蹬腿、划臂、呼吸各1次。由于呼吸和腿、臂动作配合的时间不同，因此蛙泳的呼吸形成了早吸气、晚吸气2种类型。

一般腿、臂的配合：两臂划水时腿伸直不动，收手的同时收腿，先伸臂后蹬腿，臂、腿前后伸直并拢后暂短滑行。

呼吸与臂的配合（晚吸气）：当划水结束时开始抬头，在两臂划至胸前，身体达到最高点时吸气，伸臂时低头闭气和呼气。

蛙泳的呼吸与其他泳式的呼吸一样，都是用嘴吸气，用嘴和鼻呼气。

体育思政园地

全国青少年游泳俱乐部联赛（北京站）举办

近日，2023年“奔跑吧·少年”第一届全国青少年游泳俱乐部联赛（北京站）在京举行。

本次赛事以团体形式报名，共吸引了36支代表队的679名运动员参赛。选手年龄涵盖7～18岁，设置5个年龄赛段，分别为男女7～8岁组、9～10岁组、11～12岁组、13～14岁组、15～18岁组，共设95个竞赛项目。

本次比赛，7名国际级裁判员、20名国家级裁判员、35名一级裁判员组成的裁判员队伍，全方位保证赛事顺利进行，让各代表队和运动员获得良好的参赛体验，以此推动青少年游泳团体、俱乐部组织的可持续发展，提升青少年游泳群体凝聚力，助力青少健康水平稳步提升，为青少年游泳运动的普及与发展作出积极贡献。

据介绍，2023年“奔跑吧·少年”第一届全国青少年游泳俱乐部联赛贯穿全年，共设8站城市分站赛。此前，赛事已分别在深圳、鞍山、黄山、衡阳4地举行。截至目前，联赛前四站参赛人员累计达2747人次。此次北京站的比赛作为该项赛事的第五站比赛，不仅参赛热度持续升温，还吸引了来自全国各地的众多参赛代表队、俱乐部团体踊跃报名。

（资料来源：《中国体育报》，2023年8月10日，有改动）

第六章 形体运动

第一节 健美操

一、健美操简介

健美操是以有氧运动为基础，以健、力、美为特征，融体操、舞蹈、音乐于一体的体育项目。现代健美操起源于20世纪60年代末的美国。20世纪70年代末，健美操发展成为一项独立的体育运动项目，风靡世界。好莱坞电影演员简·方达是现代健美操的代表人物，她根据自己的健身体会和经验编写了《简·方达健美术》一书，于1981年在美国出版发行，立刻引起轰动。20世纪80年代初，健美操传入中国，从一开始就受到了青年学生的喜爱，并在高校和社会上普及开来。随后，北京、上海、广州等地相继举办了各种健美操活动，极大地推动了我国健美操的发展。

二、健美操的分类

健美操分为竞技健美操和健身健美操两大类。健身健美操以有氧运动为主，锻炼形式多种多样，如拉丁健身操、搏击操、健身街舞、水中健身操等，适合大众练习。竞技健美操是一种更高层次的健美操运动，更具有观赏性，它比健身健美操更加激烈，更能体现出力与美结合的特色。竞技健美操使健美操运动成为竞技体育项目。（表6–1–1）

表 6-1-1 健美操的分类

分类		内容
竞技健美操	自选竞技健美操	男子、女子单人操 混合双人操 集体三人操、集体六人操
	规定动作健美操	国家规定的成套动作
健身健美操	徒手健美操	有氧健身操、拉丁健身操、搏击操
	轻器械健美操	踏板操、哑铃操、健身球操、橡皮筋操
	特殊场地健美操	水中健美操、固定器械健美操

三、健美操的基本动作

（一）基本手形

健美操有多种手形，它是从爵士舞、西班牙舞、迪斯科、武术中吸收和发展起来的。手形的选用，可以使手臂动作更加生动活泼。健美操的手形主要有掌和拳两种。

（1）开掌：五指用力伸直张开。（图6–1–1）

（2）并掌：五指并拢伸直。（图6–1–2）

（3）拳：五指弯曲紧握，拇指压在食指、中指的第二关节。（图6–1–3）

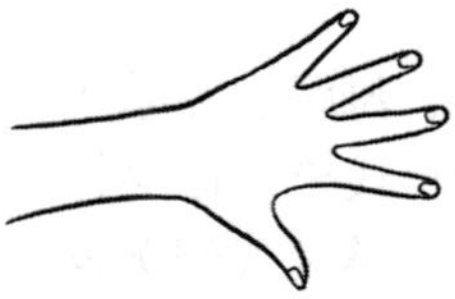

图 6–1–1

图 6–1–2

图 6–1–3

（二）头颈动作

头颈动作有头颈的屈、头颈的转、头颈的平移、头颈的绕及绕环。

注意：上体保持正直，头颈移动的方向要准确，颈部被动肌群充分伸展。（图6–1–4）

图 6–1–4

（三）肩部动作

肩部动作包括：单肩的、双肩的提肩和沉肩；收肩和展肩；单肩的、双肩的绕和绕环；振肩。

注意：提肩时要尽力向上，沉肩时要尽力向下，动作幅度大而有力。提肩、沉肩时两肩在同一额状面运动。绕肩时上体不能摆动，颈与头不能前探。（图6–1–5）

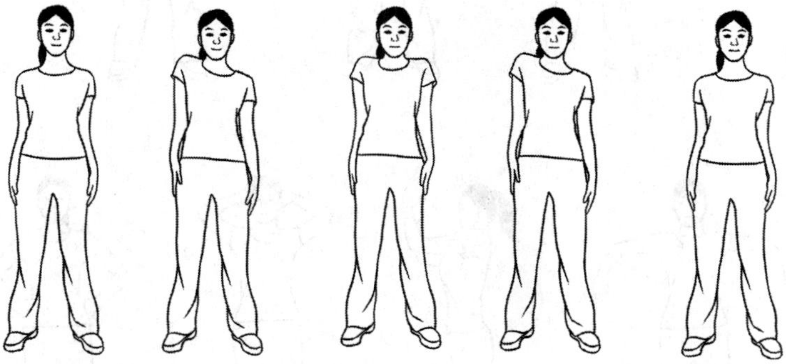

图 6–1–5

（四）臂部动作

臂部动作有臂的举（直臂、屈臂；单臂和双臂）、臂的屈伸（同时、依次）、同臂的摆动（同时、依次、交叉）；臂的绕及绕环（同时；单臂和双臂；小绕、中绕、大绕）；臂的振、旋等。

注意：上体保持正直，位置要准确，幅度要大，力达身体最远端；做臂的举、屈伸时，肩要下沉；做臂的摆动、绕及绕环时，肩拉开用力。（图6–1–6）

（五）胸部动作

胸部动作由含胸、展胸、移胸等动作组成。

注意：练习时，收腹、立腰；含、挺、移胸动作要达最大极限。（图6–1–7）

图 6-1-6

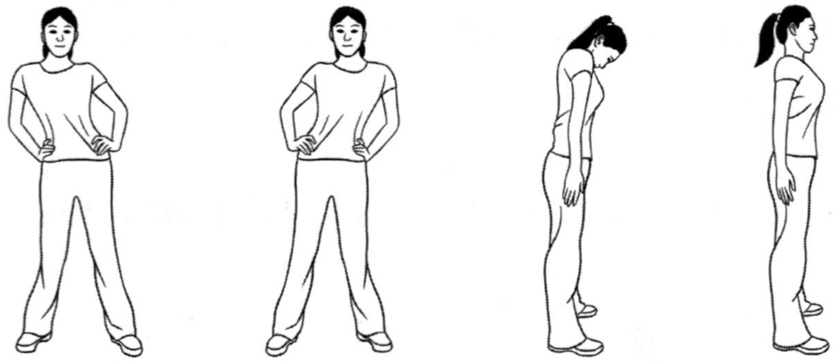

图 6-1-7

（六）腰部动作

腰部动作由屈、转、绕、绕环等动作组成。

注意：腰前屈、转时，上体立直；腰绕和绕环时，速度放慢；身体远端尽力向外延伸，绕环幅度要大，充分而连贯。（图6-1-8）

图 6–1–8

（七）髋部动作

髋部动作由顶髋、提髋、绕髋和髋绕环等动作组成。

注意：做髋部练习时，上体放松；髋关节做顶、提、绕、绕环时，应平稳、柔和、协调，并稍带弹性。（图6–1–9）

（八）健美操的基本步法

健美操的基本步法是体现健美操练习者下肢动作基本姿态的主要手段。基本步法的练习能培养练习者的协调性和节奏感。健美操的基本步法如下。

（1）滚动步：从前脚尖至全脚掌依次落地，两脚交替做。

（2）交叉步：一脚向另一脚前或后交叉行进。

（3）点弓步：一脚向侧成弓步，另一脚跟进并拢，交替进行。

（4）踏步：两腿交替，不间断地做屈膝上提然后踏地的动作。踏步动作包括脚尖不离地的踏步、脚离地的踏步、高抬腿的大幅度踏步。

（5）吸腿跳：单腿跳起，同时另一腿屈膝向前、向侧上提。

（6）踢腿跳：单腿跳起，同时另一腿直腿向前、向侧踢出，包括小幅度和大幅度的踢腿。

（7）后踢腿跳：两脚交替有短暂腾空过程（类似跑步），小腿向后屈。

（8）弹踢腿跳：单腿跳起，同时另一腿屈膝向前、向侧弹踢。

（9）开合跳：并腿跳起，分腿落地，然后分腿跳起，并腿落地。

图 6-1-9

（10）弓步跳：并腿跳起，落地时成前（侧、后）弓步。

注意：跳跃要轻松自如，有弹性，注意呼吸的配合。

体育思政园地

北京市健美操体育舞蹈协会成立敬老爱心公益基地

为积极响应我国“十四五”发展规划提出的全面推进健康中国建设，努力为辖区内老年人、离退休职工开展丰富多彩的健身活动，让老年人老有所学、老有所为、老有所乐，北京市健美操体育舞蹈协会与朝阳区缘爱康宸养老院合作成立敬老爱心公益基地，并举办了授牌仪式。

北京市健美操体育舞蹈协会相关负责人表示，希望通过与缘爱康宸养老院合作成立敬老爱心公益基地，帮助一些迫切需要关爱的老人，让他们度过一个快乐、温馨、安详的晚年生活，同时，也希望能有更多的爱心企业和爱心团队加入“敬老助老”关爱老人的行列中来。

据介绍，基地成立后，北京市健美操体育舞蹈协会将与养老院进一步合作，通过开展公益活动，丰富养老院老年人及周边老年人的文化生活，提高老年人活动质量。仪式后，协会领导还参观了养老院，与老人进行了交谈，了解老人们目前的生活情况和实际需求等。

基地成立后的第一次体育公益活动也在缘爱康宸养老院礼堂举办，丰富多彩的活动内容，显示出大家对老年人群体的关心和对公益事业的热心。

（资料来源：《中国体育报》，2021年10月19日，有改动）

第二节　体育舞蹈

一、体育舞蹈简介

体育舞蹈亦称国际标准交谊舞，是由文艺范畴的舞蹈演变而来的体育项目。它兼有文艺和体育的特点，是介于文艺和体育之间的边缘项目，是以竞赛为目的的具有自娱性和观赏性的竞技舞蹈。体育舞蹈是一项老少皆宜，便于开展，具有塑造形体、培养风度气质和怡情健体功能的新兴体育运动，可参与性强，人们可以根据自己的爱好选择不同风格的舞种练习。

二、体育舞蹈的项目分类

按舞蹈的风格和技术结构分，体育舞蹈可分为标准舞和拉丁舞两大类；按竞赛项目分，体育舞蹈可分为标准舞、拉丁舞和团体舞三大类。

标准舞：标准舞又称摩登舞，起源于欧洲，具有端庄、含蓄、稳重、典雅的风格特点，包括华尔兹、探戈舞、狐步舞、快步舞和维也纳华尔兹。

拉丁舞：拉丁舞起源于非洲和拉丁美洲，具有热情、奔放、浪漫的风格特点，包括桑巴舞、伦巴舞、恰恰舞、斗牛舞和牛仔舞。

团体舞：团体舞是标准舞或拉丁舞的混合舞，由8对选手组成，借助音乐的引导，将5种舞蹈在变化莫测的队形变动中编织出丰富多样的图案。它将音乐、舞姿、队形、图案和选手间的和谐配合融为一体，达到完美的统一，使体育舞蹈的风格特点得到了更为鲜明的表现。

三、体育舞蹈基础知识

（1）舞程向：在同一舞池中，为避免舞者相碰撞，而规定必须按逆时针方向行进。这一行进方向称舞程向。

（2）舞程线：沿舞程向方向行进的路线叫舞程线。（图6–2–1）

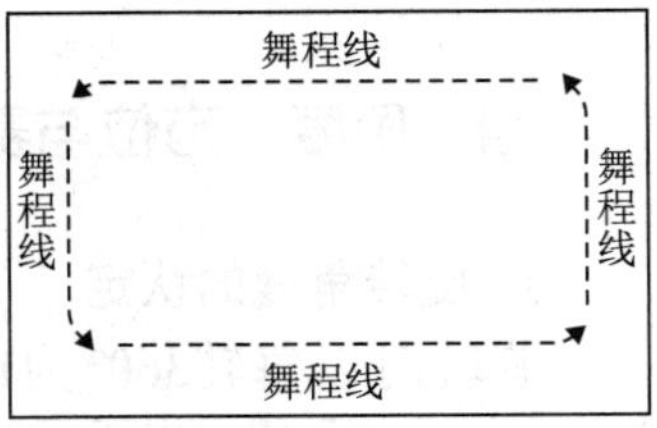

图 6–2–1

（3）舞姿：泛指舞者跳舞的姿态。

合对位舞姿（闭式舞姿）：“合”指男女交手握抱；“对”指男女面对面。泛指男女面对面双手扶握的身体位置。

侧行位舞姿（简称P.P）：指男士的右侧与女士的左侧身体贴靠，身体的另一侧略向外展开成“V”字形的站立或行进的身体位置。

外侧位舞姿（简称O.P）：指在标准舞中，男女舞伴的一侧脚向舞伴的同侧脚的外侧

（右外侧或左外侧）前进所形成的身体位置。

并肩位舞姿：指在拉丁舞中，男女面对同一方向肩臂相并的身体位置。以男士为基准，男士左肩与女士右肩相并叫“左并肩位”；男士右肩与女士左肩相并叫“右并肩位”。

影子位舞姿：男女舞伴面向同一方向重叠而立，形影相随的身体位置。以女士居前较常见。

（4）反身动作：一侧脚前进或后退时，同侧肩和胯后让或前送，使身体与舞步形成反向配合的身体动作。

（5）反身动作位置：在身体不转动的情况下，一脚在身前或身后形成交叉，以保证两人身体维持相靠姿态的身体位置叫反身动作位置。常用于外侧位舞姿、侧行位舞姿的舞步中。

（6）升降动作（起与伏）：指在跳舞时身体的上升与下降。升降动作是在膝、踝、趾关节的屈和伸动作的转换中完成的。

（7）倾斜动作：指在跳一些舞步时，身体的倾斜。从形体上讲，倾斜动作指肩的平衡线向左向右的倾斜，它与地面的水平线成三角斜线。

（8）节奏：通常指以一定规律反复出现、赋予音乐以性格的具有特色的节拍。

（9）速度：这里指音乐速度，即每一分钟内所演奏的小节总数。

（10）准线：指的是双脚的位置或双脚方向与场地的关系。

（11）平衡：舞蹈中身体重心的准确分配。

（12）基本舞步：构成一种特定舞蹈的基调舞步型。

（13）滑步：指在第二步双脚并拢的三步组成的舞步。

（14）踌躇步：前进暂时受阻的舞步型或舞步型部分重心停留于一脚超过一拍。

（15）锁步：两脚前后交叉的舞步。

（16）脚跟转：向后迈出的脚的脚跟转。在动作过程中并上的脚必须与主力脚平行，旋转结束时身体重心移动至并上的那只脚。

（17）脚跟轴转：不变重心的单一脚跟旋转。

（18）开式转：第三步不是并靠而是超越第二步的旋转。

（19）轴转：一脚脚掌的旋转，另一脚处于或前或后的反身动作位置。

四、角度、方位与赛场

1. 旋转角度的认定

旋转时以每转360°为1周，旋转45°为1/8周，旋转90°为1/4周，旋转135°为3/8周，旋转180°为1/2周，旋转225°为5/8周，旋转270°为3/4周，旋转315°为7/8周。在记录旋转动作时，应先标明旋转的方向，即左转或右转，再标明角度。（图6-2-2）

2. 方位

为了便于舞蹈进行中正确地辨别方位和检查旋转的角度，根据国际上记录各种舞蹈的惯例，在舞场上要规定一定的方位。一般情况下，多以乐队演奏台的一面为规定方位的基点，定为“1 点”，也可在场地中任选一个面定为“1 点”。顺时针方向每转动 45°

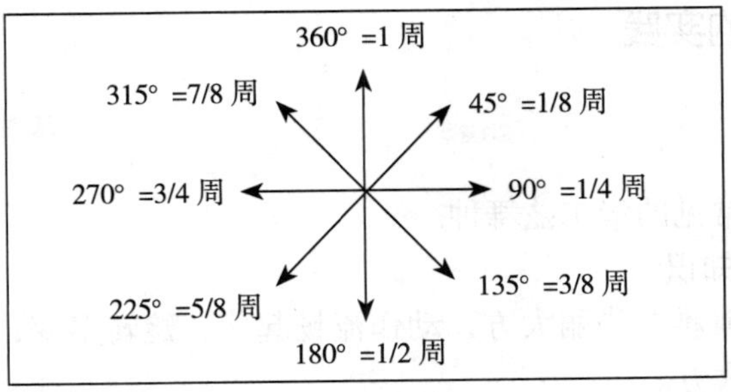

图 6-2-2

则变动一个方位，依此类推，一共有8个点。因此，一个场地中的4个面为1、3、5、7点，4 个角为 2、4、6、8 点。（图6-2-3）

以上所谈方位，是在一个固定的位置上使用的。如果舞蹈者按舞程线不断变换方位，向前移动，则要和舞程线发生联系。因此，规定了几条线来指示舞蹈者每个舞步的行进方向。

在国际体育舞蹈中规定了 8 条线："1" 面向舞程线；"2" 面向斜壁线；"3" 面向壁线；"4" 背向斜壁线；"5" 背向舞程线；"6" 背向斜中央线；"7" 面向中央线；"8" 面向斜中央线。（图6-2-4）

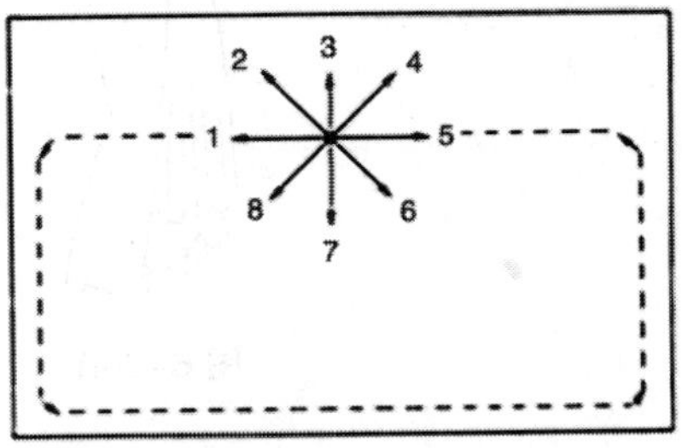

图 6-2-3

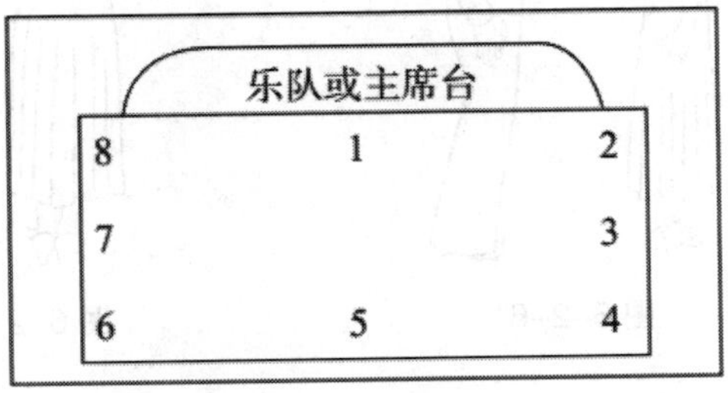

图 6-2-4

3. **赛场**

体育舞蹈比赛的场地应平整光滑，场地面积为 15 米 ×23 米。赛场长的两条边线叫 A 线，短的两条边线叫 B 线。比赛选手所编的套路，应按两条线的长短不同，安排适当的动作，不断沿两条线按舞程线方向循序而进。（图6-2-5）

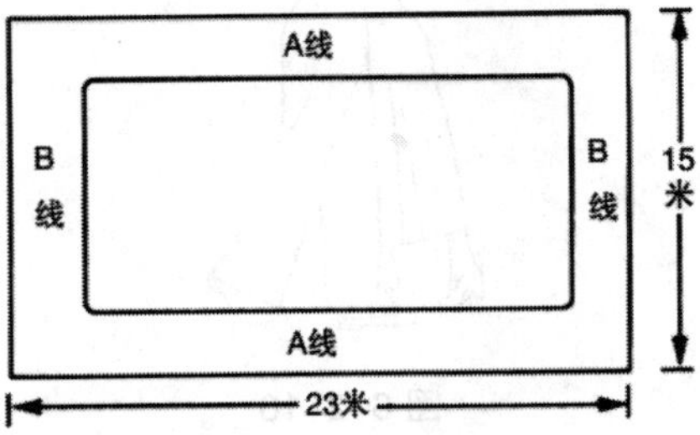

图 6-2-5

五、体育舞蹈的实践

（一）标准舞

在此介绍其中最常见的华尔兹舞种。

1. 华尔兹的基本知识

风格特点：庄重典雅，华丽大方，动作流畅起伏，婉转多变，舞姿飘逸洒脱，男士气宇轩昂，女士雍容大方。

音乐节奏：3/4拍，一般情况下30～32小节/分，音乐华丽，节奏明显。

基本步伐：左脚并换步、右转步、右脚并换步、左转步、叉形步、侧行追步、后退锁步、后叉形步、纺织步、右旋转步。

2. 华尔兹的握抱姿势

（1）闭式舞姿。（图6-2-6至图6-2-8）

图 6-2-6

图 6-2-7

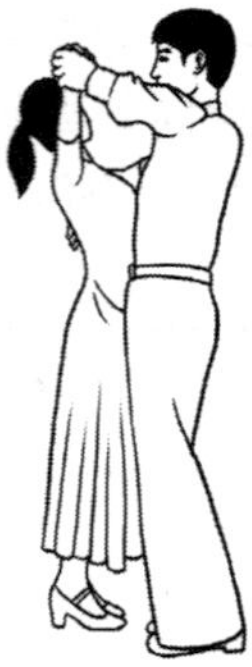

图 6-2-8

（2）散式舞姿。（图6-2-9）

（3）外侧舞姿。（图6-2-10、图6-2-11）

图 6-2-9

图 6-2-10

图 6-2-11

3. **华尔兹的基本步伐**

（1）左脚并换步：开始姿势采用闭式舞姿，结束姿势采用闭式舞姿。1～3步动作及脚迹图示见图6-2-12至图6-2-16。

图 6-2-12

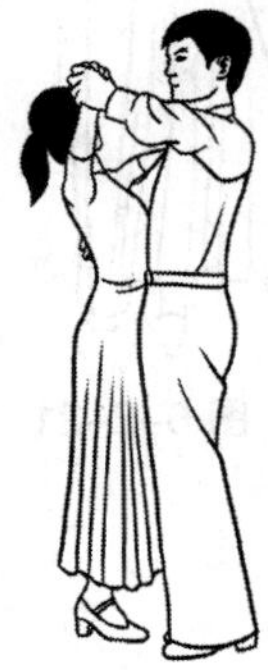
图 6-2-13

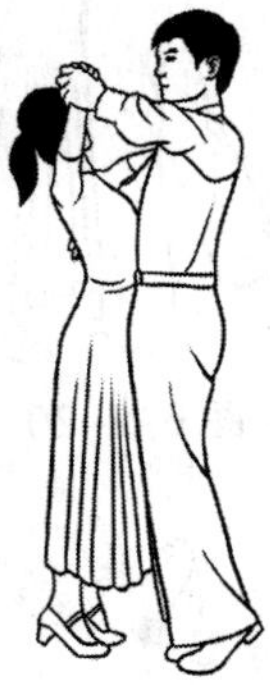
图 6-2-14

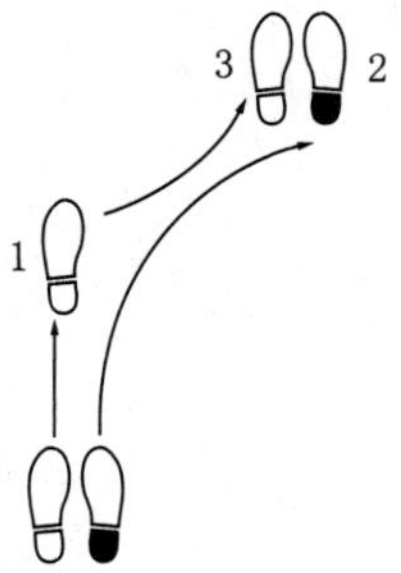

图 6-2-15

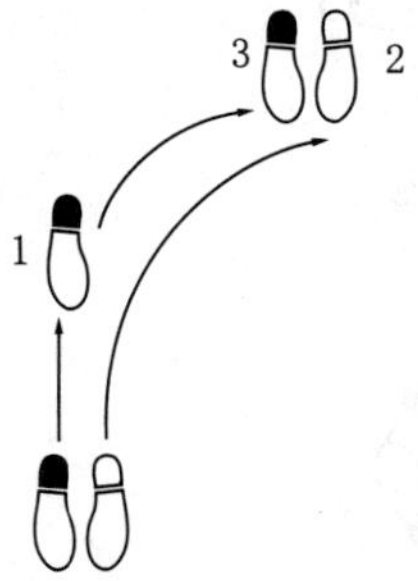

图 6-2-16

（2）右转步：开始姿势采用闭式舞姿，结束姿势采用闭式舞姿。1～6步动作及脚迹图示见图6-2-17至图6-2-24。

图 6-2-17

图 6-2-18

图 6-2-19

图 6-2-20

图 6-2-21

图 6-2-22

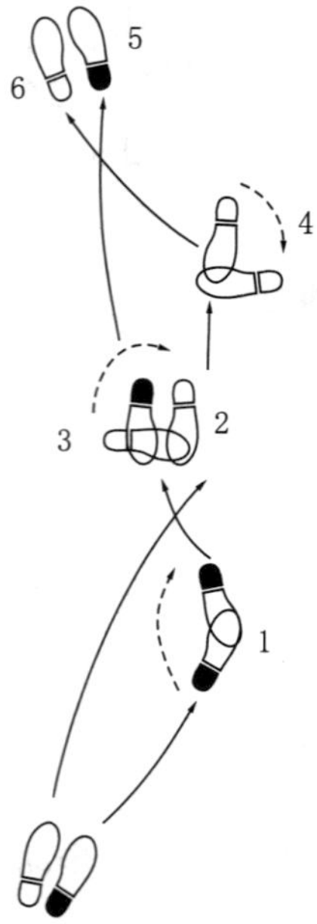

图 6-2-23

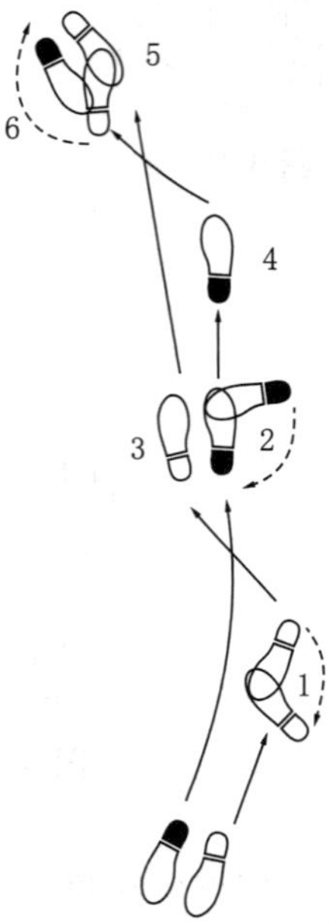

图 6-2-24

（3）右脚并换步：开始姿势采用闭式舞姿，结束姿势采用闭式舞姿。1～3步动作及脚迹图示见图6-2-25至图6-2-29。

图 6-2-25

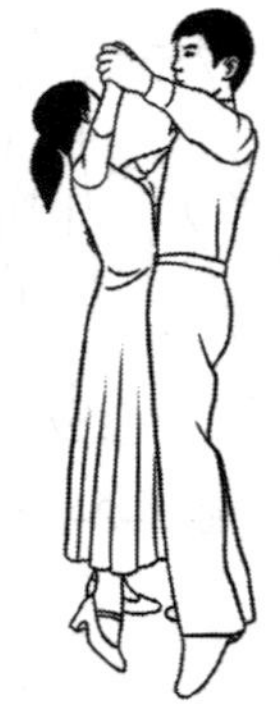

图 6-2-26

图 6-2-27

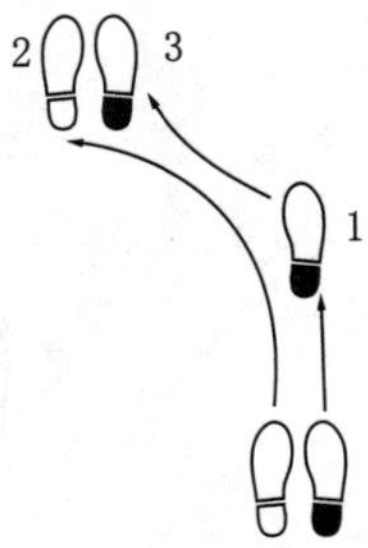

图 6-2-28

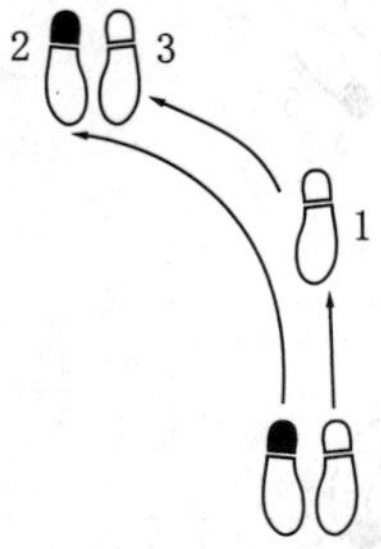

图 6-2-29

（4）左转步：开始姿势采用闭式舞姿，结束姿势采用闭式舞姿。1～6步动作及脚迹图示见图6-2-30至图6-2-37。

图 6-2-30

图 6-2-31

图 6-2-32

图 6-2-33

图 6-2-34

图 6-2-35

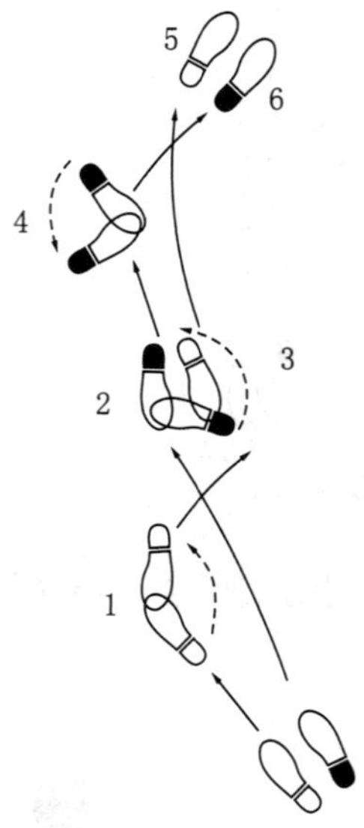

图 6-2-36

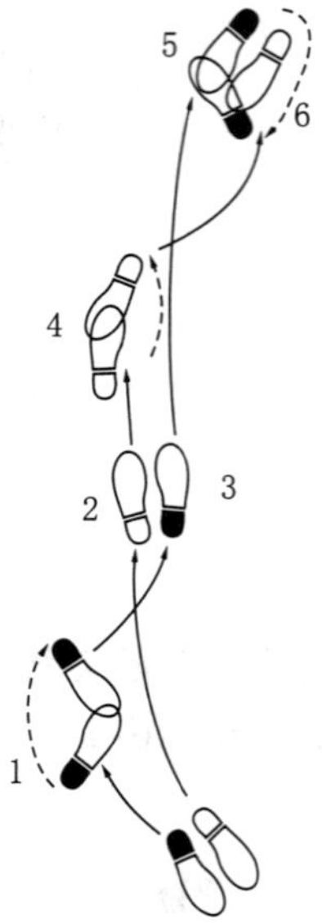

图 6-2-37

（5）叉形步：开始姿势采用闭式舞姿，结束姿势采用P.P舞姿。1～3步动作及脚迹图示见图6-2-38至图6-2-42。

图 6-2-38

图 6-2-39

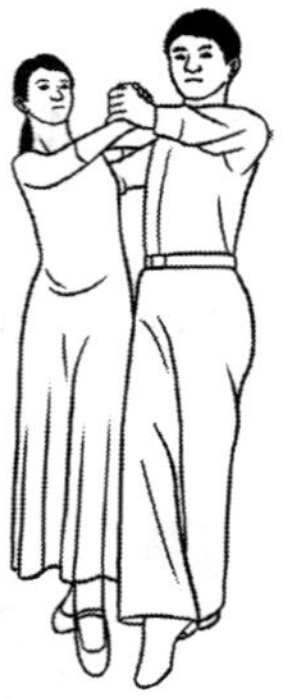

图 6-2-40

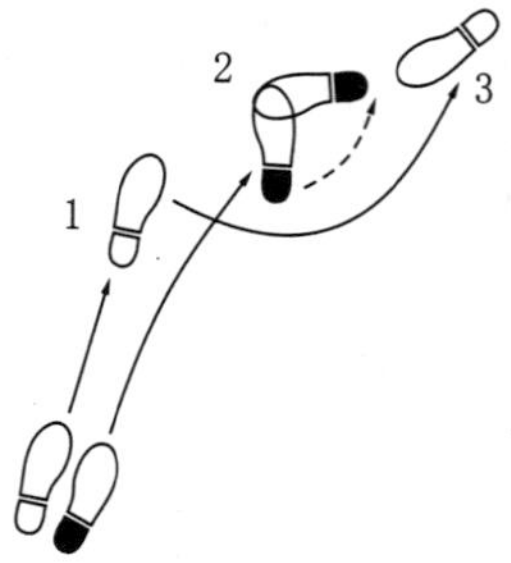

图 6-2-41

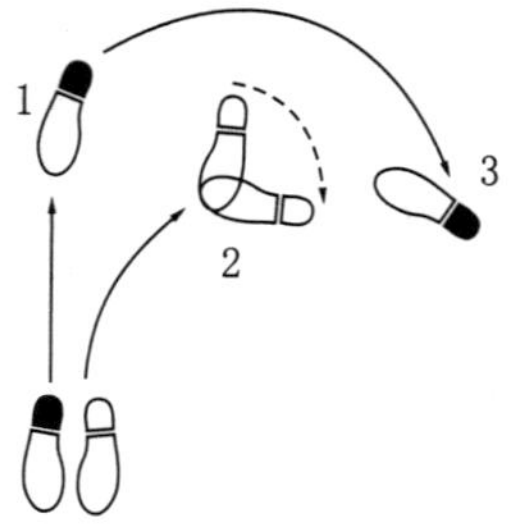

图 6-2-42

（6）侧行追步：开始姿势采用P.P舞姿，结束姿势采用闭式舞姿。1～4步动作及脚迹图示见图6–2–43至图6–2–48。

（7）后退锁步：开始姿势采用闭式舞姿，结束姿势采用闭式舞姿。1 ~ 4步动作及脚迹图示见图6–2–49至图6–2–54。

图 6–2–43

图 6–2–44

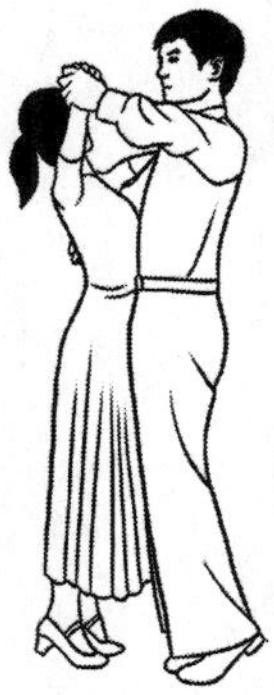

图 6–2–45

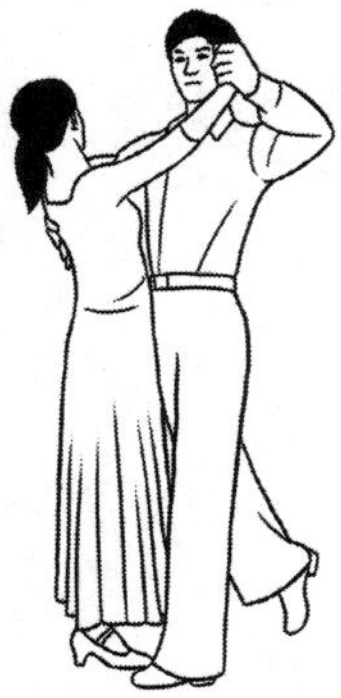

图 6–2–46

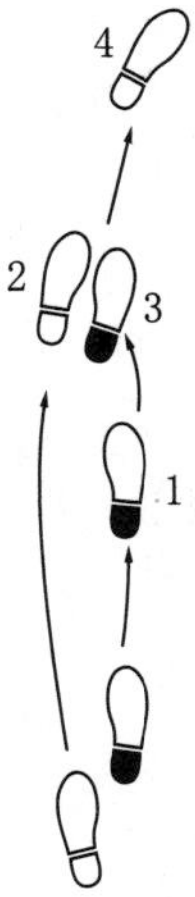

图 6–2–47

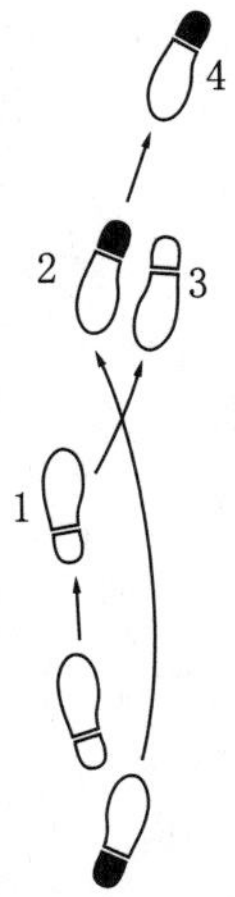

图 6–2–48

图 6–2–49

图 6–2–50

图 6–2–51

图 6–2–52

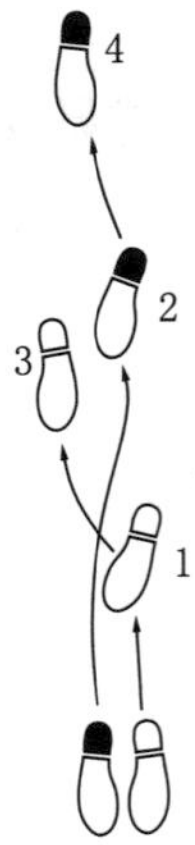

图 6–2–53

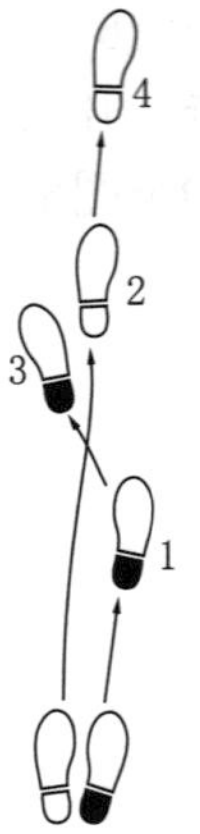

图 6–2–54

（8）后叉形步：开始姿势采用闭式舞姿，结束姿势采用P.P舞姿。1～3步动作及脚迹图示见图6–2–55至图6–2–59。

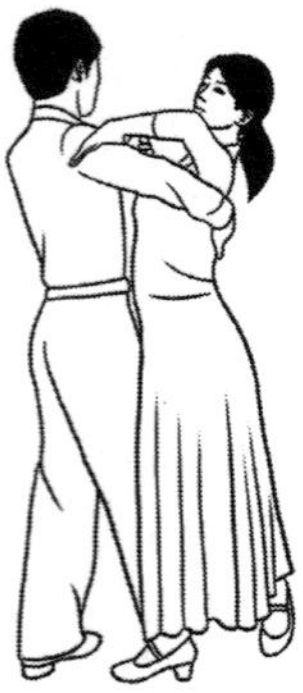

图 6–2–55

图 6–2–56

图 6–2–57

图 6–2–58

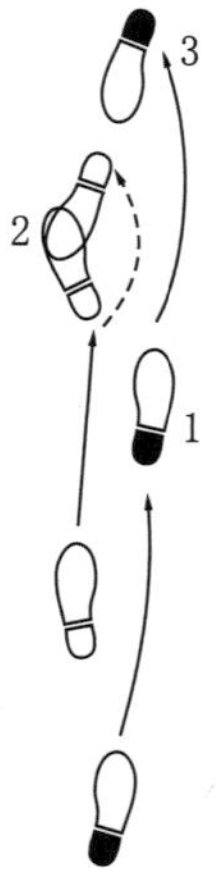

图 6–2–59

（9）纺织步：开始姿势采用P.P舞姿，结束姿势采用闭式舞姿。1～6步动作及脚迹图示见图6-2-60至图6-2-67。

图 6-2-60

图 6-2-61

图 6-2-62

图 6-2-63

图 6-2-64

图 6-2-65

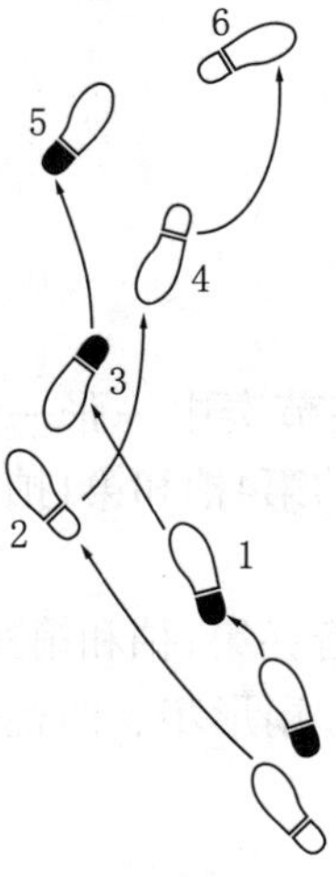

图 6-2-66

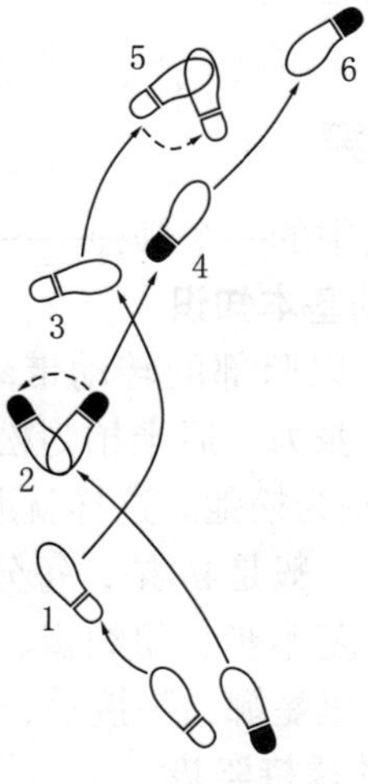

图 6-2-67

（10）右旋转步：开始姿势采用闭式舞姿，结束姿势采用闭式舞姿。1～3步动作及脚迹图示见图6-2-68至图6-2-72。

图 6-2-68

图 6-2-69

图 6-2-70

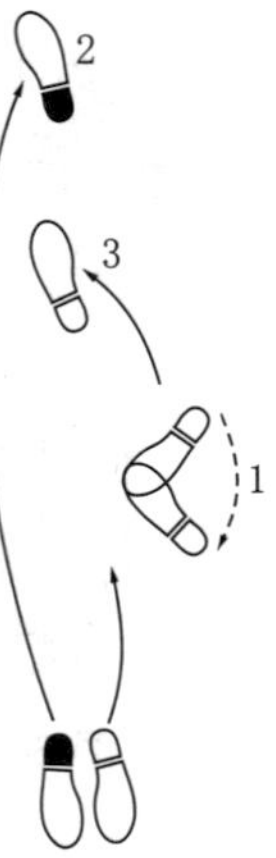

图 6-2-71

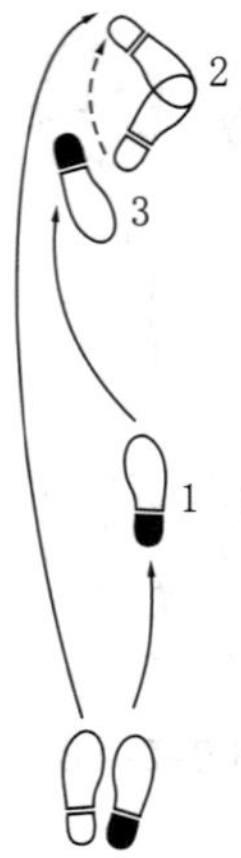

图 6-2-72

（二）拉丁舞

在此介绍其中的一个舞种——伦巴舞。

1. 伦巴舞的基本知识

风格特点：以胯部的转动带动腿和手臂的运动，在节奏中一张一弛。2、3拍移动步中的前半拍为张力，后半拍为松弛；4、1拍逗留步中的第4拍和第1拍中的前半拍为张力，第1拍后半拍为松弛。这样就形成了胯的摆动。

音乐节奏：一般是4/4拍，每分钟为28～31小节，重音在第1拍和第3拍。

基本步伐：基本步、纽约步、定点转、开式扭臀步、扇形步、曲棍步、右陀螺转、闭式扭臀步、阿里曼娜、手接手、阿伊达。

2. 伦巴舞的握持姿势

（1）闭式舞姿。（图6-2-73）

（2）开式舞姿。（图6-2-74、图6-2-75）

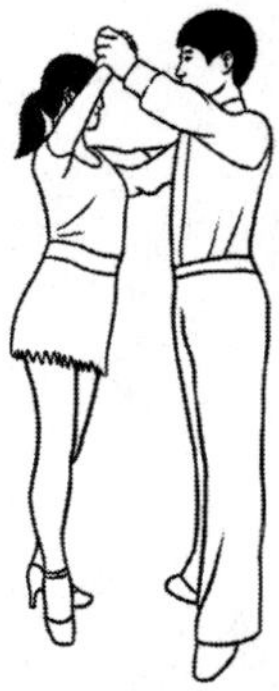

图 6-2-73

图 6-2-74

图 6-2-75

（3）并行舞姿。（图6-2-76）
（4）并肩舞姿。（图6-2-77、图6-2-78）

图 6-2-76

图 6-2-77

图 6-2-78

（5）影位舞姿。（图6-2-79、图6-2-80）
（6）扇形舞姿。（图6-2-81）

图 6-2-79

图 6-2-80

图 6–2–81

3. **伦巴舞的基本步伐**

（1）基本步：开始姿势采用闭式舞姿。开立，重心男在右脚、女在左脚。结束姿势采用闭式舞姿。1～6步动作图示见图6–2–82至图6–2–87。

图 6–2–82

图 6–2–83

图 6–2–84

图 6–2–85

图 6–2–86

图 6–2–87

（2）纽约步：开始姿势采用开式舞姿。开立，重心男在右脚、女在左脚。过程姿势采用并肩舞姿。结束姿势采用开式舞姿。1～6步动作图示见图6–2–88至图6–2–93。

（3）定点转：开始姿势采用开式舞姿。开立，重心男在右脚、女在左脚。结束姿势采用开式舞姿。1～6步动作图示见图6–2–94至图6–2–99。

图 6–2–88

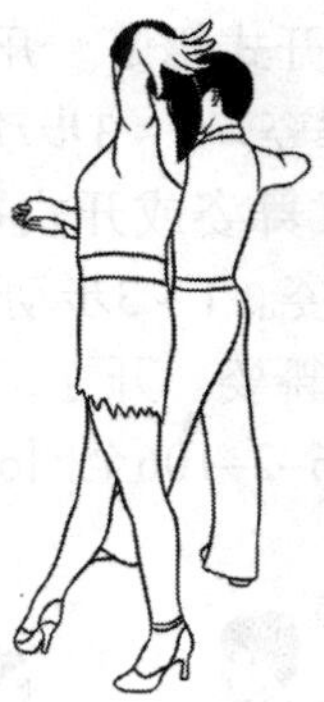

图 6–2–89

图 6–2–90

图 6–2–91

图 6–2–92

图 6–2–93

图 6–2–94

图 6–2–95

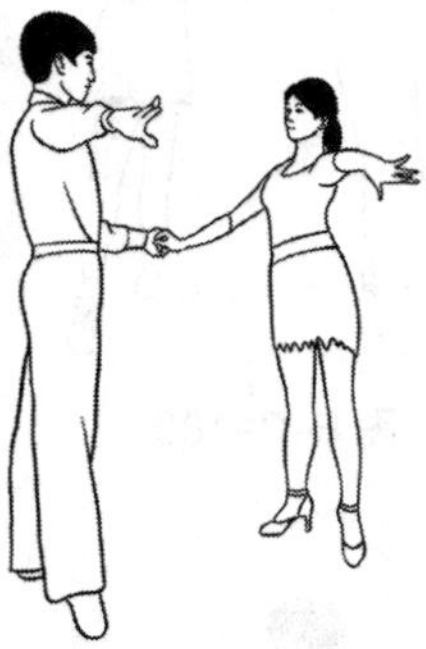

图 6–2–96

图 6–2–97

图 6–2–98

图 6–2–99

（4）开式扭臂步：开始姿势采用开式舞姿。开立，重心男在右脚、女在左脚。结束姿势采用女士左肩正对男士成90°的舞姿。1～3步动作图示见图6–2–100至图6–2–102。

（5）扇形步：开始姿势采用开式舞姿或开式扭臂步结束姿势。并立，重心男在左脚、女在右脚。结束姿势采用扇形舞姿。1～3步动作图示见图6–2–103至图6–2–105。

（6）曲棍步：开始姿势采用扇形舞姿。开立，重心男在右脚、女在左脚。结束姿势采用开式舞姿。1～6步动作图示见图6–2–106至图6–2–111。

图 6–2–100

图 6–2–101

图 6–2–102

图 6–2–103

图 6–2–104

图 6–2–105

图 6–2–106

图 6–2–107

图 6–2–108

图 6-2-109

图 6-2-110

图 6-2-111

（7）右陀螺转：开始姿势采用闭式舞姿。开立，重心男在左脚、女在右脚。结束姿势采用闭式舞姿。1～3步动作图示见图6-2-112至图6-2-114。

图 6-2-112

图 6-2-113

图 6-2-114

（8）闭式扭臀步：开始姿势采用闭式舞姿。开立，重心男在右脚、女在左脚。结束姿势采用并行舞姿。1～3步动作图示见图6-2-115至图6-2-117。

图 6-2-115

图 6-2-116

图 6-2-117

（9）阿里曼娜：开始姿势采用扇形舞姿。开立，重心男在右脚、女在左脚。结束姿势采用开式舞姿。1～6步动作图示见图6-2-118至图6-2-123。

图 6-2-118

图 6-2-119

图 6-2-120

图 6-2-121

图 6-2-122

图 6-2-123

（10）手接手：开始姿势采用开式舞姿。开立，重心男在右脚、女在左脚。过程姿势采用并肩舞姿。结束姿势采用开式舞姿。1～6步动作图示见图6-2-124至图6-2-129。

图 6-2-124

图 6-2-125

图 6-2-126

图 6-2-127

图 6-2-128

图 6-2-129

（11）阿伊达：开始姿势采用开式舞姿。开立，重心男在左脚、女在右脚。结束姿势采用并肩舞姿。1～3步动作图示见图6-2-130至图6-2-132。

图 6-2-130

图 6-2-131

图 6-2-132

体育思政园地

首届全国青少年体育舞蹈俱乐部联赛举办

日前，首届奔跑吧·少年“全体联杯”全国青少年体育舞蹈俱乐部联赛在江西省南昌大学体育馆举行。

开幕式上，赛事负责人对全国各地远道而来的参赛队伍表达了热烈的欢迎和衷心的感谢。他表示，体育舞蹈集柔韧、力量、协调于一身，能够很好地展示青少年自信、阳光与健康的青春状态，是青少年素质教育的重要组成部分，深受社会和家庭的喜爱和欢迎。希望通过赛事为喜爱体育舞蹈的青少年搭建起一个交流和展示的平台。

开幕仪式后，80余名选手还带来精彩的体育舞蹈对抗表演秀。

本次大赛由全国体育运动学校联合会主办，赛事分为435个组别，共有来自全国各地100余支代表队、1200余名体育舞蹈爱好者参赛。

（资料来源：《中国体育报》，2023年8月15日，有改动）

第三节　瑜伽

一、瑜伽简介

瑜伽起源于印度，是梵文“yoga”的译音。在中国，越来越多的人从了解瑜伽、喜爱瑜伽，到参与瑜伽锻炼，并把瑜伽锻炼作为生活的一部分，这些人群以中青年女性为主。同时，瑜伽正走进课堂，逐步成为大学生喜爱的体育锻炼项目之一。

二、瑜伽的呼吸

1. 胸式呼吸

仰卧或伸直背收肩。吸气时，肋骨慢慢向外扩张，胸廓张开，将新鲜空气通过呼吸道吸入肺部。当吸气量加深时，腹部向内收紧，将吸入的气集中在胸腔。呼气时，肋骨收紧，胸廓还原，慢慢将肺内浊气呼出体外。

2. 腹式呼吸

仰卧或伸直背收肩。吸气时，胸廓保持不变，腹部肌肉放松向外扩张，随着吸气量的加深，膈肌下降，腹内脏器下移，小腹慢慢鼓起。呼气时，腹部收紧，膈肌升起，把肺内浊气完全排出，内脏器官恢复原位。仰卧姿势、俯卧姿势的练习，多采用腹式呼吸。

3. 混合式呼吸

混合式呼吸是胸式呼吸和腹式呼吸结合在一起的自然呼吸。吸气时，用腹式呼吸过渡到胸式呼吸。呼气时，按相反的顺序，先放松胸廓，然后再放松腹部慢慢呼出浊气。大部分的瑜伽练习都适用混合式呼吸。

三、瑜伽分类

瑜伽有许多不同的体系，正统的印度“古典瑜伽”包括智瑜伽、业瑜伽、奉爱瑜伽、哈他瑜伽、王瑜伽五大类。

（1）智瑜伽——又称吉纳瑜伽。此为起悟之道。它认为知识有低等和高等之别，寻常人所说的知识仅仅局限于生命和物质的外在表现，这种低等知识可以通过直接或间接的途径获得，提倡培养知识理念。

（2）业瑜伽——又称实践瑜伽。此为静心之道，倡导内心修行，充分地利用强健的身体去工作，无私地、不求回报地服务众生，更加完善自己的行为。

（3）奉爱瑜伽——又称巴克提瑜伽。此为爱心之道，是将前者综合并衍生发展而来的，倡导通过情绪的培养，得知真理的本质为爱。

（4）哈他瑜伽——又称科托瑜伽。此为强身之道，它注重生理，是身体洁净、呼吸和各种体格锻炼方法的体系。

（5）王瑜伽——又称八支分法瑜伽。此为冥想之道，它偏于意念和调息，倡导的是瑜伽的八支分法，即禁制、遵行、坐法、调息、制感、内醒、静虑、三摩地。

现代流行的各种瑜伽流派主要都是在哈他瑜伽的基础上创新演变而来的，主要有艾扬格瑜伽、希瓦南达瑜伽、热瑜伽、综合瑜伽、流瑜伽等。

四、瑜伽基本体位法

（一）基础类

1. 简易坐

坐下，双腿前伸。左脚压在右腿下方，或右脚压在左腿下方。挺直脊背，紧收下颌。

2. 雷电坐

两膝跪地靠拢，两脚紧靠，使两脚跟向外指，臀部坐在两脚跟之间。挺直脊背，紧收下颌。

3. 半莲花坐

坐下，双腿前伸。屈左腿让左脚跟顶紧右大腿内侧，再屈右腿把右脚放在左大腿腹股沟处。挺直脊背，紧收下颌。

4. 莲花坐

坐下，双腿前伸。屈右腿放在左腿腹股沟处，再扳过右小腿把脚放在右腿腹股沟上方，两脚掌朝天。挺直脊背，紧收下颌。

（二）前屈类

1. 伸背式

取坐位，两腿伸直于体前，两臂放在两腿上，挺直脊背。呼气时，身体慢慢前屈，试用拇指和手指握住两足或两踝，用额头触两膝，缓慢深长地呼吸。

2. 束角式

取坐位，两膝弯曲，两脚掌紧贴，双手紧握两脚，尽量将双脚拉近会阴处。

使两膝和两脚的外侧接触地面，缓慢呼气，把两肘压在两大腿上，上体前屈至头部靠落在地面上，保持正常呼吸。尽可能地把鼻子、下巴都贴到地面上。

3. 坐角伸背式

取坐位，两腿向左右两侧完全分开，躯干前屈，双臂前伸展，正常呼吸。吸气时，躯干还原，双手在背后紧握，正常呼吸。呼气时，躯干再次前屈，将背后的两臂朝头上方伸展。吸气时，抬起躯干恢复坐位。

4. 半莲花单腿独立伸展式

取站立式，右膝弯曲，把右脚脚底板放置在左大腿上。吸气时，右臂伸向背后，右手手指抓住右脚的脚趾。呼气时，上身前屈缓慢向下贴近左腿，把左手放在脚旁边扶地，正常呼吸。吸气时，躯干恢复至站立式。

5. **头触趾式**

取站立式，两腿分开2倍肩宽，两手在背后握紧。吸气时，上身向左侧扭转。呼气时，左腿屈膝，两臂向上伸展，身体前屈至前额触及地面，屏住呼吸。吸气时，抬起躯干，摆正身体。在右侧重复练习。

6. **头竖膝间式**

取站立式，两腿分开约2倍肩宽，身体前屈，两手在小腿后握紧，屏气体外。呼气时，尽可能地将头放在两膝之间的空隙内，双手抱头。吸气时，身体向上还原。此式应注意从头至尾使两腿保持笔直。

（三）后展类

1. **全眼镜蛇式**

取眼镜蛇基本式，屈曲双膝。呼气时，用脚趾触后脑，保持正常呼吸。

2. **牛面式**

取坐位，屈叠左腿，左脚放在右臀侧。屈叠右腿放在左大腿上端，以至右脚及地在左臀旁边，两膝上下重叠。右臂放在背后，左臂越过左肩。双手背后相握，躯干竖直，头向后仰。

3. **桥式**

仰卧地面，双腿在膝关节处弯曲，双踵触臀，双手握住两踝。吸气时，抬臀拱背，双足平放地上。身体应由颈、两肩、两足支持，此时屏住呼吸。呼气时，放平臀、背部，身体回到仰卧姿势。

（四）侧弯类

1. **三角伸展式**

取站立式，双腿宽阔地分开，双臂向两侧平伸，与地面平行。呼气时，腰向右侧弯，弯腰过程中要保持双臂与躯干呈直角。右手扶脚或小腿，左臂上展。吸气，身体向上直立。呼气，放下双臂，身体还原。

2. **侧角伸展式**

取三角基本式站立，右脚尖转向右侧，吸气。呼气时，右膝弯曲，上体缓缓向右侧弯曲，右手在脚外侧扶地，左臂向上伸直。左臂尽量向侧平伸，同左侧腰、髋部形成一条直线。

（五）扭转类

1. **腰躯转动式**

吸气时，两腿开立，两臂从两侧举起至与地面水平。呼气时，身体尽力转向左后方，右手放在左肩上，左臂放到躯干右后侧，正常呼吸。

2. **半扭脊式**

取坐位，两腿在体前伸直，右脚在左膝外侧平放地上。呼气时，左臂肘部压在右腿膝部外侧，右臂撑地，脊柱朝右后方扭转。向右侧屈左腿，左脚靠近右臀。呼气时，转体向右后方，右臂放在躯干左后侧，深长呼吸。吸气时，上体慢慢回到开始时的体位。

3. 眼镜蛇扭动式

俯卧，双腿伸直，两手掌平放在胸前两侧。吸气时，伸直双臂，抬起身体。屈左膝，左脚掌踩在右腿内侧。呼气时，上身转向左后方，两眼注视右脚的脚跟，身体要随头部向同一方向转动。

（六）平衡类

1. 树式

取站立式，屈右腿，右手抓右脚踝，让右脚贴于左大腿内侧，膝关节指向右侧，站稳后，双手合十于胸前。吸气时，双臂缓缓向上伸直，放松肩部，挺直脊柱，收紧腹部，注意力集中，目视前方，保持正常呼吸。 呼气时，双手下降至胸前，松腿，还原。对侧重复练习。

2. 战士式

取站立式，吸气时，双掌合十，高举过头并尽力伸展。呼气时，两腿开立，身体左转，屈左膝，身体重心下降至大腿与地面平行位置。呼气时，双臂连同身体前屈，右腿向后向上抬至与地面水平的高度，正常呼吸。

3. 侧板式

取左侧卧位，右腿在左腿上，右手放在右臀上，左臂支撑地面。吸气时，抬起身体，举起髋部使全身挺直，与地面呈30° 角，屏住呼吸。右手臂缓慢向上伸展，全身用力以保持住身体平衡。呼气时，身体回到侧卧位。

（七）倒置类

1. 金字塔式

取站立式，深吸气，两腿宽阔地分开，两臂放在背后两手掌心合十。呼气时，上体慢慢地向后弯曲，头部后仰。吸气，上体恢复直立。再深长呼气，躯干前屈，头顶在两脚之间着地，让头和两脚形成一条直线。

2. 犁式

身体仰卧，两腿伸直，两手平靠体侧，掌心向下。吸气时，收缩腹肌使两腿离地，向上举起与身体垂直。呼气时，将两腿向后摆至两脚伸过头后，使臀部和下背部离开地面，正常呼吸。

五、瑜伽练习组合

组合一　伸展身体

预备：身体直立，两脚左右开立，抬头挺胸，两肩下沉，收腹提臀。（图6–3–1）

（1）向右转体90°，两臂经侧向上伸，双手合十，抬头，目视手指的方向，两腿成弓步。（图6–3–2）

（2）在动作（1）的基础上，两臂打开成斜上伸展，目视斜上方。（图6–3–3）

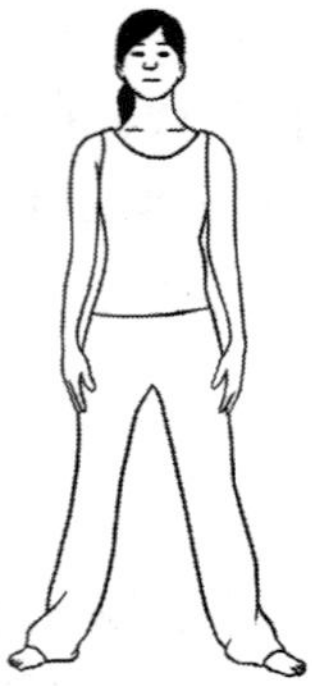

图 6-3-1

图 6-3-2

图 6-3-3

（3）重心后移至左腿上，左腿微屈，右腿伸直。同时，身体前屈至胸部靠近大腿，两手侧后伸。（图6-3-4）

（4）上体左转90°，右手触右脚，左臂向上伸，目视左手方向。（图6-3-5）

（5）重心前移至右腿站立，左手抓左脚向上拉起，右臂前伸。起立落腿，向左转体90°还原成预备姿势。相反方向练习，结束。（图6-3-6）

图 6-3-4

图 6-3-5

图 6-3-6

组合二　身体侧伸展

预备：身体直立，两脚左右开立，抬头挺胸，两肩下沉，收腹提臀。（图6-3-7）

（1）左脚右前点地立，右手下按，左手上伸托掌，身体侧屈。（图6-3-8）

（2）重心前移至左腿成弓步，身体前屈。（图6-3-9）

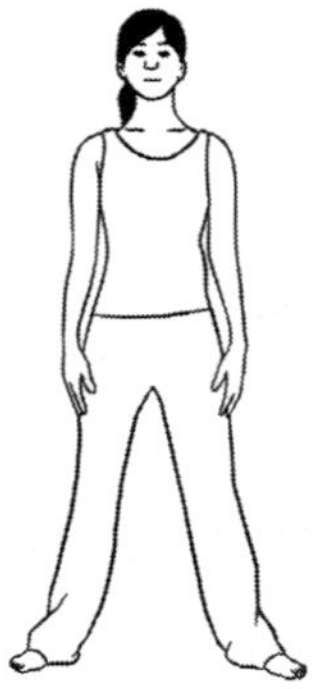

图 6-3-7

图 6-3-8

图 6-3-9

（3）重心后移至两腿之间，身体向左侧屈，两臂经侧交换位置。（图6-3-10）

（4）右脚向右前一步成右弓步，右手背至体后，左手经上与右手会合。（图6-3-11）

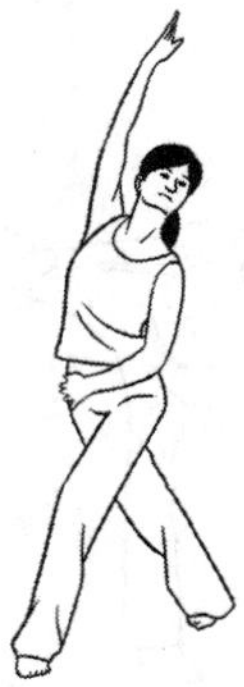

图6-3-10

图6-3-11

（5）向右转体90°成侧弓步，身体侧屈靠近右大腿，双手松开，右手经右大腿下穿过背至体后，左手经前在体后与右手会合。起立，还原成预备姿势。相反方向练习，结束。（图6-3-12）

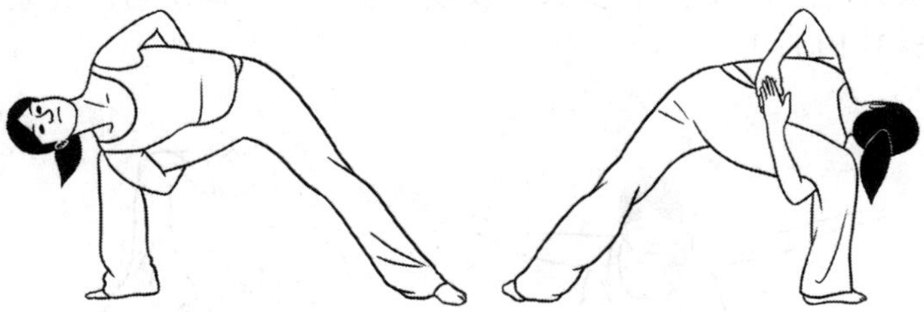

图6-3-12

组合三　身体平衡

预备：身体直立，两脚左右开立，抬头挺胸，两肩下沉，收腹提臀。（图6-3-13）

（1）右腿直立，左腿抬起，将左脚掌贴紧右腿内侧，两臂经侧向上伸，双手合十。（图6-3-14）

（2）左腿移至右腿前，身体前屈靠近左腿，两臂侧后伸展。（图6-3-15）

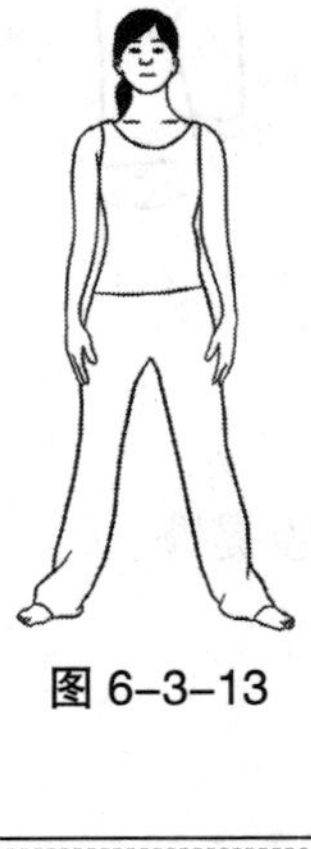

图6-3-13

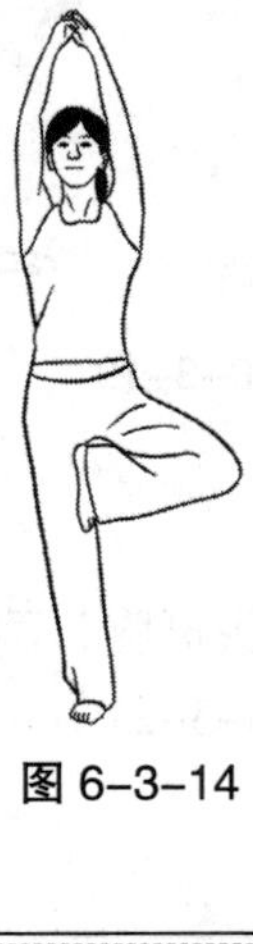

图6-3-14

图6-3-15

（3）放下左腿成后点地站立，右手触头部。（图6–3–16）

（4）身体恢复直立，右臂前伸，左手扶左腿，左腿后举至后举腿平衡。（图6–3–17）

图 6–3–16

图 6–3–17

（5）左腿落地，成左右开立。两臂侧伸，身体前屈，向右转体90°上手撑地，右腿向后上伸。（图6–3–18）

（6）以右手、右脚为轴，转体180°，（翻转）左脚落地，左手在胸前屈曲，成单手蹲撑。然后，挺髋伸左臂，成单手支撑，反复一次向反方向练习。起立，还原成预备姿势，结束。（图6–3–19）

图 6–3–18

图 6–3–19

组合四　身体后屈

预备：身体直立，两脚左右开立，抬头挺胸，两肩下沉，收腹提臀。（图6–3–20）

（1）身体前屈成90°，两臂侧伸。（图6–3–21）

（2）向右转体90°成右腿屈左腿后伸，身体后屈，两臂经侧向上伸双手合十。（图6–3–22）

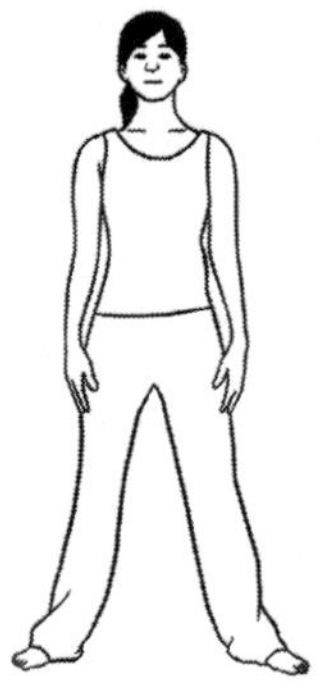

图 6–3–20

图 6–3–21

图 6–3–22

（3）重心后移至左腿，右腿伸直，向左转体90°，身体侧屈，右手触右脚，左臂上伸。（图6–3–23）

（4）左手在左前方撑地，右臂向上伸，右脚移到左后侧点地，身体后屈。（图6–3–24）

图 6–3–23

图 6–3–24

（5）身体翻转成正面，右腿后伸，右手前伸。然后，放松身体和腿，收腹含胸，膝关节接触肘关节，再伸展一次。（图6–3–25）

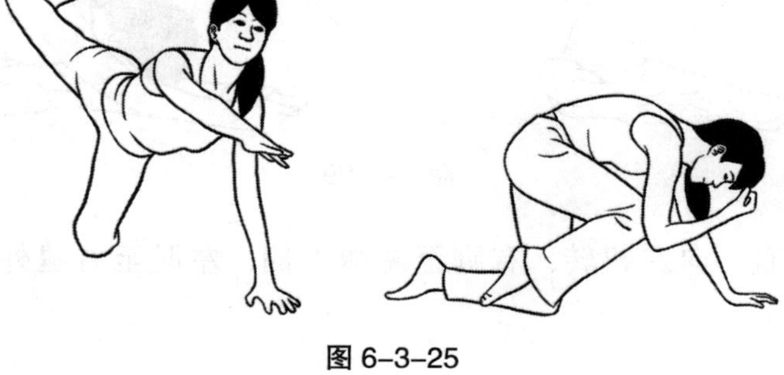

图 6–3–25

（6）成分腿蹲，双手经内扶脚的外侧，低头伸直腿，成分腿屈体立，重复一次。起立，还原成预备姿势，结束。（图6–3–26）

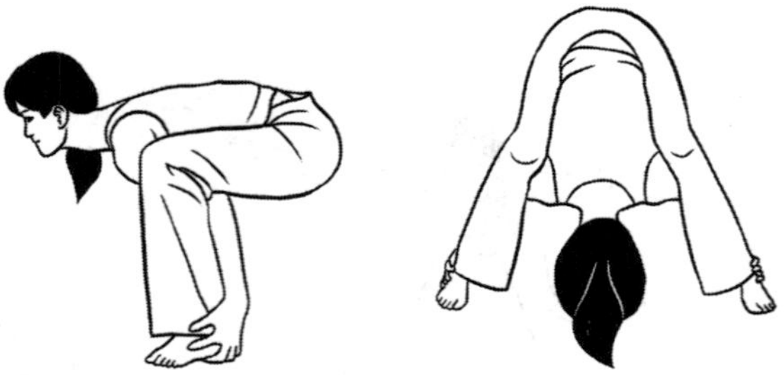

图 6–3–26

组合五　身体扭转

预备：屈腿盘坐，双手放在膝关节上，挺直后背。（图6–3–27）

（1）左臂经侧举至左手背后，右手扶左膝，身体扭转，右肩接触右膝。（图6–3–28）

图 6–3–27

图 6–3–28

（2）转体45°右腿伸直，左脚掌贴住右腿内侧，两臂经侧向上，身体前屈，双手抓握右脚。（图6–3–29）

图 6–3–29

（3）身体立直，向左扭转，右脚至左腿外侧，左肘至右腿外侧，双手合十。（图6–3–30）

（4）左腿屈膝至左侧，身体右侧屈，右手触右脚，左手后背。（图6-3-31）

（5）右腿收回，右脚掌与左脚掌相对，两臂经侧落下，身体前屈。还原成预备姿势，结束。（图6-3-32）

图 6-3-30

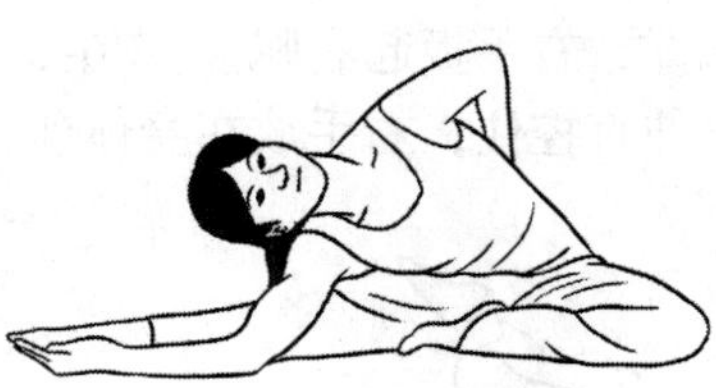

图 6-3-31

图 6-3-32

组合六　腿部伸展

预备：直角坐。（图6-3-33）

（1）含胸收腿，双手抱膝，伸直腿，身体后屈双手撑地，反复一次上手抱膝再伸展，含胸收右腿。（图6-3-34）

图 6-3-33

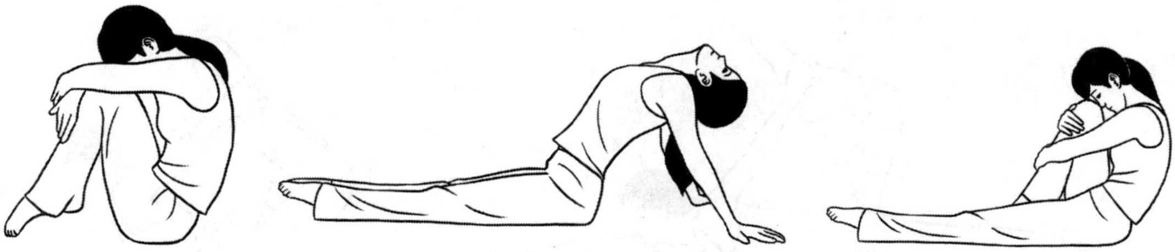

图 6-3-34

（2）身体后倒，右腿摆至身体左侧，两臂侧展开。（图6-3-35）

（3）双手扳右腿至身体前。（图6-3-36）

（4）右腿屈膝，双手抱右腿至胸前，然后交换左右腿，左腿屈膝，双手抱左腿至胸前。（图6-3-37）

（5）头部和腿部离开地面，腿部交换动作。（图6-3-38）

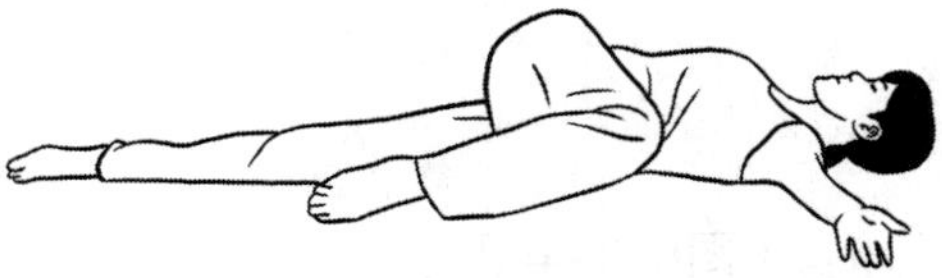

图 6-3-35

图 6-3-36

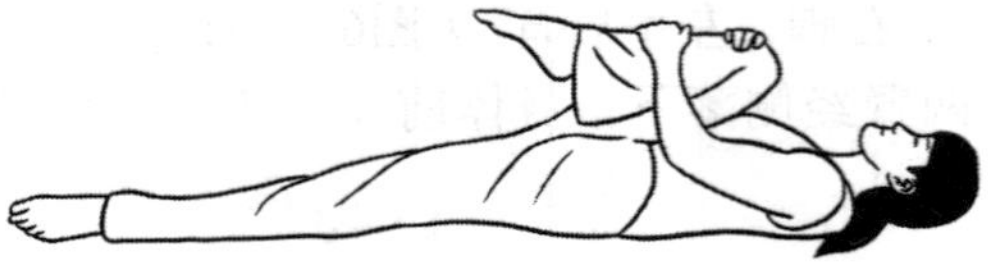

图 6-3-37

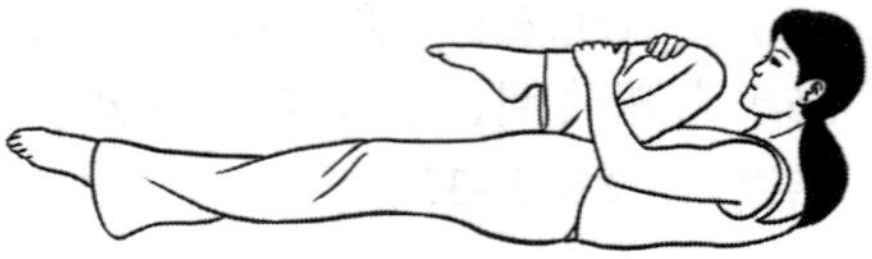

图 6-3-38

（6）身体转体成侧卧肘撑，右手扳起右腿。（图6-3-39）

（7）右腿屈膝收腿，再伸直控住，右手放在身体前。（图6-3-40）

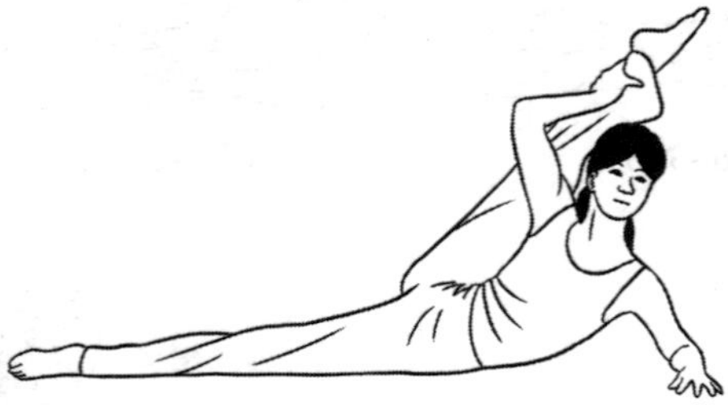

图 6-3-39

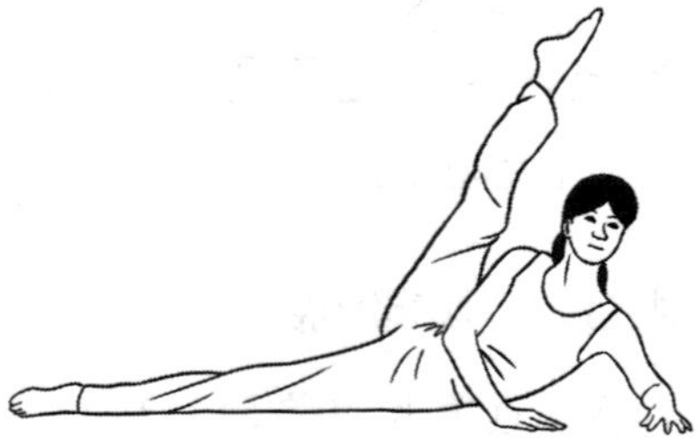

图 6-3-40

（8）转体90°俯卧，右手抓左脚，向上扳腿，左手、右腿伸直。（图6-3-41）

（9）双手抓脚，抬头向上扳拉腿。（图6-3-42）

（10）双手松开，放在髋部位置，两腿向上伸展（图6-3-43）。腿放下，身体放松，结束。

图 6-3-41

图 6-3-42

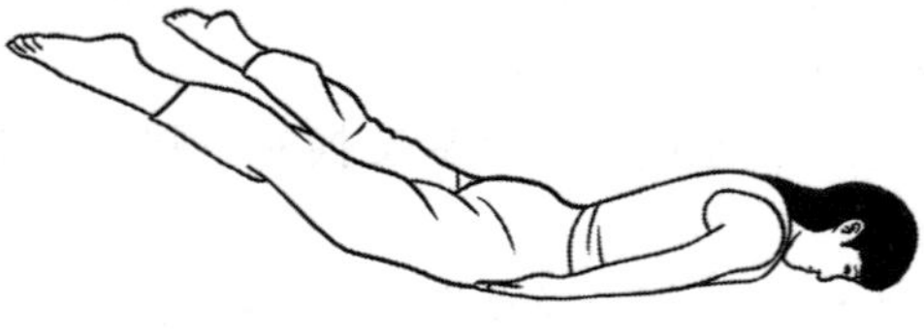

图 6-3-43

组合七　躯干拉伸

预备：面向45°两腿弯曲坐立，两臂下垂于体侧。（图6-3-44）

（1）身体扭转90°侧屈至右腿，右肩贴右膝。同时，右臂贴地屈肘，左臂上伸。

（图6–3–45）

（2）身体立起，双手分别向右前上、左后下伸。同时，左腿伸直。（图6–3–46）

图 6–3–44

图 6–3–45

图 6–3–46

（3）右臂后撑地，左臂向上伸，挺胸、挺髋成两脚单手撑地。（图6–3–47）

（4）臀部落地，身体成预备姿势，双手在体后合掌。（图6–3–48）

图 6–3–47

图 6–3–48

（5）左手扳起左脚放置肘关节处，右手与左手合掌。然后，右手经前、上、左在后上方与左手合掌。（图6–3–49）

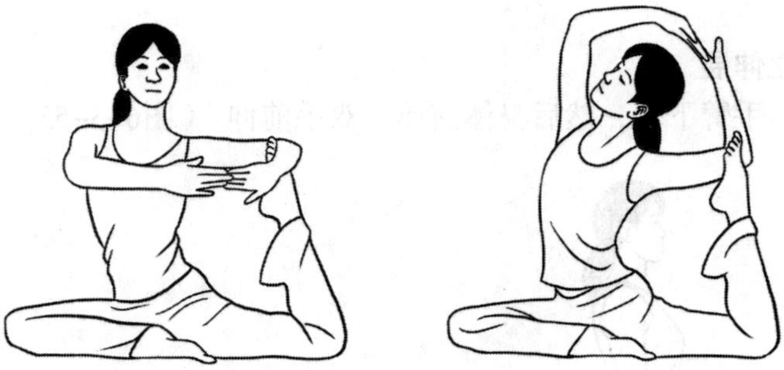
图 6–3–49

（6）两腿伸直于体侧，身体向左、向前、向右屈体，手臂伸展。（图6–3–50）

图 6–3–50

（7）身体立起，右臂后撑地，左臂向上伸，挺胸、挺髋成两脚单手支撑。（图6–3–51）

图 6–3–51

（8）身体还原成预备姿势，双手体后相握，身体前屈。然后，还原成预备姿势，结束。（图6–3–52）

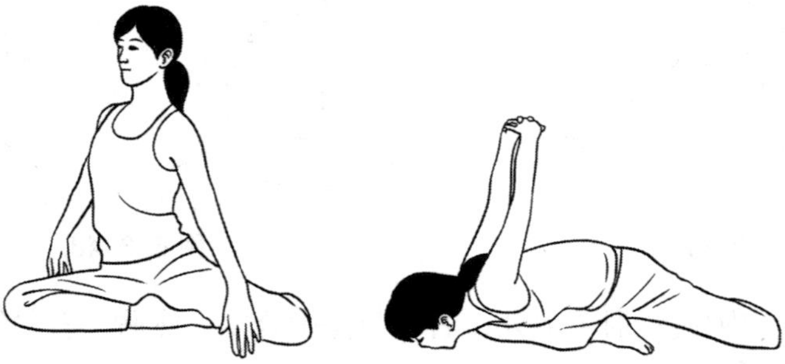

图 6–3–52

组合八　倒立伸展

预备：跪坐，手臂下垂，然后身体前屈，双手前伸。（图6–3–53）

图 6–3–53

（1）胸部贴近地面前穿撑起上体，右脚屈膝抬起，然后按原路线回到预备姿势。反复两次。（图6–3–54）

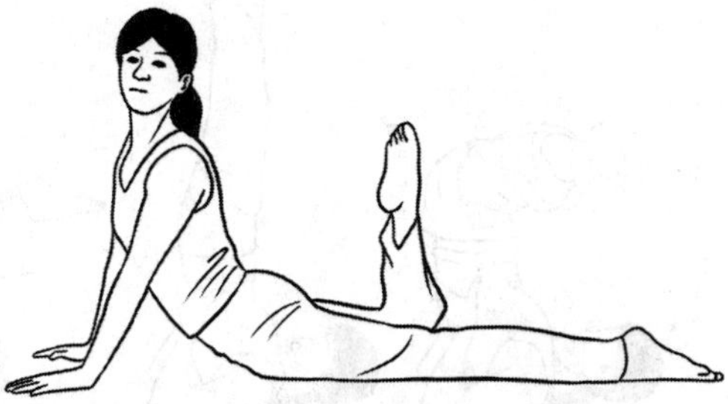

图 6–3–54

（2）跪撑，低头、收腹、含胸，然后挺胸、抬头。（图6–3–55）

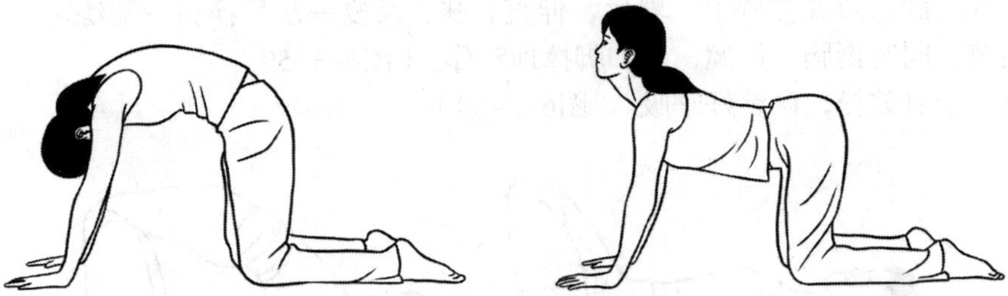

图 6–3–55

（3）身体翻转180°成坐立姿势，身体后倒，至脚尖点地肘关节撑地，手扶后背，再慢慢经屈膝至伸直两腿。（图6–3–56）

（4）右腿屈膝，脚尖点左膝，交换腿部动作。（图6–3–57）

（5）两腿向侧伸展，再伸展髋关节回到伸直两腿的动作，反复一次。然后，屈膝收腿，还原至两腿体前伸展的动作。（图6–3–58）

图 6–3–56

图 6-3-57

图 6-3-58

（6）屈膝，两脚落至髋侧，双手握踝关节，同时挺胸、挺髋，肩和脚撑地，反复一次。再抬起右腿，点在左膝上，然后，伸直右腿，反复一次后换另一腿练习。还原至两手握踝关节，同时挺胸、挺髋，肩和脚撑地动作。（图6-3-59）

结束：全身放松，调整好呼吸。（图6-3-60）

图 6-3-59

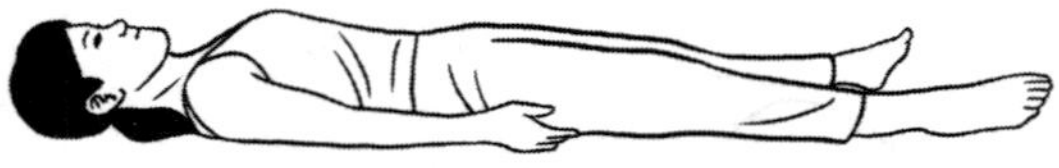

图 6-3-60

体育思政园地

大学生暑期教村民瑜伽健身操　引领重庆乡村健康新风尚

2022年7月29日，在重庆市荣昌区万灵镇尚书村的农家小院内，10多个村民在一位年轻姑娘的带领下，呼吸、调息、盘腿而坐、单腿站立……这位年轻的姑娘是来重庆市荣昌区参加暑期实践活动的华中科技大学体育学院研究生淦莉洛，她正在教乡亲们练习户外瑜伽健身操。

2022年暑假，华中科技大学“喻竹计划”重庆荣昌实践队和清华大学研究生骨干研修班重庆荣昌支队走进万灵镇尚书村，开展“小院+”公益健康活动，以简单易学的户外瑜伽健身操，推动全民健身运动走进乡村，引领乡村健康新风尚。

“为了引导村民们积极锻炼，强身健体，林家院子在区里的支持下，成立了健康小院，当地村民经常在此相约一起开展活动，锻炼身体。”林家院子健康小院“院长”林念介绍，“这次华中科技大学和清华大学的研究生来到我们健康小院，教我们练习瑜伽，让村民们都感到很惊喜，让我们健康小院的生活也更加丰富多彩。”

荣昌区委组织部相关负责人表示，近年来，为持续推进乡村振兴战略，荣昌区把不少传统院落建设成不同主题的新型农村院落。为了在乡村振兴中全面加强党建引领乡村善治，荣昌区计划每年创建100个以上的善治小院，打造“小院+”品牌，全面提升农村居民的获得感、幸福感、安全感。

（资料来源：中国新闻网，2022年7月30日，有改动）

第四节　健美

一、健美运动简介

早在古希腊时代的运动健将就用举重物来锻炼身体，并得到强壮健美的体形，这些健美的运动员，被雕塑家“记录”下来并留到21世纪。这是健美运动的早期萌芽。19世纪晚期，德国人尤金·山道首创了通过各种姿态来展示人体美的活动，为现代健美运动的发展奠定了基础，所以他被公认为“国际健美运动的创始人”和“世界上第一位健美运动员”。现代健美运动是以展示人体美为特征的项目。男子健美标准是身材高大而强壮、肌肉发达而均衡、肩宽臂圆、体力充沛、体质健康等。女子健美标准是体形匀称、姿态优雅、胸部丰满、肩圆腰细、肤色光洁润泽等。

二、主要部位练习

（一）胸部练习

1. 卧推

做法：练习者仰卧于长凳上，双手握住杠铃横杠，将杠铃自头上部移到胸部后，用力将杠铃向上垂直推起直至两臂伸直。

2. 斜上卧推

做法：练习者仰卧于长凳上，根据自身条件调整角度，握住杠铃、哑铃等重物，然后用力向上推起。

3. 仰卧飞鸟

做法：练习者仰卧于垫上，两手握哑铃于胸前（拳心相对），两臂伸直与身体垂直，两膝分开，脚踏实地，随即两臂向侧下分开（肘微屈）直至肘部低于体侧，然后胸大肌用力收缩使两臂胸上伸直。

（二）背部练习

1. 提铃耸肩

做法：练习者两脚开立，屈身将杠铃从地面提起，躯干伸直，两臂下垂，用力向上耸肩（不屈肘）至最高位，然后复原。重复练习。

2. 直立提肘拉举

做法：练习者身体直立，两手握哑铃，间距略比肩窄，两臂伸直下垂。用力时先耸肩后向上提肘，将杠铃提至胸部高度后慢慢复原。

3. 卧拉

做法：练习者体前屈弓身或俯卧在长凳上，两臂垂直下伸，双手持杠铃，屈臂将杠铃拉起靠近凳底面。

4. 宽握颈后引体向上

做法：练习者两手采用宽握距握住单杠成悬垂状态，然后用力屈肘使上体引向单杠直至第七颈椎触及横杠算1次，然后还原。反复练习。

5. 负重体前屈（山羊挺身）

做法：练习者俯卧在高凳上，两腿固定（或有人扶持），双手抱在头颈后或在颈后握住重物做体前屈接挺身起练习。

6. 俯卧两头起

做法：练习者俯卧在长凳上，两臂伸直放在体前，然后迅速抬起上体和下肢，让腹部支撑，以维持平衡。

（三）腹部练习

1. 仰卧起坐

做法：练习者仰卧于垫上，双手抱头，下肢固定，快速收腹起坐，再慢慢倒体至水平后重复练习。

2. 侧卧侧身起坐

做法：练习者侧卧在垫上，腿部远侧端固定。用力起坐至最高处，然后还原。重复练习。

3. 屈膝或直膝两头起

做法：练习者仰卧于垫上，两臂在头后伸直，收腹起坐，同时屈膝或直膝上举，两臂前摆触脚面或两手抱弯曲的膝部。

（四）臂部练习

1. 直臂前平举并上举

做法：练习者直立，两臂下垂持哑铃，直臂前平举静止4～6秒后上举至直臂支撑。

2. 侧卧直臂平举

做法：练习者侧卧于垫上，右手持哑铃，左手撑垫。然后右手直臂上抬至最大高度，徐缓放下。连续做8~12次后双手轮换。

3. 胸前弯举

做法：练习者两脚开立，两臂下垂，两手持杠铃，手心向前，然后屈臂将杠铃举至胸前。

4. 直立轮换弯举

做法：练习者直立，两手各持一哑铃，一臂屈，一臂直，两臂轮换。

5. 反握引体向上

做法：练习者反握单杠，身体悬垂，用屈臂之力将身体向上拉引至咽喉部。反复练习。

6. 颈后臂屈伸

做法：练习者身体直立，两手正握小杠铃或U形杠铃，肘高抬，上臂固定耳侧，然后做臂屈伸动作，将杠铃或哑铃向上举起，直至两臂在头上伸直。

7. 腕弯举

做法：练习者坐在凳上（或半蹲），两手反握杠铃横杠，将腕关节垫放在膝关节或凳上，肘关节紧贴大腿，然后手腕向上用力弯曲。

8. 正握弯举

做法：练习者正握小哑铃或U形杠铃，做弯举动作。

（五）腿部练习

1. 站立后摆腿

做法：练习者足负重，两手扶墙或扶山羊，向后摆腿至最高处。重复练习。

2. 箭步蹲

做法：练习者肩负杠铃，两腿前后分开成箭步，然后屈膝下压至能承接的深度后恢复原来的姿势。两腿交换位置后继续练习。

3. 坐姿腿屈伸

做法：练习者坐于垫上，双腿斜上举约40°，足负重物，做腿（膝关节）屈伸动作。

4. 双人屈小腿对抗

做法：一人俯卧于长凳上，两腿弯曲，另一人站其身后，用两手握其脚踝，用力将其弯曲的两腿拉直，练习者进行屈腿对抗。

5. 负重提踵

做法：练习者肩负杠铃，做直膝提踵动作。

体育思政园地

中国大学生健美健身锦标赛落幕

由中国健美协会、中国大学生体育协会主办的“赛普健身杯”中国大学生健美健身锦标赛暨世界青年健美健身锦标赛选拔赛日前在厦门落下帷幕。

来自全国67所高校的400多名大学生运动员经过激烈角逐，最终，杨康获得古典健美全场冠军、李振博获得男子健体全场冠军、苗慧获得健身比基尼全场冠军、索启涵获得男子健身模特全场冠军、赵婉羽获得女子健身模特全场冠军、邹择凯获得传统健美全场冠军。为了确保比赛在公平、公正的环境下进行，提升比赛质量，此次大赛中国健美协会委派15位国际级裁判员、17位国家级裁判员现场执裁。

相关负责人介绍，健美健身对塑造大学生健康体魄具有良好效果，大学校园里推广健身健美运动得到了有关部门的大力支持，大学生群体参加健美健身运动数量激增，赛事则成为大学生们展示自我、树立信心的绝佳方式。

（资料来源：《中国体育报》，2023年6月15日，有改动）

第七章 武术与技击

第一节　太极拳

一、太极拳简介

太极拳是一种武术项目，在我国有着悠久的历史。太极拳是依据《易经》阴阳之理、中医经络学、道家导引术、吐纳术等综合创造出的一套符合人体结构、大自然运转规律的拳术。太极拳是我国乃至世界人民的宝贵文化遗产。太极拳动作具有柔和、缓慢、圆活、连贯的特点。因此，习练太极拳时必须要全神贯注、上下相随、虚实分明、连贯圆活、速度均匀，动作如行云流水、连绵不断。

二、24 式简化太极拳

(一) 动作名称

1. 起势	9. 单鞭	17. 右下势独立
2. 左右野马分鬃	10. 云手	18. 左右穿梭
3. 白鹤亮翅	11. 单鞭	19. 海底针
4. 左右搂膝拗步	12. 高探马	20. 闪通背
5. 手挥琵琶	13. 右蹬脚	21. 转身搬拦捶
6. 左右倒卷肱	14. 双峰贯耳	22. 如封似闭
7. 左揽雀尾	15. 转身左蹬脚	23. 十字手
8. 右揽雀尾	16. 左下势独立	24. 收势

（二）动作说明

1. 起势

动作1：身体自然直立，两脚并拢；两臂自然下垂，两手置于大腿外侧；目视前方，呼吸自然。（图7–1–1）

动作2：两脚开立，略与肩同宽，脚尖朝前。（图7–1–2）

动作3：两臂慢慢向前平举，两手高与肩平，与肩同宽，掌心向下。（图7–1–3）

动作4：上体保持正直，两腿屈膝下蹲；同时，两掌轻轻下按，两肘下垂与两膝相对；目平视前方。（图7–1–4）

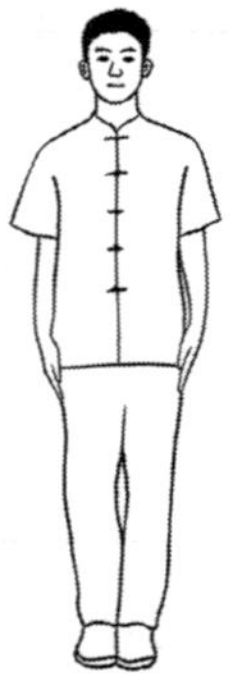
图 7–1–1

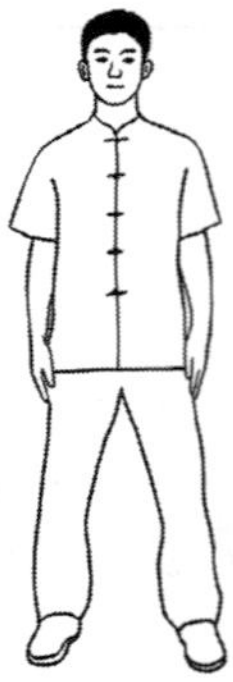
图 7–1–2

图 7–1–3

图 7–1–4

2. 左右野马分鬃

动作1：上体微向右转，重心移至右腿；同时右臂收在胸前平屈，掌心向下，左手经体前向右下画弧至右手下，掌心向上，两掌心相对成抱球状；左脚收到右脚内侧，脚尖点地；目视右手。

动作2：上体微向左转，左脚向左前方迈出，右脚自然蹬直，成左弓步；同时上体向左转，左右手随转体慢慢分别向左上、右下分开，左手高与眼平（掌心斜向上），肘微屈；右手落在右胯旁，肘微屈，掌心向下，指尖向前；目视左手。（图7–1–5）

动作3：上体慢慢后坐，身体重心移至右腿，左脚尖翘起，微向外撇，随后脚掌慢慢踏实，左腿慢慢前弓，身体左转，身体重心再移至左腿；同时左手翻转向下，左臂收在胸前平屈，右手向左上画弧至左手下，两掌心相对成抱球状；右脚随即收到左脚内侧，脚尖点地；目视左手。

动作4：右腿向右前方迈出，左腿自然伸直，成右弓步；同时上体右转，左右手随转体分别慢慢向左下、右上分开，右手高与眼平（掌心斜向上），肘微屈；左手落在左胯旁，肘也微屈，掌心向下，指尖向前；目视右手。（图7–1–6）

动作5：同动作3，唯左右相反。

动作6：同动作4，唯左右相反。（图7–1–7）

3. 白鹤亮翅

动作1：上体微向左转，左手翻掌向下，左臂平屈胸前，右手向左上画弧，掌心转向上，与左手成抱球状；目视左手。

动作2：身体重心移至左腿，右脚跟进半步，随即上体后坐；身体重心移至右腿，上体先向右转，然后左脚稍向前移，脚尖点地，成左虚步，同时上体再微向左转，面向前方；两手随转体慢慢向右上、左下分开，右手上提停于右额前，掌心向左后方，左手落于左胯前，掌心向下，指尖向前；目平视前方。（图7–1–8）

图 7–1–5

图 7–1–6

图 7–1–7

图 7–1–8

4. **左右搂膝拗步**

动作1：上体先微向左转，右手从体前下落，上体再向右转，右手由下向后上方画弧举至右肩外侧，肘微屈，手与耳同高，掌心斜向上；左手由左下向上、向右下方画弧至右胸前，掌心斜向下；同时上体先微向左再向右转，左脚收至右脚内侧，脚尖点地；目视右手。

动作2：上体左转，左脚向前偏左迈出，成左弓步；同时右手屈回由耳侧向前推出，高与鼻尖齐平；左手向下由左膝前搂过落于左胯旁，指尖向前；目视右手手指。（图7–1–9）

动作3：右腿慢慢屈膝，上体后坐，重心移至右腿，左脚尖翘起微向外撇，随后脚掌慢慢踏实，左腿前弓，身体左转，身体重心移至左腿，右脚收到左脚内侧，脚尖点地；同时左手向外翻掌由左后向上画弧至左肩外侧，肘微屈，手与耳同高，掌心斜向上；右手随转体向上、向左下画弧落于左胸前，掌心斜向下；目视左手。

动作4：同动作2，唯左右相反。（图7–1–10）

动作5：同动作3，唯左右相反。

动作6：同动作2。（图7–1–11）。

图 7–1–9

图 7–1–10

图 7–1–11

5. **手挥琵琶**

身体重心移至左腿，右脚跟进半步，上体后坐，身体重心转至右腿上，上体半面向右转，左脚略提起稍向前移，成左虚步，脚跟着地，脚尖翘起，膝关节微屈；同时左手由左下向上挑举，高与鼻尖平，掌心向右，臂微屈；右手收回放在左肘里侧，掌心向左；目视左手食指。（图7–1–12）

图 7–1–12

6. 左右倒卷肱

动作1：上体右转，左脚跟抬起，脚尖点地，右手翻掌掌心向上经腹前由下向后上方画弧平举，臂微屈，左手随即翻掌掌心向上；目随着向右转体先右视，再转向前方视左手。（图7–1–13）

动作2：右臂屈肘折向前，右手由耳侧向前推出，掌心向前，左臂屈肘后撤，掌心向上，撤至左肋外侧；同时左腿轻轻提起向后偏左退一步，脚掌先着地，然后全脚慢慢踏实，身体重心移到左腿上，成右虚步，右脚随转体以脚掌为轴扭正；目视右手。（图7–1–14）

动作3：上体微向左转，同时左手随转体向后上方画弧平举，掌心向上，右手随即翻掌，掌心向上；目随转体先左视，再转向前方视右手。

动作4：同动作2，唯左右相反。（图7–1–15）

动作5：同动作3，唯左右相反。

动作6：同动作2。（图7–1–16）

动作7：同动作3。

动作8：同动作2，唯左右相反。（图7–1–17）

图 7–1–13

图 7–1–14

图 7–1–15

图 7–1–16

图 7–1–17

7. **左揽雀尾**

动作1：上体微向右转，同时右手随转体向后上方画弧平举，掌心向上；左手掌心向下；目视左手。

动作2：身体继续右转，左手下落逐渐翻掌经腹前画弧至右肋前，掌心向上；右臂屈肘，掌心转向下，收至右胸前，两手相对成抱球状；同时左脚收到右脚内侧，脚尖点地；目视右手。

动作3：左脚向左前方迈出，上体继续向左转，右腿自然蹬直，左腿屈膝成左弓步；同时左臂向左前方推出，右手向右下落放于右胯旁，掌心向下。（图7–1–18）

动作4：身体微向左转，左手随即前伸翻掌向下，右手翻掌向上，经腹前向上、向前伸至左前臂下方；然后两手下捋，即上体向右转，两手经腹前向右后上方画弧，直至右掌心向上，高与肩平，左臂平屈于胸前，掌心向后；同时身体重心移至右腿；目视右手。（图7–1–19）

图 7–1–18

图 7–1–19

动作5：上体微向左转，右臂屈肘折回，右手附于左手腕里侧，上体继续向左转，双手同时向前慢慢挤出，左掌心向后，右掌心向前，左前臂要保持半圆；同时身体重心逐渐前移变成左弓步；目视左手腕部。（图7–1–20）

动作6：左手翻掌，掌心向下，右手经左腕上方向前、向右伸出，高与左手齐，掌心向下，两手左右分开，宽与肩同；然后右腿屈膝，上体慢慢后坐，身体重心移至右腿上，左脚尖翘起；同时两手屈肘回收至腹前，掌心均向前下方；目平视前方。

动作7：上式不停，身体重心慢慢前移，同时两手向前、向上按出，掌心向前；成左弓步；目平视前方。（图7–1–21）

8. **右揽雀尾**

动作1：上体后坐并向右转，身体重心移至右腿，左脚尖里扣；右手向右平行画弧至右侧，然后由右下经腹前向左上画弧至左肋前，掌心向上；左臂平屈胸前，左手掌向下与右手成抱球状；同时身体重心再移到左腿上，右脚收到左脚内侧，脚尖点地；目视左手。（图7–1–22、图7–1–23）

动作2：同“左揽雀尾”动作3，唯左右相反。（图7–1–24）

图 7-1-20

图 7-1-21

图 7-1-22

图 7-1-23

图 7-1-24

动作3：同“左揽雀尾”动作4，唯左右相反。（图7-1-25）
动作4：同“左揽雀尾”动作5，唯左右相反。（图7-1-26）
动作5：同“左揽雀尾”动作6，唯左右相反。
动作6：同“左揽雀尾”动作7，唯左右相反。（图7-1-27）

图 7-1-25

图 7-1-26

图 7-1-27

9. **单鞭**

动作1：上体后坐，身体重心逐渐移至左腿上，右脚尖里扣，同时上体左转，两手（左高右低）向左弧形运转，直至左臂平举，伸于身体左侧，掌心向左，右手经腹前运转至左肋前，掌心向后上方；目视左手。

动作2：身体重心再逐渐移至右腿上，上体左转，左脚向右脚靠拢，脚尖点地；同时右手向右上方画弧（手心由里转向外），至右侧方时变勾手，臂与肩平，左手向下经腹前向右上画弧停于右肩前，掌心向上；目视右手。

图 7-1-28

动作3：上体微向左转，左脚向左前侧方迈出，右脚跟后蹬，成左弓步；在身体重心移向左腿的同时，左掌随上体的继续左转慢慢翻转向前推出，掌心向前，手指与眼齐平，臂微屈；目视左手。（图7-1-28）

10. **云手**

动作1：重心移至右腿上，身体渐向右转，左脚尖里扣；左手经腹前向右上画弧至右肩前，掌心斜向后，同时右手松勾变掌，掌心向右前；目视左手。（图7-1-29）

动作2：上体慢慢左转，重心随之逐渐左移；左手由脸前向左侧运转，掌心渐渐转向左方；右手由右下经腹前向左上方画弧至左肩前，掌心斜向后；同时右脚靠近左脚，成小开立步；目视右手。（图7-1-30、图7-1-31）

动作3：上体再向右转，同时左手经腹前向右上画弧至右肩前，掌心斜向后；右手向右侧运转，掌心翻转向右；随之左腿向左横跨一步；目视左手。（图7-1-32、图7-1-33）

动作4：同动作2。（图7-1-34、图7-1-35）

动作5：同动作3。（图7-1-36、图7-1-37）

动作6：同动作2。（图7-1-38）

图 7-1-29

图 7-1-30

图 7-1-31

图 7-1-32

图 7-1-33

图 7-1-34

图 7-1-35

图 7-1-36

图 7-1-37

图 7-1-38

11. 单鞭

动作1：上体向右转，右手随之向右运转，至右侧方变成勾手；左手经腹前向右上画弧至右肩前，掌心向上，身体重心落在右腿上，左脚尖点地；目视左手。

动作2：上体微向左转，左脚向左前侧方迈出，右脚跟后蹬，成左弓步；在身体重心移向左腿的同时，上体继续左转，左掌慢慢翻转向前推出，成“单鞭”式。（图7-1-39）

12. 高探马

右脚跟进半步，右勾手变成掌，两掌心翻转向上，两肘微屈；同时身体微向右转，左脚跟渐渐离地；目视左前方；上体微向左转，面向左前方，右掌经右耳旁向前推出，手心向前，手指与眼同高；左手收至左侧腰前，掌心向上；同时左脚微向前移，脚尖点地，成左虚步；目视右手。（图7-1-40）

13. 右蹬脚

动作1：左手掌心向上，前伸至打手腕背面，两手相互交叉，随即向两侧分开并向下画弧，掌心斜向下，同时左脚提起向左前侧方进步（脚尖稍外撇）；身体重心前移；右腿自然蹬直，成左弓步；目视前方。

动作2：两手由外圈向里圈画弧，两手交叉合抱于胸前，右手在外掌心均向后；同时右脚向左脚靠拢，脚尖点地；目平视右前方。

动作3：两手臂左右画弧分开平举，肘部微屈，掌心均向外；同时右腿屈膝提起，右脚向右前方慢慢蹬出；目视右手。（图7-1-41）

图 7-1-39

图 7-1-40

图 7-1-41

14. 双峰贯耳

动作1：右腿收回，屈膝平举；左手由后向上、向前下落至体前，两掌心均翻转向上，两手同时向下画弧，分落于右膝盖两侧；目视前方。

动作2：右脚向右前方落下，重心渐渐前移，成右弓步，面向右前方，同时两手下落慢慢变拳，分别从两侧向上、向前画弧贯拳至面部前方，成钳形状，两拳相对。（图7-1-42）

15. 转身左蹬脚

动作1：左腿屈膝后坐，身体重心移至左腿，上体左转，右脚尖里扣；同时两拳变掌，由上向左右画弧分开平举，掌心向前；目视左手。

动作2：身体重心再移至右腿，左脚收到右脚内侧，脚尖点地；同时两手由外圈向里圈画弧合抱于胸前，左手在外，掌心均向后；目平视左方。

动作3：两手臂左右画弧分开平举，肘部微屈，掌心均向外；同时左腿屈膝提起，左脚向左前方慢慢蹬出；目视左手。（图7-1-43）

图 7-1-42

图 7-1-43

16. 左下势独立

动作1：左腿收回平屈，上体右转；右掌变成勾手，左掌向上、向右画弧下落，立于右肩前，掌心斜向后；目视右手。

动作2：右腿慢慢屈膝下蹲，左腿由内向左侧偏后伸出，成左仆步；左掌下落掌心向外，向左下顺左腿内侧向前穿出；目视左手。（图7-1-44）

动作3：身体重心前移，左脚跟为轴，脚尖尽量向外撇，左腿前弓，右腿后蹬，右脚尖里扣，上体微向左转并向前起身；同时左臂继续向前伸出立掌，掌心向右，右勾手下落，勾尖向后；目视左手。（图7–1–45）

动作4：右腿慢慢提起平屈，成左独立式；同时右勾手变掌，并由后下方顺右腿外侧向前弧形上挑，屈臂立于右腿上方，肘与膝相对，掌心向左；左手落于左胯旁，掌心向下，指尖向前；目视右手。（图7–1–46）

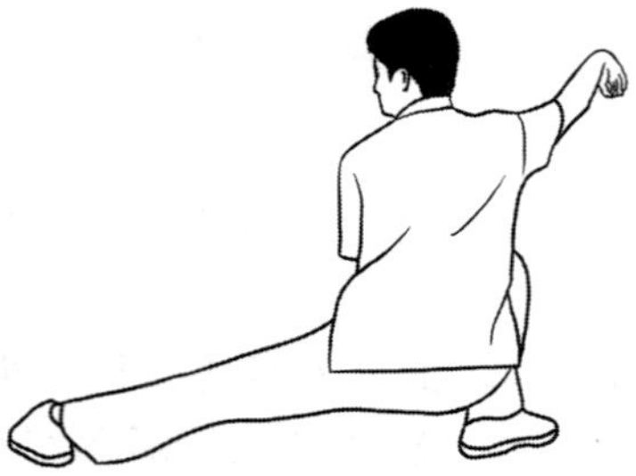

图 7–1–44

图 7–1–45

图 7–1–46

17. 右下势独立

动作1：右脚下落于左脚前，脚尖着地，然后左脚以前脚掌为轴，脚跟转动，身体随之左转，同时左手向后平举变成勾手，右掌随着转体向左侧画弧，立于左肩前，掌心斜向后；目视左手。（图7–1–47）

动作2：同“左下势独立”动作2，唯左右相反。（图7–1–48）

图 7–1–47

图 7–1–48

动作3：同“左下势独立”动作3，唯左右相反。（图7–1–49）

动作4：同“左下势独立”动作4，唯左右相反。（图7–1–50）

18. 左右穿梭

动作1：身体微向左转，左脚向前落地，脚尖外撇，右脚跟离地，两脚屈膝成半坐盘式；同时两手在左胸前成抱球状（左上右下）；然后右脚收到左脚的内侧，脚尖点地；目视左前臂。

图 7–1–49

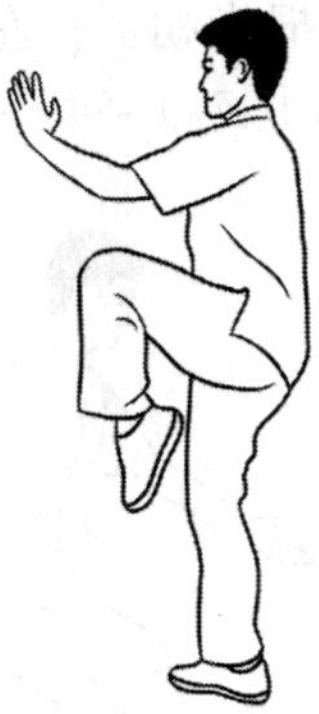

图 7–1–50

动作2：身体右转，右脚向右前方迈出，屈膝弓腿，成右弓步；同时右手由脸前向上举并翻掌停于右额前，掌心斜向上；左手先向左下再经体前向前推出，高与鼻尖平，掌心向前；目视左手。（图7–1–51）

动作3：身体重心略向后移，右脚尖稍向外撇，随即身体重心再移至右腿，左脚跟进，停于右脚内侧，脚尖点地；同时两手在右胸前成抱球状（右上左下）；目视右前臂。

动作4：同动作2，只是左右相反。（图7–1–52）

图 7–1–51

图 7–1–52

19. **海底针**

动作1：右脚向前跟进半步，身体重心移至右腿，左脚稍向前移举步；右手下落经体前向后、向上提抽至肩上耳旁，左手下落至体前侧。

动作2：左脚尖点地成左虚步；同时身体稍向右转；右手再随身体左转，由右耳旁斜向前下方插出，掌心向左，指尖斜向下；与此同时，左手向前、向下画弧落于左胯旁，掌心向下，指尖向前；目视前下方。（图7–1–53）

20. **闪通臂**

动作1：上体稍向右转，左脚微回收举步；同时两手上提；目视前方。

动作2：左脚向前迈出，脚跟着地；左右两手分别向左前、右后分开；左掌心向前，右掌心向外；目视前方。

动作3：重心前移，左腿屈膝成左弓步；同时右手屈臂上举，停于右额前上方，掌

心翻转斜向上，拇指朝下；左手由胸前随重心前移慢慢向前推出，高与鼻尖平，掌心向前；目视左手。（图7–1–54）

图 7–1–53

图 7–1–54

21. 转身搬拦捶

动作1：上体后坐，身体重心移至右腿上，左脚尖里扣；身体向右后转，然后身体重心再移至左腿上；与此同时，右手随着转体向右、向下变拳，经腹前画弧至左肋旁，拳心向下；左掌上举于头前，掌心斜向上；目视前方。

动作2：向右转体，右拳经胸前向前翻转撇出，拳心向上；左手落于左胯旁，掌心向下，指尖向前；同时右脚收回后不要停顿或脚尖点地，即向前迈出，脚尖外撇；目视右拳。（图7–1–55）

动作3：身体重心移至右腿上，左脚向前迈出一步；左手上起经左侧向前上画弧拦出，掌心向前下方；同时右拳向右画弧收到右腰旁，掌心向上，目视左手。（图7–1–56）

动作4：左腿前弓成左弓步，同时右拳向前打出，拳眼向上，高与胸平，左手附于右前臂里侧；目视右拳。（图7–1–57）

22. 如封似闭

动作1：左手由右腕下方向前伸出，右拳变掌，两手手心逐渐翻转向上并慢慢分开回收；同时身体后坐，左脚尖翘起，身体重心移至右腿；目视前方。

图 7–1–55

图 7–1–56

图 7–1–57

图 7-1-58

动作2：两手在胸前翻掌，向下经腹前再向上、向前推出，腕部与肩平，掌心向前；同时左腿前弓成左弓步；目视前方。（图7-1-58）

23. 十字手

动作1：屈膝后坐，身体重心移向右腿，左脚尖里扣，向右转体；右手随着转体动作向右平摆画弧，与左手成两臂侧平举，掌心向前，肘部微屈；同时右脚尖随着转体稍向外撇，成右侧弓步；目视右手。

动作2：身体重心慢慢移至左腿，右脚尖里扣，随即向左收回，两脚距离与肩同宽，两腿逐渐蹬直，成开立步；同时两手向下经腹前向上画弧交叉合抱于胸前，两臂撑圆，腕高与肩平，右手在外，成十字手，掌心均向后；目视前方。（图7-1-59）

24. 收势

动作1：两手向外翻掌，掌心向下，两臂慢慢下落，停于腹前；目视前方。（图7-1-60）

动作2：两腿缓缓蹬直，同时两掌慢慢下落至大腿侧，然后收左脚成并步直立；目视前方。（图7-1-61）

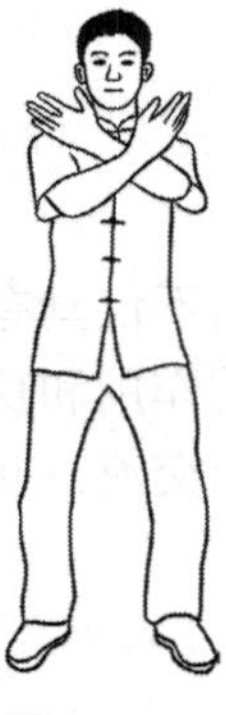

图 7-1-59

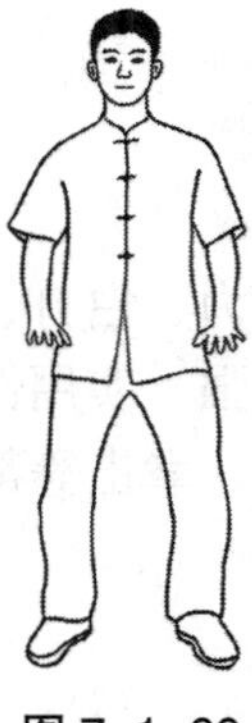

图 7-1-60

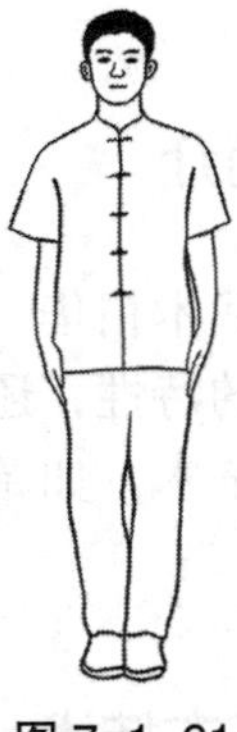

图 7-1-61

体育思政园地

宁波象山老年人太极拳健身大联动受关注

为弘扬太极拳文化，传承中华文明，2023年全国老年人太极拳健身大联动（宁波象山分会场）活动在宁波象山县全民健身中心举行。

全县22支太极拳队660余名太极拳爱好者参加了本次活动，集体展示了杨式太极拳28式和健身气功·八段锦等项目。“表演得非常好，展现出了老年人的精神风貌，为他们点赞。”现场观众向太极拳爱好者们伸出拇指。现场活动视频一经发布，便有

9万余人次浏览，备受健身运动爱好者关注。参赛队员张素贞练太极拳已经20多年了，她说："太极拳是一项非常好的运动，既锻炼了身体，又舒缓了心情。我还会继续坚持下去。""我们的太极拳队伍从几十人发展到现在的几千人，很开心能有越来越多的人加入到太极拳习练队伍中来。"参赛队员王豪杰说。

活动前期，象山县老年人体育协会精心组织，周密安排，合理布置展示场地，配备安保人员和医务人员数十名，确保大联动活动安全有序进行。全民健身迎亚运，信心满怀奔共富。本次活动旨在弘扬太极文化，促进全民健身，为象山县创建"浙江省太极拳之乡"作出新的贡献。

象山县老年人体育协会相关负责人表示："本次活动既弘扬和传承了太极拳这项优秀的传统文化，又丰富了中老年人的业余文化生活，提高了老年人的健康幸福生活指数。"

（资料来源：《中国体育报》，2023年6月8日，有改动）

第二节　散打

一、散打简介

散打是中国武术精华，古时又称角力、白打、相搏等。它不仅具有强身健体等与其他体育项目相同的特性，还具有对抗性强、实用性强等特殊的作用和功能。目前，散打和世界各地许多拳术，如跆拳道、泰拳、拳击等都有着广泛的交流，并且产生了巨大的影响。

二、散打基本技术

（一）基本姿势

两脚前后开立，稍宽于肩；前脚尖略向内侧转，后脚尖斜朝前，后脚脚跟稍离地；两膝微屈，身体重心落在两脚之间；两臂自然弯曲，左臂屈肘约90°，肘尖下垂，左拳置于体前，高与鼻平，拳眼斜朝上；右臂屈肘小于90°，右拳置于右肋前，略高于下颌，上臂内侧紧贴右侧肋部，肘自然下垂，含胸收腹，头略低，下颌微收，咬牙闭嘴，目平视前方。左脚在前称正架，右脚在前称反架。（图7-2-1）

图 7-2-1

（二）基本步法

散打步法是为保持与对手间的距离，实施进攻与防守或破坏对手的进攻与防守意图而进行的专门的脚步移动方法。散打基本步法有前进步、后退步、跨步、插步、闪步、换步、滑步、垫步等。

前进步：左脚提起，向前进步，右脚迅速蹬地，跟进同样距离。

后退步：右脚向后退一步，左脚用力蹬地，迅速后退同样距离。

跨步：左（右）脚向左（右）侧横跨半步，重心下沉，右（左）脚半步跟进，左跨时防守手势左右更换，右跨时身体略向左转。

插步：后脚向左横移一步，脚跟离地两脚略成交叉，插步时身体不要转动，左侧面仍与对手相对。插步后要及时还原成实战姿势。

闪步：左（右）脚向左（右）侧移半步，右（左）脚也随之向左（右）滑步，同时身体转90°，步法轻灵，转体闪躲灵活、敏捷。

换步：左脚与右脚同时蹬地并前后交换，同时两拳也前后交换成反架姿势，转换时要以髋关节带动两腿，身体不能明显向上腾空。

滑步：①前滑步。预备姿势，后脚蹬地，前脚向前移动。落地时以前脚掌先落地，后脚快速前移，落地后与预备姿势相同。后滑步与前滑步方向相反。②左滑步。预备姿势，后脚蹬地，前脚向左平移，后脚也随之向左移动，动作完成后与预备姿势相同。右滑步与左滑步方向相反。

垫步：①前垫步。预备姿势，前脚蹬地，后脚前移。在前脚内侧落地的同时前脚前移，落步后仍成预备姿势。②后垫步。预备姿势，后脚蹬地，前脚后移。在前脚内侧落地的同时后脚后移，落步后仍成预备姿势。

（三）基本拳法

基本拳法主要有直拳、摆拳、勾拳等。

1. 直拳

（1）左直拳：基本姿势站立，左脚在前，右脚在后，左脚跟稍外旋，重心移至左脚，上体略左转。同时，左臂顺肩伸肘，使拳面向前直线冲击，力达拳面，拳心朝下，右拳至下颌处，目视前方。然后左拳压肘收回，成基本姿势。（图7–2–2、图7–2–3）

（2）右直拳：基本姿势站立，右脚微蹬地，脚跟外转，上体微左转，重心移向左脚。同时，右拳内旋，直线向前击出，力达拳面，左拳收至右肩前。

图 7–2–2　　图 7–2–3

2. 摆拳

（1）左摆拳：基本姿势站立，上体微右转。同时，左臂内旋，抬肘与肩平，使拳向前、向内成平面弧形横击。臂微屈，拳心朝下，力达拳面。

（2）右摆拳：基本姿势站立，左脚蹬地，重心移向右脚，右脚跟略离地外转，并蹍转脚掌。上体左转的同时右臂内旋，抬肘与肩平，使拳由右向左横击，然后恢复基本姿势。

3. 勾拳

（1）左勾拳：基本姿势站立，右脚蹬地，身体重心移至左脚，上体微左转，重心稍下沉。随即左脚蹬地拧转的同时，左拳由下向前上方出击，拳心朝里，力达拳面。

（2）右勾拳：基本姿势站立，左脚蹬地，重心移向右脚，右脚跟略外转，脚掌蹍地，上体右转略下沉后，右膝及上体瞬间挺伸并向左转体。同时，右臂外旋由下向上击拳，拳面朝上，拳心朝左内，力达拳面。左拳仍置于下颌前，目视右拳，然后恢复至基本姿势。（图7–2–4、图7–2–5）

图 7–2–4

图 7–2–5

（四）基本腿法

腿法是散打技术中最重要的技法之一，在比赛中使用率最高。散打中有四大击法，即踢、打、摔、拿。踢就是腿法。下面只介绍正蹬腿、侧踹腿、鞭腿3个基本腿法。

1. 正蹬腿

右蹬腿：基本姿势站立，重心移至左腿，左腿略屈，右腿屈膝上抬。含胸收腹，大腿贴近胸部，脚尖勾起，脚底朝前下，随即由屈而伸向前上方蹬出，力达脚跟。当脚触击目标时伸胯并使脚尖猛向前下方压踩，使力达全脚掌，目视右脚。右腿下落，还原成基本姿势。（图7–2–6至图7–2–8）左蹬腿动作反之。

要点：支撑腿可微屈保持平衡，上体不可过分后仰，屈膝上抬与伸蹬要连贯。

图 7–2–6

图 7–2–7

图 7–2–8

2. 侧踹腿

右侧踹腿：基本姿势站立，重心移至左腿，膝略屈，脚尖外展。右腿屈膝上抬，抬膝高于腰，脚尖勾起，脚底朝外侧下，随即小腿外翻，脚底朝向攻击点挺膝踹出，力达脚底。同时，左腿挺直，上体向左腿侧倾，目视右脚。右腿下落，还原成基本姿势。（图7–2–9至图7–2–11）左侧踹腿动作反之。

要点：提膝时上体略向支撑腿侧转，脚内侧与地面近于平行。腿踹出时身体向支撑腿侧的倾斜度随攻击点的高度变化，越高倾斜度越大，支撑腿应用前脚掌为轴蹍地，使脚跟内收。

图 7-2-9

图 7-2-10

图 7-2-11

3. 鞭腿

右鞭腿：基本姿势站立，重心移至左腿，膝略屈。右腿屈膝上抬，高过腰，同时膝略内收，小腿略外翻，踝部放松，随即挺膝，使小腿从外向上、向前、向内弧形弹击，并使脚面绷平使力达脚面或胫骨处，目视右脚。右腿下落，还原成基本姿势。左鞭腿动作反之。

要点：弹腿的膝部发力要借助拧腰转胯之力，加大力度。弹腿时支撑腿膝关节伸直并以脚掌为轴蹍地，脚跟内收，上体不可过于倾斜。

（五）基本摔法

1. 抱腿别腿摔

在格斗中，己方向对方的支撑腿后上左步，顺势将对方左腿抱住，上体右转，用左腿别对方右腿，同时用胸下压对方左腿，将对方摔倒在地。（图7-2-12至图7-2-15）

要点：抱腿准确、有力，转体协调，顺势压腿。

图 7-2-12

图 7-2-13

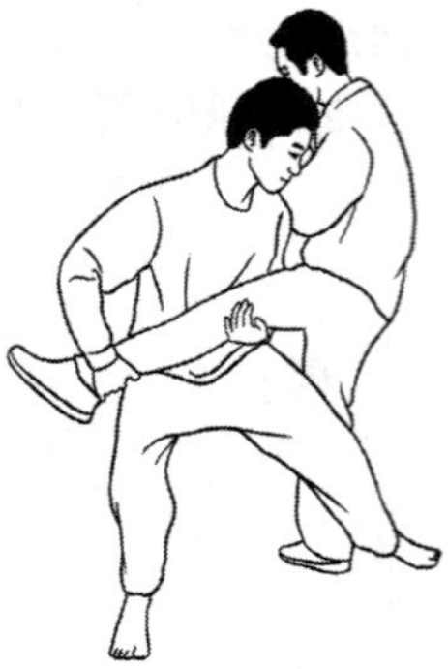

图 7–2–14

图 7–2–15

2. **双腿抱膝摔**

在格斗中，己方先左脚向前滑步，同时用左直拳虚晃，右直拳重击对方脸部。对方受击必上体后仰，露出下盘空当，抓住时机，右脚向前上步至对方裆部，两手从外向内环抱对方膝窝，同时上体前倾，右肩前顶，用合力将对方摔倒。（图7–2–16至图7–2–18）

要点：左右直拳连击要具有威胁性，使其上体后仰，露出下盘空当。上步及时，抱腿顶肩干脆利索，整套动作要连贯。

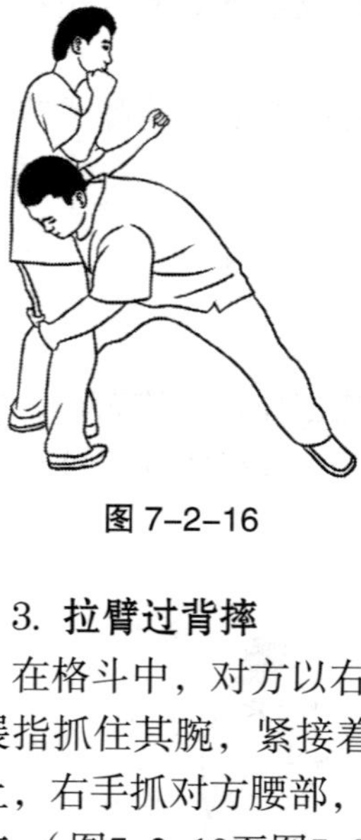

图 7–2–16

图 7–2–17

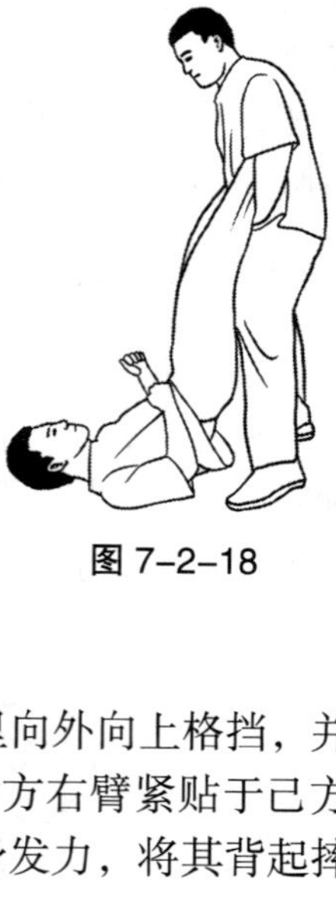

图 7–2–18

3. **拉臂过背摔**

在格斗中，对方以右摆拳攻击己方头部，己方迅速用左臂由里向外向上格挡，并顺势展指抓住其腕，紧接着己方向前方上右脚，身体向左转90°将对方右臂紧贴于己方右肩上，右手抓对方腰部，然后两手向前拉，臀部向后上方顶，全身发力，将其背起摔于体前。（图7–2–19至图7–2–22）

要点：双手抓臂及时，上右步迅速，背摔前，对方与己方贴紧。发劲时，双手向下拉与臀部向后顶要相合，整套动作要协调。

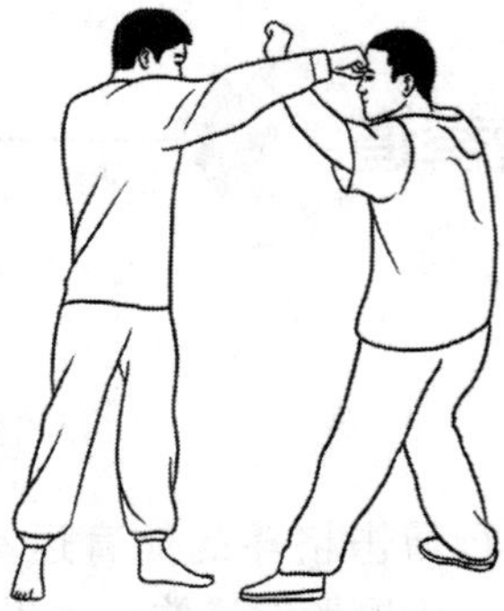

图 7-2-19

图 7-2-20

图 7-2-21

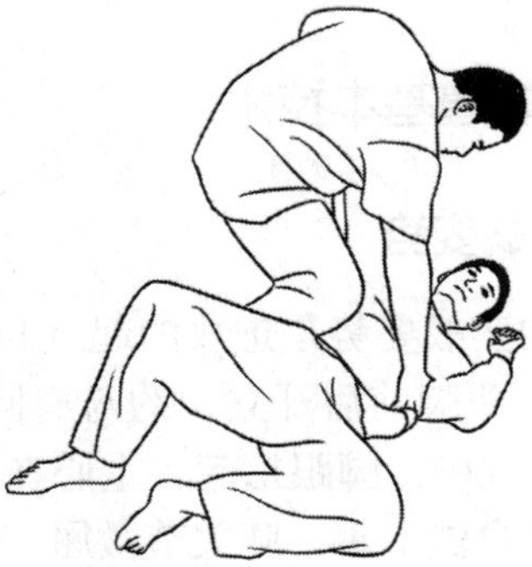

图 7-2-22

体育思政园地

全国武术散打锦标赛举行

日前，2023年“康比特杯”全国武术散打锦标赛在山东枣庄市文体中心体育馆开幕。本次比赛由国家体育总局武术运动管理中心、中国武术协会、山东省体育局、枣庄市人民政府主办，山东省武术院、枣庄市体育局、薛城区人民政府承办。来自全国各省（自治区、直辖市）的43支代表队伍的597名运动员在为期11天的比赛中争夺21枚金牌。

据赛事组织方介绍，本次比赛的举行，对推动武术散打项目发展，宣传山东武术及山东文化，展示大美枣庄、好客山东的好形象，具有积极的推动作用。这是近期山东省第二次承办全国性大型武术赛事活动，男子、女子同赛区举办，并首次在全国锦标赛增设了男子团体和女子团体对抗赛。本次比赛是近年来国家武术运动管理中心举办的规模最大、时间跨度最长的一次全国武术散打锦标赛。

（资料来源：《中国体育报》，2023年8月22日，有改动）

第三节　跆拳道

一、跆拳道简介

跆拳道是一项运用手足技术、重在足技进行搏击格斗的体育运动项目。1995年8月，我国正式成立了中国跆拳道协会，同年11月，中国跆拳道协会被世界跆拳道联盟接纳为正式会员。中国跆拳道队虽然成立较晚，但经过教练员和运动员的不懈的努力，已取得了斐然的战绩。

二、跆拳道基本技术

（一）实战姿势

跆拳道的实战姿势是进攻的起点和终点。左脚在前称为左势；右脚在前称为右势。以左势为例，两脚前后开立，约与肩同宽，左脚掌斜向右前微内扣约45°。右脚掌斜向右前内扣30°～60°，脚跟抬起，重心在两脚之间。双手握拳，左拳高与肩平，右拳置于胸前，肘关节自然下垂。膝关节微屈，保持弹性和灵活。（图7–3–1）

（二）基本手形、手法

（1）拳：四指节节回屈并拢握紧，将拇指内屈紧贴食指和中指的第二关节处，拳面要平。（图7–3–2）

图 7–3–1

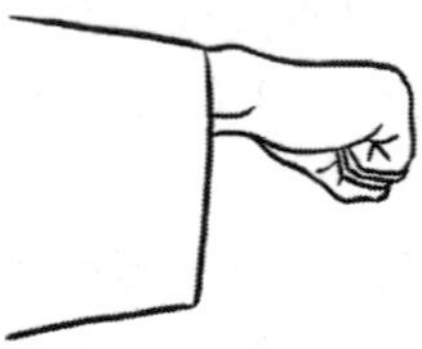

图 7–3–2

（2）冲拳：以腰部旋转带动肩部、手臂旋转出拳，放松手臂和拳头。在击中目标的一刹那，突然加速用力握紧拳头以拳面击中目标，力达拳面。

（3）手刀：四指并拢微屈，拇指屈曲贴紧食指，小指的外侧沿形成手刀，拇指的内侧形成刀背。（图7–3–3）

（4）贯手：手形和手刀相似，中指和食指微屈，基本保持四指尖齐平，拇指向掌内

贴紧。（图7–3–4）

（5）二指贯手：伸展食指和中指成“V”字形，拇指压紧无名指和小指的第二关节处。（图7–3–5）

图 7–3–3

图 7–3–4

图 7–3–5

（三）基本步形、步法

1. 步形

并步：两脚内侧贴紧并拢，身体自然直立。（图7–3–6）

开立步：两脚左右开立，与肩同宽。身体自然直立，两膝微屈。两脚尖正对前方，两手轻握拳置于体前。（图7–3–7）

马步：两脚左右平行开立，较肩宽，挺胸直背。两腿屈膝半蹲，重心在两脚之间。（图7–3–8）

图 7–3–6

图 7–3–7

图 7–3–8

弓步：两脚前后开立约3倍于脚长，前腿屈膝，后腿伸直，后脚尖与前脚的延长线约成30°角，前腿膝关节和脚尖垂直，重心偏于前脚。（图7–3–9）左脚在前称左弓步，右脚在前称右弓步。

前行步：前行步亦称行走步、高前屈立。两脚前后开立姿态和平时向前走路时相似，前后脚相距大约一脚长，重心在两脚之间。（图7–3–10）

三七步：三七步亦称后屈立。两脚前后相距一步约两脚半距离，后脚尖外展约90°，后腿屈膝，前腿微屈膝，脚尖朝前，重心前后腿三七分。（图7–3–11）

虚步：虚步亦称虎步。两脚前后开立约一脚半，后脚尖外展，前脚尖点地。两膝关

节微内扣，重心在后腿。（图7–3–12）

独立步：独立步亦称鹤立步。一条腿直膝站立，脚尖外展；另一条腿屈膝上提，脚贴于支撑腿内侧或膝窝处。（图7–3–13）

交叉步：交叉步亦称十字步。脚尖点地两腿屈膝交叉，两小腿贴紧。交叉步有两种形式：一种是一只脚向另一只脚后面插步，脚掌着地，两腿膝关节交叉，称后交叉步；另一种是一只脚向另一只脚前面插步，脚掌着地，两腿膝关节交叉，称前交叉步。（图7–3–14）

图 7–3–9

图 7–3–10

图 7–3–11

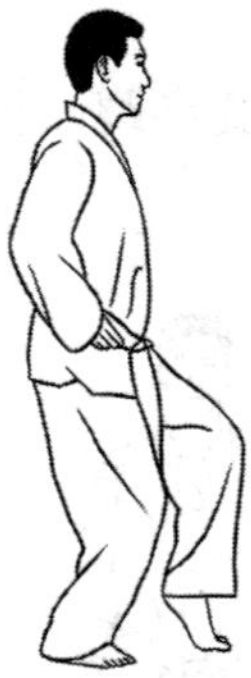

图 7–3–12

图 7–3–13

图 7–3–14

2. 步法

前滑步与后撤步：实战姿势站立。前滑步时，两脚同时向前滑进一步；后滑步时，两脚同时向后滑步。

上步与撤步：实战姿势站立。后脚向前迈一步即为上步，前脚向后撤一步即为撤步。

原地跳换步：实战姿势站立。两脚原地跳动由右架换成左架实战姿势或由左架换成右架实战姿势。

左右侧移步：实战姿势站立。左侧移步时左脚向左侧方向平行移动一步，随之右脚迅速向左侧平行移动一步；右侧移步时右脚向右侧方向平行移动一步，随之左脚迅速向右侧平行移动一步。

疾步：右架实战姿势站立。右腿屈膝抬起向前上步，同时左腿迅速屈膝抬起。

冲刺步（前交叉步）：右架实战姿势站立。左脚先后撤半步，右脚向前上一步，然后左脚再向前上一步。

（四）基本腿法

1. 前踢腿

【动作过程】左势站立。重心移至左腿，右腿屈膝抬起，脚面绷直，双手握拳自然垂放在身体两侧。向前弹出小腿，用脚面击打目标。击打后大小腿折叠收回，右腿自然下落成右势。后撤右腿，还原为左势。（图7–3–15）

【动作要领】

（1）膝关节夹紧向前直线抬起，小腿放松，有弹性。

（2）为保持重心，躯干可稍向后倾，髋关节尽量向前送。

（3）击打时脚面绷直。

（4）在小腿弹直的一刹那，要有一个制动的过程，使脚产生鞭打的效果。

图 7–3–15

2. 横踢腿

【动作过程】左势站立。重心移至左腿，右腿屈膝抬起，脚面绷直，双手握拳自然垂放在身体两侧。左脚以脚掌为轴向外转动180°。膝关节抬至水平时小腿迅速横向踢出。击打目标后屈膝收回小腿，右腿自然下落成右势。后撤右腿，还原为左势。（图7–3–16）

图 7–3–16

【动作要领】

（1）向前提膝时要走直线，膝关节夹紧，脚面绷直。

（2）支撑脚转动要快，髋关节充分打开。

（3）躯干避免过度倾斜。

（4）击打的力点在正脚面。

（5）踝关节放松，击打的感觉如同“面团”“鞭梢”。

3. 前横踢

【动作过程】右势站立。前垫步，重心移至左腿。提起右腿，向前送髋，大、小腿稍折叠。绷紧脚面，右膝向内，快速弹出小腿。击打后，右脚自然落下成右势。（图7-3-17）

【动作要领】

（1）前横踢与横踢相似。由于用前腿击打，距离对方近，动作较隐蔽，很难使对方察觉，缺点是击打力度小。

（2）后脚一定要配合积极向前移动。

（3）右腿的小腿要快速弹出，尽量增加鞭打力量。

（4）在击打的一刹那，膝关节方向朝向对方的腹部。

（5）小腿弹出后，在弹直的一刹那，要有一个制动的过程，使脚产生鞭打的效果。

（6）用前横踢主要攻击对方的胸腹部、面部和两肋部。

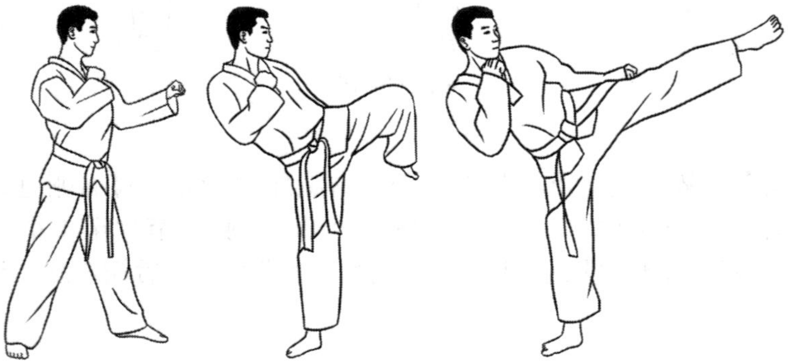

图 7-3-17

4. 旋风踢

【动作过程】右势站立。以右前脚掌为轴脚跟外旋，重心移至右腿。身体左后转约360°，左腿也随着向后转动。身体稍后仰，左腿下落的同时右脚蹬地使用右腿横踢技术。击打后，两脚自然落下成右势。（图7-3-18）

【动作要领】

（1）旋风踢主要在中、远距离时使用。

（2）提起左腿向后转动时，左腿围绕着右腿转动，两大腿内侧之间的距离不应过大。

（3）为保持重心，躯干应稍向后倾。

（4）击打时右脚脚面稍绷直，但踝关节要放松。

（5）小腿弹出后，在弹直的一刹那，要有一个制动的过程，使脚产生鞭打的效果。
（6）右脚应积极配合身体的转动，以右脚前脚掌为轴转动。
（7）用旋风踢主要攻击对方胸腹部、面部和两肋部。

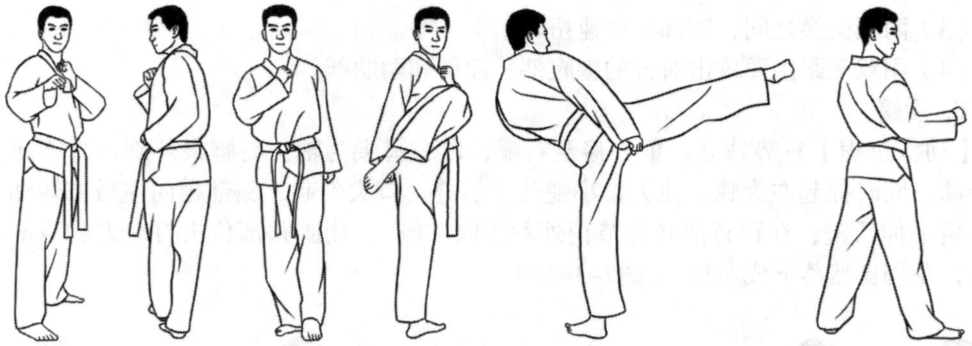

图 7–3–18

5. 双飞踢

【动作过程】右势站立。重心移至右腿，提起左大腿使用横踢，然后在左脚未落下时，立即提右腿使用横踢，也就是连续使用两个横踢。击打后，两脚自然落下成右势。（图7–3–19）

图 7–3–19

【动作要领】

（1）一般来说，在中、远距离时是使用双飞踢的较好时机，双飞踢中的第一个横踢常常是为了找到合适的距离或破坏对方的进攻，以利于第二个横踢。

（2）第一个横踢时，身体可稍后倾，以利于第二个横踢。

（3）两腿交换之间，髋部要快速扭转。

（4）用双飞踢主要攻击对方的胸腹部、面部和两肋部。

6. 后踢

【动作过程】右势站立。重心移至右腿，以右脚尖为轴，右脚跟外旋，身体向左后方转动，同时提起左大腿，使大、小腿几乎折叠，脚尖勾起，头部稍向左后方转动。左腿向后平伸后蹬，在蹬直前膝关节稍外翻（向左侧），用脚跟部位击打对方胸腹部。击打后，左脚自然落下成左势。（图7–3–20）

图 7–3–20

【动作要领】

（1）身体向左后方转动时，要同时快速提起左膝。

（2）身体转到背朝对方时要制动，同时左脚后蹬。此时身体不应再有转动，膝关节此时的方向应与右腿膝关节方向一致。

（3）在提起左腿时，两大腿内侧之间的距离尽量小，即左腿要“擦”着右腿起腿。

（4）身体转动时，头部配合同向转动。

（5）为保持重心，躯干在向下弯曲的同时可稍挺胸。

（6）动作熟练时，转身与后蹬应是同时进行的。

（7）最后再练习后踢击头（高后踢）。

（8）右脚应积极配合髋部的转动，调整好身体重心。

（9）由于对方进攻常常是侧向，后踢的方向应在正前方稍偏向左侧。

（10）用后踢主要攻击对方的胸腹部、面部和两肋部。

7. 下劈腿

【动作过程】右势站立。重心移至右腿，提起左大腿，同时略转髋向右并向上送髋，使左腿膝关节与胸部尽量贴近，重心向上。左脚高举过头，左腿伸直贴紧上体，上体保持正直或稍前俯。左脚脚面稍绷直，左腿快速下压（如刀劈木块一样），用脚掌或脚跟下砸对方的头部，重心前移至左腿上，身体要稍后仰来控制重心。击打后，左脚自然落

下成左势。(图7-3-21)

【动作要领】

(1)劈腿与武术中的正踢腿相似，区别在于劈腿稍有一点转髋，并且提腿向上时，要向上积极送髋，大、小腿之间也可以有一定的弯曲度。

(2)在下劈时，身体重心向前移。

(3)上提左腿时，左脚脚面不需要绷直，应自然放松，而下劈腿时要稍绷直。

(4)可直接用前腿(右腿)下劈，左脚进行跟步(即随着身体重心向前移动而向前跳动)。

(5)右脚应积极配合身体向前移动，调整好身体重心。

(6)在练习时，可多采用如武术的外摆腿和里合腿的劈腿方法，只是在下落时是向前方劈下，分别称为外摆劈腿(由内向外摆)和内摆劈腿(由外向内摆)。

(7)用劈腿主要攻击对方面部。

图 7-3-21

8. 侧踢腿

【动作过程】右势站立。重心移至右腿，同时以右脚前脚掌为轴，脚跟内旋。直线提起左大腿，弯曲小腿同时向右转髋，身体左侧侧对对方，膝关节方向朝内，勾脚面，展髋，走直线平蹬出左腿，用脚掌外侧攻击对方。击打后，左脚自然落下成左势。(图7-3-22)

图 7-3-22

【动作要领】

（1）侧踢同散打中的侧踹。

（2）可用前腿（右腿）直接侧踢对方。

（3）右脚一定要配合积极向前移动。

（4）用侧踢主要攻击对方胸腹部、两肋部。

9. **后旋踢**

【动作过程】右势站立。以右脚尖为轴，右脚跟外旋，重心移至右腿。身体向左后方转动，同时提起左大腿向斜后方40°左右蹬伸，头部向左后方转动。身体继续旋转，左腿借旋转的力，向后画一个半圆形的水平弧线，快速屈膝用脚掌击打对方头部。击打后，身体重心依然在右腿上，左脚自然落下成左势。（图7–3–23）

图 7–3–23

【动作要领】

（1）左腿并不是抡圆了去画弧，在开始时有一个向斜后方蹬伸的动作。

（2）身体向左后方转动时，同时要快速提起左腿。

（3）身体转动时，头部配合同向转动。

（4）小腿在开始时要自然放松，在接触对方头部前再瞬时绷紧脚面，用脚掌成水平弧线鞭打。

（5）动作熟练时，转身与后蹬接摆应是同时进行的。

（6）右脚应积极配合髋部的转动，在完成整个动作之前，重心一直落在右脚掌前半部分。

（7）用后旋踢主要攻击对方的面部。

三、跆拳道品势

跆拳道品势（又称“型”）是指练习者以技击为主要内容，通过攻守进退的动作编排，以强身健体、磨炼意志为目的一种练习形式。其分为初级品势和高级品势。初级品势有太极一章至太极八章；高级品势又分为高丽型、金刚型、太白型、平原型、十进型、地跆型、天拳型、汉水型、一如型。

太极一章是跆拳道品势练习中最基础的套路。太极一章由18个动作组成，演示线就

像一个“王”字。（图7–3–24）

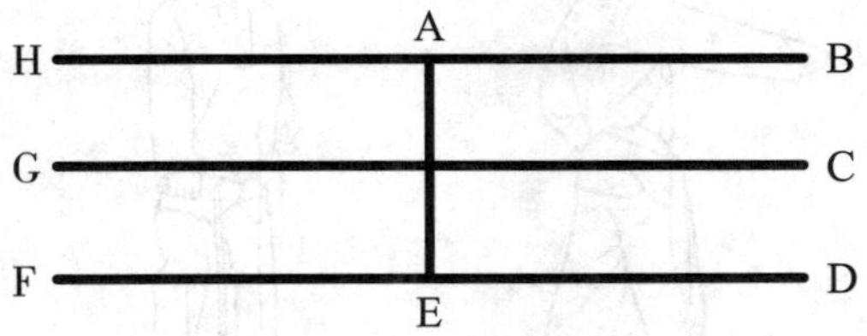

图 7–3–24

准备姿势：站于A方向位置（以下文中字母，均参见相应的演武线图）。（图7–3–25）两脚与肩同宽，自然站立，两手握拳屈臂于腹前约10厘米处，两拳间的距离大约也为10厘米，拳心向内。眼睛平视前方。（图7–3–26）

动作1：转身左下格挡。左转身体，左脚转向B方向（简称向B，以下同）成左前探步，左臂下截（防左下段），右拳回收腰侧。（图7–3–27）

动作2：上步右冲拳。右脚向B迈进一步成右前探步，右拳前冲拳（攻中段），左拳回收腰侧。（图7–3–28）

动作3：转身右下格挡。身体右转180°，右脚向H迈进一步成右前探步，右臂下截（防右下段）。（图7–3–29）

图 7–3–25

图 7–3–26

图 7–3–27

图 7–3–28

动作4：上步左冲拳。左脚向H迈进一步成左前探步，左拳前冲拳（攻中段），右拳回收腰侧。（图7–3–30）

动作5：左弓步下格挡。身体左转90°，左脚向E迈进成左弓步，左拳屈肘下截（防左下段），右拳回收腰侧。（图7–3–31）

动作6：左弓步右冲拳。两脚不动，右拳前冲拳（攻中段），左拳回收腰侧。（图7–3–32）

动作7：上步左中格挡。左脚不动，右脚向G移步成右前探步，身体右转，左臂内格挡，拳心向上，右拳回收腰侧。（图7–3–33）

动作8：上步右冲拳。左脚向G迈进一步成左前探步，右拳前冲拳（攻中段），左拳回收腰侧。（图7–3–34）

图 7-3-29

图 7-3-30

图 7-3-31

图 7-3-32

动作9：转身右中格挡。身体向 C 转180° ，左脚向 C 迈进一步成左前探步，右臂屈肘向内格挡。（图7-3-35）

动作10：上步左冲拳。右脚向 C 迈进成右前探步，左拳前冲拳（攻中段），右拳回收腰侧。（图7-3-36）

图 7-3-33

图 7-3-34

图 7-3-35

图 7-3-36

动作11：右弓步右下格挡。以左脚为轴，身体右转，右脚向 E 移步成右弓步，右臂屈肘上抬至左肩，然后向下截拳（防右下段），左拳回收腰侧。（图7-3-37）

动作12：右弓步左冲拳。两脚不动，左拳前冲拳（攻中段），右拳回收腰侧。（图7-3-38）

动作13：上步左上格挡。身体左转，左脚向 D 移步成左前探步，左臂屈肘上架（上段），置于额前，拳心朝外。（图7-3-39）

动作14：右前踢右冲拳。右脚前踢，两臂下截，置于体侧。右腿下落成右前探步，右拳前冲拳（攻中段），左拳回收腰侧。（图7-3-40至图7-3-42）

动作15：转身右上格挡。以左脚为轴，身体右后转，右脚向 F 移步成右前探步，右臂屈肘上架（防右上段），置于额前，拳心朝外。（图7-3-43）

动作16：左前踢左冲拳。左脚前踢，两臂下截，置于体侧。左腿下落成左前探步，左拳前冲拳（攻中段），右拳回收腰侧。（图7-3-44至图7-3-46））

图 7-3-37

图 7-3-38

图 7-3-39

图 7-3-40

图 7-3-41

图 7-3-42

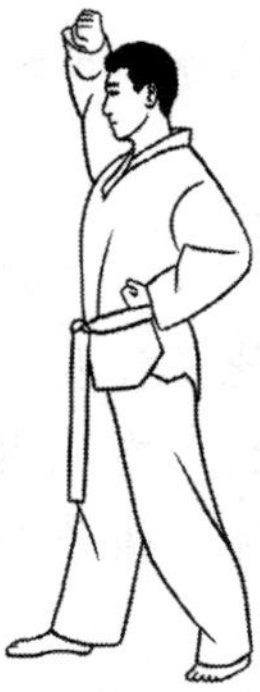
图 7-3-43

图 7-3-44

图 7-3-45

图 7-3-46

动作17：上步左下格挡。以右脚为轴，身体右转，左脚向A移步成左弓步，左臂屈肘上抬至右肩，然后向下截拳（防左下段），右拳回收腰侧。（图7-3-47）

动作18：上步右冲拳。右脚向A迈进一步成右弓步，右拳前冲拳（攻中段）并发声，左拳回收腰侧（图7-3-48）。

收势：以右脚为轴，身体左后转，左脚向后撤与右脚平行，两手握拳屈臂于腹前成准备姿势。（图7-3-49、图7-3-50）

图 7-3-47

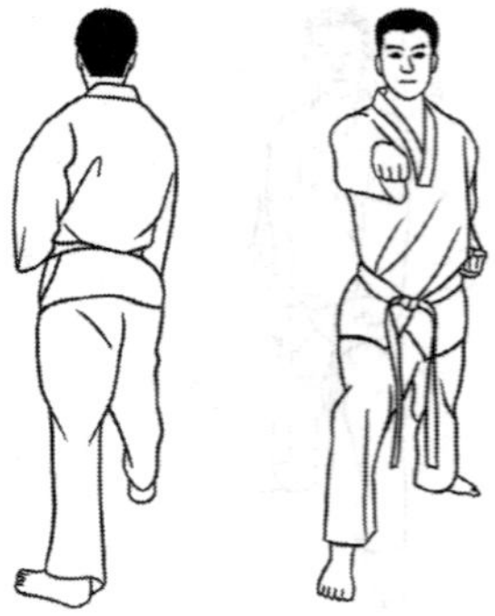

图 7-3-48

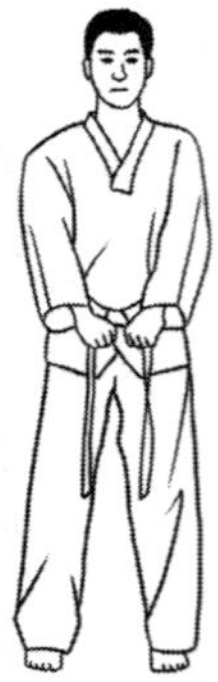

图 7-3-49

图 7-3-50

体育思政园地

跆拳道少年激战无锡——“参加一次比赛，增加一次经验”

“我今天很开心，因为我把教练教员的技术都用出来了。”“参加这次比赛让我开朗了很多。”“参加一次比赛可以让我增加一次经验，对我来说是一种成长。”在无锡经开区太湖国际博览中心参加“奔跑吧·少年”2023跆拳道大满贯道馆赛的孩子们感慨地说。

这次比赛于8月6日开启，虽然为期仅3天，但给这些跆拳道少年们留下的深刻记忆将伴随他们一路成长。

本次比赛设跆拳道竞技、品势、跆舞3个大项，吸引了来自全国21个省（自治区、直辖市）的110支代表队参赛，参赛人数超过2500人，其中年龄最小的只有4岁，不少家庭都是全家出动为小选手加油助威。例如，浙江阳帆道馆此次组建了13人的选手队伍，13个家庭组团出行，从湖州一路自驾来到无锡。道馆教练员介绍，很多孩子是第一次出省参加这么大规模的全国性比赛，所以大家都拼尽全力，拿出了最好的状态，展现出了最优秀的一面。家长们也纷纷表示，这次比赛让孩子开阔了眼界，孩子们通过练习跆拳道，在体能和身体素质等方面都有了明显长进，更是让家长们看在眼中、喜在心间。

跆拳道大满贯道馆赛是无锡重点打造的全国性大众品牌赛事，也是继世界跆拳道大满贯冠军系列赛和世界跆拳道团体世界杯锦标赛之后，当地培育的又一重要跆拳道IP赛事，今年已经是赛事成功举办的第六个年头。赛事长期以来接轨职业赛、专业赛标准，提升硬件配套设施和软性服务保障能力，推动跆拳道大众赛事影响力不断提升，也让众多道馆迎来了更大的舞台和产业发展良机。参加本次赛事的技术官员根据青少年跆拳道爱好者的特点展开执裁，这样的高水平大众赛事不仅可以让孩子们、家长们更好地了解跆拳道运动，也给国内大众跆拳道的普及推广提供了助力。

赛事期间恰逢“体育宣传周”，参赛选手们在赛场喊出了“强健康体魄，弘中华精神”的活动口号，展现了健康向上的跆拳道文化。

（资料来源：《中国体育报》，2023年8月8日，有改动）

第八章
健身与养生运动

第一节　健身走与健身跑

一、健身走与健身跑简介

健身走与健身跑具有运动强度适中、规律性强的特点，运动费用低廉，运动场地易得，适合在普通大众中开展。

健身走与健身跑对场地没有特殊要求，只要空气流通、有足够的活动空间即可。在进行健身走与健身跑时，为了收到良好的健身效果，应选择合适的运动装备。健身走与健身跑应选择透气性、吸汗性较强的服装；运动后贴身衣服如被汗水浸透，一定要及时更换；冬季在锻炼完毕后，应格外注意防风保暖，做好整理活动后不宜在户外久留，以防感冒。

二、健身走、健身跑的基本方式

（一）健身走的基本方式

健身走虽然是一项非常安全的健身项目，但是如果不能很好地把握其锻炼方法和要领，同样也不能收到应有的健身效果，甚至可能会产生一定的副作用。健身走的基本方式主要有慢步走、大步走、快步走、“10点10分”走、倒步走等。

1. 慢步走

慢步走时，手臂向前摆出的高度最好高于心脏水平线，后摆时尽可能向后摆动，身体保持与地面垂直。当左臂向前摆至高于心脏水平线后，右腿尽力向前迈出，两脚站稳后，前腿膝关节弯曲使身体慢慢向下蹲，成前弓箭步，后腿用力蹬直，稍作停留。然后两腿同时用力使身体起来后再迈步，两手配合两腿维持平衡，重复进行。

2. 大步走

大步走迈腿时要适当抬高腿的高度，把脚往远处放。换腿时加强后腿的蹬地力量。注意两臂的摆动，两臂最好是摆到与肩同高的位置，而且不要“甩”，要有控制地摆动。

3. 快步走

快步走行走时要抬头挺胸，手臂大幅度摆动，步伐大，速度快。将身体重心置于踏出的脚上，走时积极活动全身肌肉，有助于减轻腰痛、肩痛以及改善内脏功能。快步走的步幅中等、步频较高、步速较快，以每小时走6千米左右为宜。

4. “10点10分”走

举起两臂如表中的“10点10分”的样子，沉肩抬头，身体挺直，眼睛平视前方。掌心向下，手指要尽量向远处伸直，略微向后背；保持这个姿势以自然步行走。（图8-1-1）

5. 倒步走

上体自然正直，目视前方。左腿支撑，右腿屈膝后摆下落，前脚掌先着地后过渡到全脚掌着地，身体重心随之移至右腿。然后左腿屈膝后摆下落，前脚掌先着地后过渡到全脚掌着地。（图8-1-2、图8-1-3）

图 8-1-1

图 8-1-2

图 8-1-3

（二）健身跑的基本方式

健身跑是采用较长时间、较慢速度、较长距离的有氧运动。在进行健身跑时，只有注意速度、时间和方法等，才能起到增进健康、延年益寿的作用，否则会适得其反。

1. 慢跑

上体正直并略向前倾，使头与身体基本成一直线。前摆腿时，大腿积极向前上方高抬，同时带动髋关节尽量前送，小腿保持放松且自然下垂。腿前摆下落时前脚掌着地，接着向后方尽力蹬伸。脚落地时，注意缓冲，前脚掌先着地，然后过渡到全脚掌着地。

2. 小步跑

骨盆前倾，全身舒展。放松膝关节，两腿交替屈膝抬举，迅速放松下落，小腿顺势前摆，用前脚掌着地，完成“扒地”动作，并迅速伸直踝、膝、髋3个关节。两臂屈肘，配合两腿动作做前后摆动。肩部放松，上臂自然下垂，肘关节的弯曲度略小于直角，两手自然半握拳，前摆时手略向内，后摆时肘部略向外。

3. 倒跑

抬头挺胸，目视前方，两手握拳，贴肘于腰的两侧。高抬小腿，两脚向后的同时将重心向后移。倒跑时要保持头正、颈直、挺胸，目光平视，头也可微微转动，用眼的余光扫视道路，避开障碍物。倒跑时，肩、臂、肘、手的动作要与脚、腿的节奏保持同步。前脚发力迈步，后脚负载全身重量，稳定身体重心，保持平衡。

图 8–1–4

4. 原地健身跑

脚离地20厘米，高抬腿，脚跟轻轻提起落下时脚跟不着地，利用反弹力量，使动作有节奏地进行。两臂自然前后摆动，抬头、含胸、收腹，要求动作放松，呼吸自然、顺畅，鼻吸口呼，吸气要均匀，呼气要充分。（图8–1–4）

体育思政园地

广东潮州举办首届长跑活动

由潮州市文化广电旅游体育局主办的“木棉花开 · 畅跑古城”——潮州市首届“潮州农商银行”长跑活动日前在广济楼前广场起跑，来自全市及周边城市各行各业600多名运动健儿热情参与其中，在奔跑中领略千年古城文化魅力。

此次长跑活动项目分为10公里和5公里健身跑。10公里健身跑路线由广济楼前起跑，途经天水路、北堤顶，到达北关引韩折返，穿过上水门，经过防洪通道、中山路、昌黎路、太平路、天水路回到广济楼终点；5公里健身跑起点、终点同为广济楼前，路线相仿，路程缩短一半。活动围绕古城景点，专门进行线路规划，沿途设置了二十四节令鼓、舞狮、古筝等才艺表演，让参加长跑的运动爱好者，既可以在长跑中强身健体，又能游览富有文化内涵的古城美景，让跑步运动更有乐趣。同时，主办方除了精心规划活动路线外，也为参与者提供各方面保障，营造舒适、安全的跑步环境。

本次长跑活动旨在贯彻落实全民健身国家战略，推动体育和文化旅游的融合，打造专业与大众一体化的体育品牌活动，助力潮州市长跑运动的发展，传播潮州地区人文魅力、地方文旅特色。

（资料来源：《中国体育报》，2023年4月12日，有改动）

第二节 八段锦

一、八段锦简介

八段锦之名，最早出现于南宋洪迈所著《夷坚志》中。现代的八段锦在内容与名称上均有所改变。此功法分为八段，每段一个动作，练习无需器械，不受场地局限，简单易学，节省时间，作用显著。

二、八段锦基本手形、步形

（一）基本手形

拳：拇指抵掐无名指指根节内侧，其余四指屈拢收握。（图8-2-1）

掌一：五指稍分开，微屈，掌心微含。（图8-2-2）

掌二：拇指和食指竖直分开成“八”字状，其余三指第一、第二指节屈收，掌心微含。（图8-2-3）

爪：五指并拢，拇指第一指节，其余四指第一、第二指节屈收扣紧，手腕伸直，手心张开。（图8-2-4）

图 8-2-1

图 8-2-2

图 8-2-3

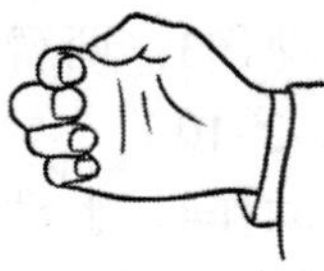
图 8-2-4

（二）基本步形

马步：开步站立，两脚间距为本人脚长的2～3倍，脚尖朝前，两腿屈膝半蹲，大腿略高于水平，膝盖不超过脚尖；两臂自然垂于体侧；上体保持中正，目视前方。（图8-2-5）

并步：两脚并拢，身体直立，脚尖向前；两臂自然垂于体侧；头正颈直，目视前方。（图8-2-6）

开立步：横向开步站立，两脚尖朝前，两脚间距约与肩同宽；两臂自然垂于体侧；头正颈直，目视前方。（图8-2-7）

图 8-2-5

图 8-2-6

图 8-2-7

三、八段锦动作名称与图解

（一）动作名称

两手托天理三焦、左右开弓似射雕、调理脾胃须单举、五劳七伤往后瞧、摇头摆尾去心火、两手攀足固肾腰、攒拳怒目增气力、背后七颠百病消。

（二）动作图解

预备势

动作1：两脚并步站立；两臂自然垂于体侧；身体中正，目视前方。（图8-2-8）

动作2：随着松腰沉髋，身体重心移至右腿；左脚向左侧开步，脚尖朝前，两脚间距约与肩同宽；目视前方。（图8-2-9）

动作3：两臂内旋，两掌分别向两侧摆起，约与髋同高，掌心向后；目视前方。（图8-2-10）

动作4：上动不停，两腿膝关节稍屈；同时，两臂外旋，向前合抱于腹前成圆弧形，与脐同高，掌心向内，两掌指尖相距约10厘米；目视前方。（图8-2-11）

图 8-2-8

图 8-2-9

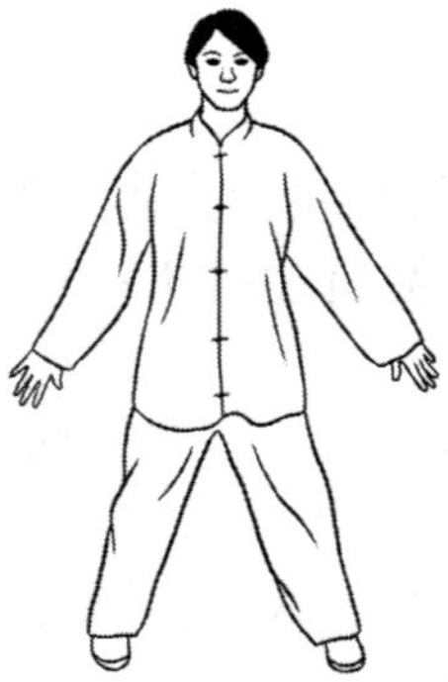

图 8-2-10

图 8-2-11

第一式　两手托天理三焦

动作1：接上式。两臂外旋微下落，两掌五指分开在腹前交叉，掌心向上；目视前方。（图8-2-12）

动作2：上动不停，两腿徐缓挺膝伸直；同时，两掌上托至胸前，随之两臂内旋向上托起，掌心向上；抬头，目视两掌。（图8-2-13）

动作3：上动不停，两臂继续上托，肘关节伸直；同时，下颌内收，动作略停；目视前方。（图8-2-14）

动作4：身体重心缓缓下降，两腿膝关节微屈；同时，十指慢慢分开，两臂分别向身体两侧下落，两掌捧于腹前，掌心向上；目视前方。（图8-2-15）

注：本式上托下落为1遍，共做6遍。

图 8-2-12

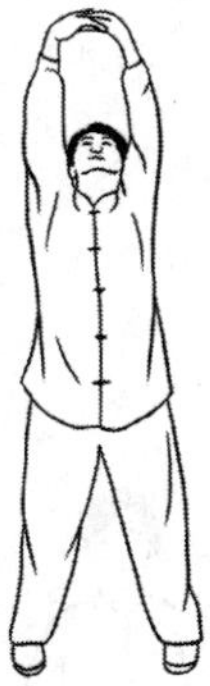
图 8-2-13

图 8-2-14

图 8-2-15

第二式　左右开弓似射雕

动作1：接上式。身体重心右移；左脚向左侧开步站立，两腿膝关节自然伸直；同时，两掌向上交叉于胸前，左掌在外，右掌在内，两掌心向内；目视前方。（图8-2-16）

动作2：两腿慢慢屈膝半蹲成马步；同时，右手成爪，向右拉至肩前；左手成“八”字掌，左臂内旋向左侧推出，与肩同高，坐腕，掌心向左，食指指尖向上，如拉弓射箭之势；动作略停，目视左掌方向。（图8-2-17）

动作3：身体重心向右移；同时，右手五指伸开成掌，向上、向右画弧，与肩同高，指尖向上，掌心斜向前；左手指伸开成掌，掌心斜向后；目视右掌。（图8-2-18）

图 8-2-16

图 8-2-17

图 8-2-18

动作4：上动不停，重心继续右移；左脚回收成并步站立；同时，两掌向两侧下落，捧于腹前，指尖相对，掌心向上；目视前方。（图8–2–19）

动作5至动作8：动作要领同动作1至动作4，唯左右相反。（图8–2–20至图8–2–23）

注：本式一左一右为1遍，共做3遍。第3遍最后一步时，身体重心继续向左移；右脚向右侧开步站立，两脚间距与肩同宽，屈膝下蹲，两掌不变；目视前方。（图8–2–24）

图 8–2–19

图 8–2–20

图 8–2–21

图 8–2–22

图 8–2–23

图 8–2–24

第三式　调理脾胃须单举

动作1：接上式。两腿慢慢伸直，左掌上托，左臂外旋上穿经面前，随之手臂内旋上举至头左上方，肘关节微屈，力达掌根，掌心向上，掌指向右；同时，右掌微上托，随之手臂内旋下按至右髋旁，肘关节微屈，力达掌根，掌心向下，掌指向前；动作略停，目视前方。（图8–2–25）

动作2：松腰沉髋，身体重心慢慢下降，两腿膝关节微屈；同时，左臂屈肘外旋，左掌经面前下落于腹前，掌心向上；右臂外旋向上捧于腹前，两掌指尖相对，相距约10厘米，掌心向上；目视前方。（图8–2–26）

动作3、动作4：动作要领同动作1、动作2，唯左右相反。（图8–2–27、图8–2–28）。

注：本式一左一右为1遍，共做3遍。第3遍最后一步时，两腿膝关节微屈；同时，两臂屈肘，两掌下按于两髋旁，掌心向下，指尖向前；目视前方。（图8–2–29）

图 8-2-25

图 8-2-26

图 8-2-27

图 8-2-28

图 8-2-29

第四式 五劳七伤往后瞧

动作1：接上式。两腿慢慢伸直；同时两臂伸直，掌心向后，掌指向下，目视前方；上动不停，两臂充分外旋，掌心向外；头左后转，动作略停；目视左斜后方。（图8-2-30、图8-2-31）

动作2：松腰沉髋，身体重心慢慢下降，两腿膝关节微屈；同时，两臂内旋按于两髋旁，掌心向下，指尖向前；目视前方。（图8-2-32）

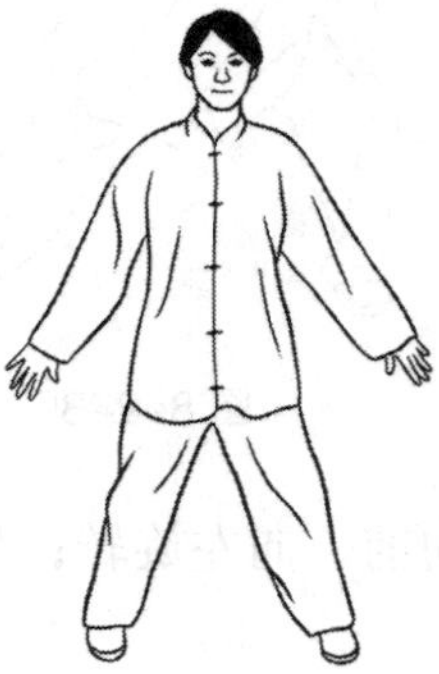

图 8-2-30

图 8-2-31

图 8-2-32

动作3：动作要领同动作1，唯左右相反。（图8-2-33、图8-2-34）

动作4：动作要领同动作2，唯左右相反。（图8-2-35）

注：本式一左一右为1遍，共做3遍。第3遍最后一步时，两腿膝关节微屈；同时，两掌捧于腹前，指尖相对，掌心向上；目视前方。（图8-2-36）

第五式 摇头摆尾去心火

动作1：接上式。身体重心向左移，右脚向右开大步站立，两腿膝关节自然伸直；同时，两掌上托与胸同高时，两臂内旋，两掌继续上托至头上方，肘关节微屈，掌心向上，指尖相对；目视前方。（图8-2-37）

动作2：上动不停，两腿慢慢屈膝下蹲成马步；同时，两臂向两侧下落，两掌扶于膝关节上方，肘关节微屈，小指侧向前；目视前方。（图8-2-38）

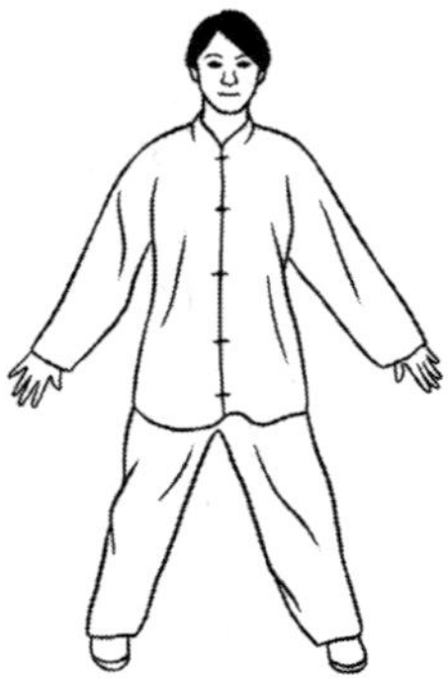
图 8-2-33

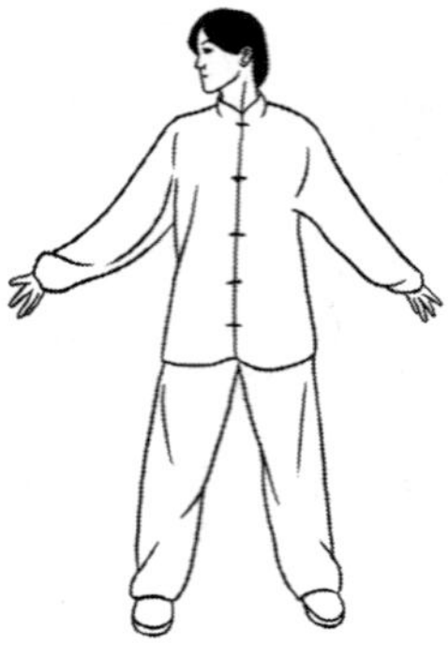
图 8-2-34

图 8-2-35

图 8-2-36

动作3：身体重心向上稍升起，然后向右移；上体向右倾，目视左斜前，随之俯身，低头看右脚内侧。（图8-2-39）

图 8-2-37

图 8-2-38

图 8-2-39

动作4：上动不停，身体重心向左移；同时上体由右向前、向左旋转；目视左脚。（图8-2-40）

动作5：身体重心右移摆尾成马步；同时，头向后摇由右向左约270°，上体立起，随之下颌微收；目视前方。（图8-2-41）

图 8-2-40

图 8-2-41

动作6至动作8：动作要领同动作3至动作4，唯左右相反。（图8-2-42至图8-2-44）

图 8-2-42

图 8-2-43

图 8-2-44

注：本式一左一右为1遍，共做3遍。做完3遍后，身体重心左移，右脚回收成开立步，两脚间距与肩同宽；同时，两掌向外经两侧向上举，掌心相对；目视前方。（图8-2-45）

随后松腰沉髋，身体重心慢慢下降，两腿膝关节微屈；同时屈肘两掌经面前下按至腹前，掌心向下，指尖相对；目视前方。（图8-2-46）

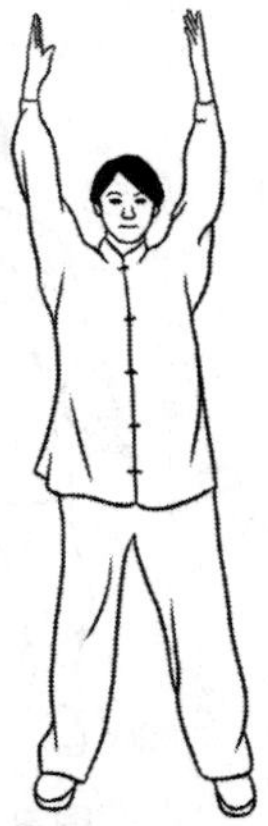
图 8-2-45

图 8-2-46

第六式　两手攀足固肾腰

动作1：接上式。两腿慢慢伸直站立；同时两掌指尖向前，两臂向前、向上举起，肘关节伸直，掌心向前；目视前方。（图8-2-47）

动作2：两臂外旋至掌心相对，屈肘下按于胸前，掌心向下，指尖相对；目视前方。（图8-2-48）

动作3：上动不停，两臂外旋两掌心向上，随之两掌掌指顺腋下向后插；目视前方。（图8-2-49）

动作4：随后两掌心向内沿脊柱两侧向下摩运至臀部，随之上体前俯，两掌继续沿腿后方向下摩运，经脚两侧置于脚面；抬头，动作略停；目视前下方。（图8-2-50）

动作5：两掌沿着地面前伸，随之用手臂带动上体起立，两臂伸直上举，掌心向前；目视前方。（图8–2–51）

注：本式一上一下为1遍，共做6遍。做完6遍后，松腰沉髋，重心慢慢下降；两腿膝关节微屈，两掌向前下按至腹前，掌心向下，指尖向前；目视前方。（图8–2–52）

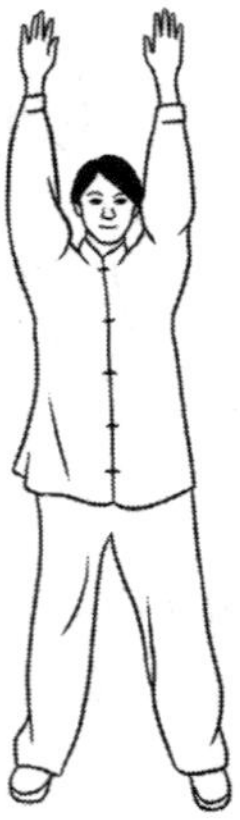
图 8–2–47

图 8–2–48

图 8–2–49

图 8–2–50

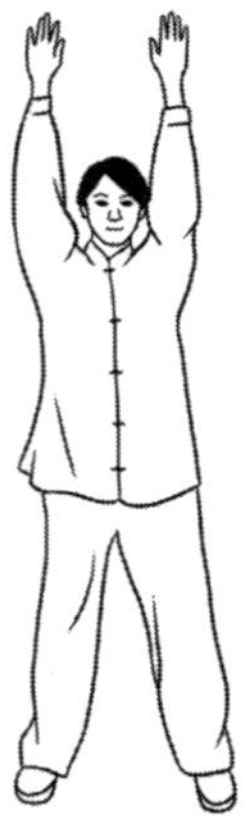
图 8–2–51

图 8–2–52

第七式　攒拳怒目增气力

动作1：接上式。身体重心右移，左脚向左开步，然后两腿慢慢屈膝半蹲成马步；同时，两掌握固，抱于腰侧，拳眼朝上；目视前方。（图8–2–53）

动作2：左拳慢慢用力向前冲出，与肩同高，拳眼朝上；瞪目，看左拳冲出方向。（图8–2–54）

动作3：左臂内旋，左拳变掌，虎口朝下；目视左掌。（图8–2–55）

左臂外旋，肘关节微屈，左臂向左缠绕，变掌心向上后握固；目视左拳。（图8–2–56）

动作4：屈肘，回收左拳至腰侧，拳眼朝上；目视前方。（图8–2–57）

动作5至动作7：动作要领同动作2至动作4，唯左右相反。（图8–2–58至图8–2–61）

注：本式一左一右为1遍，共做3遍。做完3遍后，身体重心右移，左脚回收成并步站立；同时，两拳变掌，自然垂直于体侧；目视前方。（图8–2–62）

图 8–2–53

图 8–2–54

图 8–2–55

图 8–2–56

图 8–2–57

图 8–2–58

图 8–2–59

图 8–2–60

图 8–2–61

图 8–2–62

第八式　背后七颠百病消

动作1：接上式。两脚跟提起；头上顶，动作略停；目视前方。（图8–2–63、

图8–2–64）

动作2：两脚跟下落时先下落到脚掌中间，然后两脚跟下落轻震地面；目视前方。（图8–2–65）

注：本式一起一落为1遍，共做7遍。

图 8–2–63

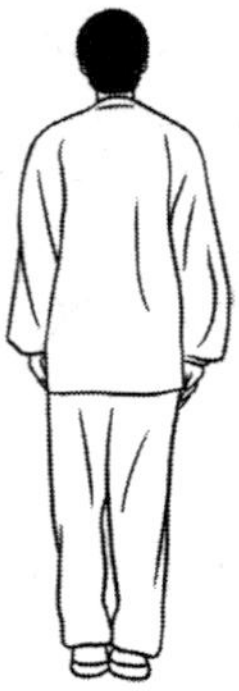
图 8–2–64

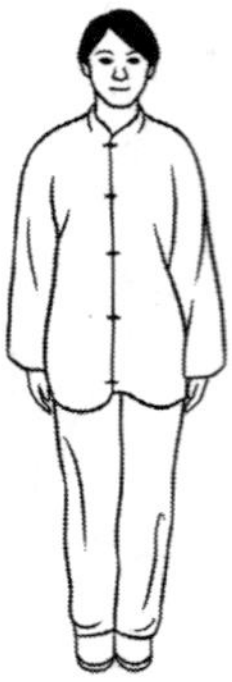
图 8–2–65

收势

动作1：接上式。两臂内旋，向两侧摆起，与髋同高，掌心向后；目视前方。（图8–2–66）

动作2：两臂屈肘，两掌相叠置于丹田处（男性左手在内，女性右手在内）；目视前方。（图8–2–67）

动作3：两臂自然下落，两掌轻贴于腿外侧；目视前方。（图8–2–68）

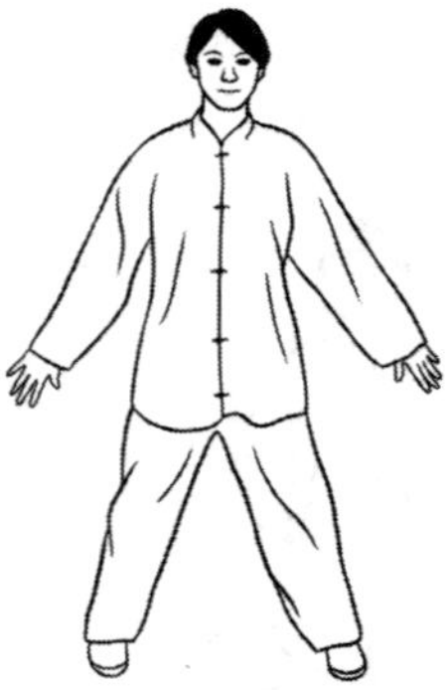
图 8–2–66

图 8–2–67

图 8–2–68

体育思政园地

“全民健身日”主题活动主会场少儿八段锦展演获赞

8月8日，2023年全国“全民健身日”主题活动主会场（国家奥林匹克体育中心）暨中国关心下一代工作委员会健康体育发展中心少儿星计划嘉年华活动在国家奥林匹克体育中心体育场开幕。少儿星计划嘉年华活动是今年国家奥林匹克体育中心主会场重点活动之一，重点关注青少年体育。

随着音乐声响起，少儿八段锦的演出开始了。学生们动作如行云流水、刚柔相济。他们韵律悠扬、呼吸和顺，身姿灵巧流畅、整齐美观，配合着朗朗上口的口令，打出了气势，演出了韵味。北京市八一学校小学部四年级学生的少儿八段锦展演赢得阵阵喝彩。

八段锦是中国古人养生智慧的结晶之一，集武术的健身功效与中医的养生价值于一身，传承千年。少儿八段锦是由北京体育大学博士生导师胡晓飞教授带领其研究生团队，根据少年儿童的身心发展特点，将八段锦抻筋拔骨、呼吸相辅、圆活连贯及松紧结合的特点与青少年喜闻乐见的节奏鲜明、动静结合、发声响亮、易学易练等动作风格相结合设计创编的一套适合孩子学习与练习的健身操。北京市八一学校贯彻新课程标准中提出加强传统文化教育的要求，弘扬中华传统文化，将少儿八段锦融入学生的体育学习与课外锻炼中。

北京市八一学校有关负责人介绍，少儿八段锦是基于八段锦进行的创新，更加适合中小学生进行练习。北京市八一学校一直以来十分重视传统文化教育，一直将热爱传统、传承发扬贯彻在德育工作中。此次展演活动，增强了学生的爱国意识，激发学生的学习探究兴趣，提升民族自豪感。

（资料来源：《中国体育报》，2023年8月8日，有改动）

第九章 新兴体育运动

第一节　街舞运动

一、街舞运动简介

街舞，其英文名称为Hip—Hop，译为“嘻哈”。因为这种舞蹈出现在街头，不拘于场地器械，所以被称为街舞。街舞作为嘻哈文化的主要内容，是兴起于20世纪80年代的美国街头舞者的即兴舞蹈。随着嘻哈文化在世界的普及，街舞也迅速传遍世界。

二、街舞运动的分类

（一）按时代的发展顺序划分

（1）Old School：其包括Locking（锁舞）、Popping（机械舞）、Breaking（霹雳舞）、Wave（电流），为20世纪80年代的街舞风格，音乐节奏较密集。

（2）New School：其产生于 20 世纪 90 年代，在音乐和动作上与Old School都有相当大的改观。New School一般更“温和”，没有大幅度的脚下移动，只增加了许多头部和手部动作，重视的是身体上半部的律动。同样的一段节奏内，New School 显得更多变而流畅，更加崇尚自然流露。

（二）以动作类别为标准划分

（1）Breaking（霹雳舞）：其属于技巧型较高的街舞，要求舞者具有较好的力量、柔韧性和协调性。跳这种类型舞蹈的青少年叫作B-Boy或B-Girl。

（2）Hip–Hop：舞蹈型街舞，包括Popping（机械舞）、Locking（锁舞）、Wave（电流）、Horse（浩室舞）等多种风格。

（三）按舞蹈性质划分

（1）健身性街舞：健身房里的街舞叫作健身性街舞。它是把流行性街舞所涵盖的内容中最基础、最简单，并且有利于身心发展的部分提炼出来组合而成的。健身性街舞从原始街舞中提炼其动作的健身元素，去掉了街舞表演中难度较大、比较危险的地面动作，从而便于健身者的学习。

（2）流行性街舞：与健身性街舞相比技术种类多、技术难度大，要求舞者有较好的力量、柔韧性、协调性和律动性等。流行性街舞更注重技术的创新。

（3）轻器械街舞：在Hip—Hop的音乐伴奏下，结合街舞的基本动作，运用轻器械（如踏板、健身球、篮球、滑轮等）表现的一种运动形式。动作要求体现出对器械合理和充分的运用，并能够正确表现出器械的特点。

三、街舞运动的基本舞步

Locking：锁舞，像上足发条的玩具，当发条转到头时突然停顿的一种舞步。

Popping：机械舞，是肌肉、关节的瞬间停顿，运用身体各部位的肌肉和关节，随着音乐的节拍，加上自己丰富的想象力，创造出令人惊讶的舞步。其属于难度较高的街舞类型。

Breaking：霹雳舞，是一种难度较高的舞步。其大体上可以分为两种类型：用手、头、身体在地上旋转，称为大地板；用肢体在地上踩出复杂变化的脚步动作，加上刁钻的倒立，称为小地板。

Freesstyle：这是一种自由的舞步，它将各种类型的舞蹈混合在一起，随心所欲地表现，没有舞蹈风格的限定，脱离一般舞蹈的规范，可以说是一种个性化的街舞。

Horse：其随着Horse音乐，运用复杂而神奇的步伐表现的一种舞步。它可以加上拉丁舞的扭腰、武术的空翻、踢踏舞的基本步及芭蕾的转圈，跳起来既可以十分优雅，也可以相当狂野。

四、街舞基本组合

（一）初级组合

第一个8拍

步法：1～4拍右脚开始前走4步，5拍顶右肩，6拍顶左肩，7～8拍右、左、右顶肩。
手臂：1～4拍前后摆动，5～8拍屈臂外展。
手型：1～4拍放松打开，5～8拍半握拳。
面向：1点。

第二个8拍

步法：1～2拍左脚前点；3～4拍右脚前点；5～6拍左、右依次侧开腿；7～8拍双膝外展，内收外展。

手臂：1拍双臂前伸；2～6拍放下；7～8拍屈臂外展，内收外展。

手型：半握拳。

面向：1点。

第三个8拍

步法：1～2拍右腿左踢、右踢；3～4拍向后恰、恰、恰；5～8拍同1～4拍，方向相反。

手臂：1拍左臂向左下伸展；2拍右臂向右上伸展；3～4拍双臂体侧伸展；5～8拍同1～4拍，方向相反。

手型：半握拳。

面向：1～2拍、5～6拍1点，3～4拍、7～8拍8点。

第四个8拍

步法：1～2拍吸右腿，3～4拍吸左腿，5～6拍吸右腿2次，7拍左腿向前，7“哒”右腿向右侧分腿，8拍收左脚并腿。

手臂：1拍屈左前臂，3拍双臂下压，2、4拍自然放于体侧，5～6拍屈前臂手掌朝上，7～8拍手臂后伸。

手型：五指分开。

面向：1～6拍1点，7～8拍8点。

（二）中级组合

第一个8拍

步法：1～2拍左腿左侧弓步，3～4拍右腿右侧弓步，5拍左腿后撤弓步，6拍右腿后撤弓步，7～8拍左右顶肩。

手臂：1、3拍双臂交叉，2、4拍双臂侧伸，5～8拍双臂自然下垂。

手型：1～4拍握拳，5～8拍自然放松。

面向：1拍2点，3拍8点，2、4、7～8拍1点，5拍7点，6拍3点。

第二个8拍

步法：1拍右侧上步交叉，2拍分腿“哒”双脚外展，3拍双脚内收“哒”提右膝，4拍双脚并拢，5拍并腿提踵左转髋，6拍反向，7拍左弹踢，8拍右弓步。

手臂：1拍伸左臂，2拍伸右臂“哒”屈臂交叉，3拍外展“哒”打开，4拍放下，5～6拍自然下垂，7～8拍右臂前伸，左臂后伸。

手型：五指分开。

面向：1拍8点，2～4拍1点，5拍2点，6拍8点，7拍1点，8拍7点。

第三个8拍

步法：1拍分腿左、右转髋，2拍吸左腿，3～4拍左转180°并步后撤换脚，5～6拍左转90°并步换脚，7拍左侧弓步，8拍并步。

手臂：1、2、4拍双臂自然下垂；3、5拍打开双臂；6、8拍双臂自然下垂；7拍左臂前伸，右臂侧伸。

手型：五指分开。

面向：1～2拍7点，3～4拍5点，5拍3点，6～8拍1点。

第四个8拍

步法：1～2拍恰、恰步，3拍右侧弓步，4拍左侧弓步，5拍右后弓步，6拍并步，7～8拍分腿。

手臂：1拍屈臂交叉，2拍侧伸，3～4拍屈臂交叉头上，5拍双臂后伸，6拍下垂，7拍右手侧平举“哒”双臂侧伸，8拍双手下交叉。

手型：五指分开。

面向：1～2拍1点，3拍2点，4拍8点，5～8拍1点。

体育思政园地

北京首办街舞公开赛

潮流时尚的音乐，活力四射的舞姿，扣人心弦的比赛……日前，首届北京街舞公开赛在北京市东城区地坛体育馆举行，来自全国各地的大中小学校、街舞俱乐部的350名街舞爱好者齐聚北京，燃情斗舞，尽展风采。

首届北京街舞公开赛不仅是一项竞技体育赛事，也是一场面向大众的群众性体育活动。本次比赛设有少儿组、青少年组和成人组3个年龄组，齐舞和斗舞2个大项。作为北京市体育部门首次面向全国举办的街舞公开赛，本次比赛为广大街舞爱好者搭建了高规格的展示平台，为他们提供挑战自我的机会，并鼓励大家不断创新突破，发掘自身潜力。

本次比赛的参赛选手纷纷表示，赛事不论在组织，还是场地、现场氛围都非常好，给广大街舞爱好者提供了相互交流切磋的平台，通过赛事有了一次展示自我、精进舞技的机会。

（资料来源：《中国体育报》，2023年7月13日，有改动）

第二节 轮滑运动

一、轮滑运动简介

轮滑运动作为一种娱乐项目，早在19世纪末便传入我国，而作为一种体育项目在我国开展，则始于20世纪80年代初。目前，轮滑运动作为竞技体育项目在我国还处于初步发展阶段，但作为一种休闲运动，早已在全国各地普及。轮滑运动是借助机械性轮滑鞋，在路面上展示自己体能与风采的运动，深受青少年的喜爱。

二、轮滑运动安全知识

参与轮滑运动时，应注意安全。轮滑运动的技术特点，主要是移动身体重心，保持身体的动态平衡。滑行时必须使身体重心的垂直投影点落在支撑面内，滑行时一旦失去平衡，应迅速屈膝下蹲，顺势滚翻，进行自我保护。参与轮滑运动时，必须穿戴护具，以免发生意外。每次进行轮滑运动时，都要注意选择好场地，要找一块光滑、平坦的地方，要远离斜坡和山地，远离车辆。在学会急停和控制速度之前，千万不要在人行道和街区内滑行。在台阶及马路沿前要减速，在上台阶时将鞋倾斜一些，像螃蟹一样侧身行走。地上的每一个裂缝、碎石、小树枝都有可能会锁住轮子，有发生意外的可能。如果在这样的地面上，两腿分开可以站得稳一些。能控制速度和制动后，才可以练习下坡。如果是初学者，下坡时还是脱下鞋走，这样比较安全。

三、轮滑运动基本技术

（一）站立姿势

（1）平行站立：两脚分开，间距与肩同宽。两脚尖稍内扣，上体微前倾，双膝微屈。身体重心放在两腿之间，保持身体平衡。

（2）“丁”字形站立：将左脚跟紧靠在右脚的内侧（将右脚跟紧靠在左脚的内侧），使双脚呈“丁”字形。双膝微屈，身体重心稍偏于位置居后的脚上，上体略前倾，抬头，两眼平视前方。两臂在体侧自然打开，以控制身体平衡。

（3）八字站立法：两脚跟靠近，脚尖自然分开，上体稍前倾，两膝微屈，重心在两脚间。

（二）原地移动重心

双脚平行站立。上体向一侧移动，并逐步将身体重心完全移至支撑腿上。待平稳后，上体再向另一侧腿移动，并将身体重心完全移到该腿上。

（三）踏步

身体成站立姿势，上体稍前倾。大腿用力向上抬起，膝关节弯曲。小腿在空中自然放松，身体重心在支撑腿上。踝关节用力控制滑轮的滚动，保持抬腿时身体重心的移动和平衡，两脚交替做踏步动作。

（四）原地抬腿

“八”字站立。一腿微屈上抬，离地5 ~ 10厘米，落地后再抬另一腿，反复进行。

（五）向前“八”字走

两脚“八”字步站立。一只脚稍抬起向前迈出一小步，脚尖向外落地，同时重心迅速跟上，然后另一只脚迈出，交替进行。

（六）横向迈步移动

两脚平行站立。一只脚横迈一步，重心迅速跟上，另一只脚收回靠拢着地。稳定后，向相反方向重复动作。

（七）两脚原地前后滑动

在平行站立的基础上，做一只脚向前一只脚向后的来回滑动练习。两臂前后摆动，像走路一样配合双腿运动。

（八）走步双滑练习

向前“八”字走几步，然后两脚平行并拢，借助惯性向前滑行。反复进行，体会滑行的感觉。

（九）单蹬双滑

两脚“八”字站立。两脚同时向两侧蹬地，形成两脚同时前滑。重心移向左，左腿成支撑腿，右脚再多做一点蹬地动作后迅速收回向左脚靠拢，脚尖稍偏外侧，落地自然成“八”字步，同时重心向右脚上移，左脚开始侧蹬地，重复右脚蹬地后的动作。两脚交替蹬地 5~6 步后，两脚平行并拢，借惯性向前滑行一段距离。

（十）高姿势交替蹬地滑行

在单蹬双滑的基础上，右脚侧蹬地，身体重心移向左脚，成左脚支撑滑行。右脚蹬地结束后放松收腿，当右脚靠近左脚时，身体重心移向右脚，左脚开始蹬地。右脚落地后成右腿支撑滑行，然后收左腿，两脚交替蹬、交替滑行。

（十一）前滑压步转弯

左转弯时，左脚支撑滑行，身体左倾，右脚向侧蹬地后，摆腿越过左脚。在左脚的左前方落地并承接重心滑行，左脚在右脚后侧蹬地，蹬地后前移至左侧落地支撑滑行。右转弯与左转弯动作相同，方向相反。

（十二）“丁”字停止法

当左脚支撑滑行时，右脚横放在左脚后面，使右脚的轮子横向与地面摩擦至停止。这个方法停止速度较慢，动作简单，适宜初学和滑速较慢时使用。如想急停，重量应多压在后脚上。

（十三）“八”字停止法

在获得一定的向前滑行速度后，两脚平行，分开站立，随后脚尖内转，两脚以内侧轮柔和压紧地面。两腿弯曲，上体稍前倾，臀部下蹲，两臂前伸，以维持身体平衡。

（十四）弯道滑行

弯道滑行技术和直道滑行技术有明显的区别。弯道滑行技术特点在于练习者用交叉步滑行。由于向心力的作用，上体不仅前倾，而且还要向左倾。

1. 左脚支撑、右脚连续蹬地的滑行

从站立姿势开始，右脚用外刃蹬地后迅速与左脚并拢，接着右脚再做一次蹬地动作，左脚继续做前外曲线滑行。

2. 在圆弧上做不连贯的交叉步滑行

在圆弧上用直线滑行步法，中间插入弯道交叉步。当左脚有稳定的平衡时，右脚向左脚左侧前方迈一小步；只要右脚有短暂的滑行之后，左脚就迅速从右腿后方收回，同时右脚蹬左脚直线滑进。重复上述动作。

体育思政园地

“全民健身日”前后，轮滑专业队深入社区、走进校园

——“轮”动校园　“滑”出精彩

2022年8月8日是我国第14个“全民健身日”，正在备战杭州亚运会和巴黎奥运会的轮滑队近期开展了众多贴近群众、丰富多彩的全民健身活动，推动项目深入社区、走进校园。

前不久，速度轮滑浙江海宁集训队员赴马桥街道开展了暑期“一心多点”社区教育幸福学堂活动。队员们把速度轮滑运动带给了社区的孩子们，为孩子们普及轮滑知识，指导技术动作，培养他们对轮滑运动的兴趣。活动当天，尽管天气炎热，但队员们都精神饱满，用自己的热情感染着孩子们。他们与孩子们手拉手，耐心地指导滑行动作，看着孩子们的进步，队员们的成就感也油然而生。

集训队员纷纷表示，要以为国争光的志气和勇气，拿道德、风格、干净的金牌为目标，练本领、勇担当，在抓好训练的同时，积极参与社会活动，推出更好的普及课堂，让轮滑运动走进社区，走进校园。

（资料来源：《中国体育报》,2022年8月9日，有改动）

第三节 毽球运动

一、毽球运动简介

毽球俗称踢毽子，起源于我国汉代，盛行于六朝、隋唐时代，是我国一项历史悠久的传统体育运动项目。毽球运动占地面积小，器材简单，男女老少皆宜，目前已经成为我国全民健身运动的重要内容。在群众性毽球活动广泛开展的基础上，我国毽球运动的竞技水平也不断提高，并涌现出一大批高水平运动队。

二、毽球场地、器材

（一）场地

毽球比赛场地采用羽毛球双打比赛场地。

1. 规格

（1）场地长11.88米、宽6.1米。

（2）场地应按平面图画出清晰的界线。较长的两条界线叫边线，较短的叫端线。

（3）连接场地两边线的中点与端线平行的线叫中线，中线将场地分为均等的两个场区。

（4）在中线两侧各画一条与中线平行的线叫限制线，中线至限制线的距离为2米。

（5）距两端线中点两侧各1米处向场外各画一条长为20厘米与端线垂直的短线叫发球区线，发球区线向后无限延长的区域叫发球区。

2. 设施

（1）网柱：网柱安在中线以外，距边线50厘米处。

（2）球网：球网为深绿色，长7米，宽76厘米，网孔2厘米见方；球网上沿缝有4厘米宽的双层白布，用绳穿起，将球网挂在网柱上；球网必须挂在中线的垂直上方，两端距地面的垂直高度必须相等，两端与中间的高度相差不得超过2厘米；球网的中部顶端距地面垂直高度为1.6米（男子）或1.5米（女子）。

（3）标志带与标志杆：在球网的两端，垂直于边线和中线交接处，各系有一条宽4厘米、长76厘米的白色带子，叫标志带；在球网上连接标志带外侧应竖有两根有韧性的杆，叫标志杆，两杆内侧相距6米；标志杆应高出球网上沿4厘米，并用鲜明对比的颜色画上10厘米长的格纹。

3. 要求

场地上空6米以内（由地面计算）和场地四周2米以内不得有障碍物。

（二）器材

毽球的高度为13～15厘米，重量为13～15克，由毽毛和毽垫构成。

（1）毽毛为4支白色或彩色鹅翎成“十”字形插在毛管内，每支羽毛宽3.2～3.5厘米。

（2）毽垫直径3.8～4.0厘米、厚1.3～1.5厘米，由上垫、下垫和毛管构成，毛管高2.5厘米。

（3）毽垫的下垫和毛管连在一起，上垫套在毛管上，上垫和下垫中间套有3层以上硬质薄形皮革或类似材料制成的垫圈。

三、毽球运动基本技术

毽球运动基本技术包括准备姿势、起球、发球和移步。

（一）准备姿势

毽球准备姿势一般分为左右开立站姿和前后开立站姿两种。

1. 左右开立站姿（图9–3–1）

动作方法：两脚左右开立，略比肩宽；两膝略屈，脚跟略提起两臂自然垂直于体侧，两脚保持略动状态。

技术要点：屈膝提踵，上体前倾；两脚保持略动。

错误纠正：直腿、上体直立、脚跟提得过高为常见的动作错误。因此，应在做动作时屈膝，使膝关节得到缓冲，同时注意上体要前倾，脚跟略提，两脚要始终保持略动状态。

伤害预防：充分做好准备活动，提高肌肉温度，避免肌肉拉伤。

图9–3–1

图9–3–2

2. 前后开立站姿（图9–3–2）

动作方法：两脚前后开立，成前后开位站姿；两臂自然垂直于体侧，两脚保持略动状态；上体略前倾，重心落于两脚之间，两眼注视来球。

技术要点：防守时注意后脚脚跟离地，身体重心要向前移随时保持静中带动的状态；屈膝提踵，上体前倾；两脚略动，便于步法的转换。

错误纠正：同“左右开立站姿”。

伤害预防：同“左右开立站姿”。

（二）起球

起球是指球从脚面弹起到最高点的过程。根据起球时接触点的不同，起球包括脚内侧起球、脚外侧起球、脚背起球、腿部起球等。

1. 脚内侧起球（图9–3–3）

动作方法：起球前，两脚自然开立；踢球脚在后，两膝略屈，两臂放松，自然下

图 9-3-3

垂于体侧；起球时，身体重心移到支撑腿上，踢球腿大腿带动小腿，由后向前上方摆动；在摆动过程中，逐渐形成髋关节外张、膝关节弯曲、踝关节内翻的基本姿势；击球的一刹那，脚部击球面端平；击球部位应在脚内侧的中部，击球点一般在支撑腿膝关节前约40厘米处。

技术要点：在接发球时，队员要积极移动，调整好人与球之间的位置，做到一次起球到位；在组织进攻时，要通过积极移动和第一次调整球的机会，处理好人与球之间、传球队员与进攻队员之间的位置关系；在防守快速球、大力量球时，要提高出脚速度；起球全过程应注意柔和、协调，大腿和小腿应完成向前上方的送球动作；注意膝关节向外张，大腿向外转动并略上摆，髋关节和膝关节放松，小腿向上摆，脚放平，用内足弓部位踢球。

错误纠正：踢毽球时用大腿或小腿发力击球为常见的动作错误。因此，应在做动作时用踝关节发力。

伤害预防：要充分做好准备活动，以免对踝关节或膝关节造成扭伤或挫伤。

2. 脚外侧起球

动作方法：起球前，两脚自然开立，两膝略屈，做好准备姿势；起球时，身体重心移动支撑腿上，踢球腿的髋、膝关节内扣，踝关节外翻，使脚外侧尽量与地面平行；击球是利用小腿外翻快速上抬的动作完成的，脚接触球的部位一般在脚外侧面的中部或中后部，击球的高度一般不超过膝关节；当来球较高并快速向体侧后方飞行时，踢球腿的大腿可外转，迅速沿地面向后摆，伸腿插入球下，踝关节自然勾起向外翻转，脚指向体侧，脚外侧面约成水平，身体保持前倾，利用小腿快速屈膝上抬的动作，向体前上方击球。

技术要点：当来球平且快，落在身体两侧或从体侧、肩上向后场飞行时，一定要略侧身，向体侧甩踢小腿，勾脚尖，用脚外侧踢球；要想获得较低的托球点，必须要使支撑脚做适当的弯曲；身体重心应放在支撑脚上，击球点离地面15 ~ 20厘米。

错误纠正：直腿、踝关节外翻、小腿外翻做匀速运动为常见的动作错误。因此，应在做动作时屈膝，膝关节内扣，小腿外翻的速度一定要快，同时当来球较高并快速向体侧后方飞行，伸直腿插入球下时，一定要注意踝关节勾起并外翻，身体保持前倾，切忌绷脚，身体正直。

伤害预防：要充分做好准备活动，以免对踝关节或膝关节造成扭伤或挫伤。

3. 脚背起球

动作方法：起球时，一只脚支撑身体，另一只脚主动插入球下，脚背与地面基本成水平状态；当球快落到脚背上时，利用适度的伸膝和踝关节背屈的协调用力的勾踢动作，把球向上踢起；击球部位在脚的跖趾（脚面上接近脚趾的部分）关节处，击球点离地面10 ~ 15厘米，击出球的方向、弧度和落点可通过脚背的变化和踝关节背屈勾踢的程度来调整。

技术要点：脚背踢球，一般用正脚背，要注意绷脚尖和抖动脚踝发力击球；击球点离地面10 ~ 15厘米。

错误纠正：勾脚尖或用大、小腿发力击球是常见的动作错误。因此，应在做动作时绷脚尖、抖动脚踝发力击球，同时注意抖动脚踝发力击球的速度不要过快或过慢，以免影响踢球的质量。

伤害预防：要充分做好准备活动，防止在抖动或接球的过程中扭伤脚背及踝关节。

4. 腿部起球（图9-3-4）

图 9-3-4

动作方法：以右腿为例，左腿支撑身体；当来球飞近大腿时，重心移到支撑腿上，踢球腿自然屈膝，大腿带动小腿由后向前上方快速抬起，用大腿的前1/3处击球，抬腿力量的大小应根据起球的速度和落点加以控制；击球后，踢球腿立即放下，准备衔接下一个动作；腿接触球时与地面保持一定的角度，形成良好的反射角。

技术要点：左腿支撑身体，右腿屈膝，大腿带动小腿上提，膝关节略低于髋关节，用大腿的前半部分（主要由膝关节发力）起球。

错误纠正：直腿、小腿主动发力击球为常见的动作错误。因此，应在做动作时自然屈膝，大腿带动小腿发力击球，同时注意要用大腿的前半部分击球，以便达到击球目的。

伤害预防：充分做好腿部和髋部的准备活动，以免扭伤髋关节，拉伤腿部肌肉。

（三）发球

发球是比赛的开始，也是一项进攻技术。发球的时候可采用盯人、找空、压后、吊前等手段发出各种战术球，以达到破坏对方防守、组织进攻或直接得分的目的。根据发球时身体与球网的关系，以击球接触角的位置不同，发球有脚内侧发球、脚背正面发球、脚外侧发球。

毽球发球技巧如下：

（1）脚内侧发球时，要抬大腿带小腿，用内足弓部位向前上方送髋推踢。其特点是既稳又准，破坏性强。

（2）脚正背发球时，要注意绷脚尖，用正脚背向前上方发力挑踢。其特点是平、快、准。

（3）脚外侧发球时，要注意稍侧身站位，绷脚尖，用脚外侧发力扫踢。其特点是既快又狠，攻击力强。

（四）移步

移步是利用脚步动作，根据来球的距离远近、球速快慢，采用各种不同的步法，使身体接近球的落点，以便能及时准备地触击球。

四、毽球运动基本战术

毽球运动基本战术分为进攻战术和防守战术。

进攻战术是为了将高于网上沿的毽球直接攻入对方场区而采取的行动。进攻战术根据阵容配置可分为“一二”配备、“二一”配备和“三三”配备。

（1）“一二”配备：3名上场队员中有1名主攻手、2名二传手。运用此阵容配备时，主攻手一般不参与接发球，2名二传手交替接发球和做二传。

（2）“二一”配备：3名上场队员中有1名主攻手、1名副攻手和1名二传手。“二一”配备中，主攻手一般也可以不参加接发球，由副攻手、二传手互换接做二传。

（3）“三三”配备：3名上场队员中都是攻球手又是二传手。“三三”配备场中队员接球站位一般成倒三角形，任何一名队员接到球后随时都可以组织2人以上同时参与进攻的战术打法。

防守战术是比赛争取得分的关键战术，也是缓解对方进攻的最好方法，从而为反击得分创造有利条件。防守战术根据阵容配置可分为“弧形防”配备、“一拦二防”配备、“二拦一防”配备、“拦—堵—防”配备。

（1）“弧形防”配备：3名队员在中场成小弧形的站位防守。“弧形防”阵形是在对方的攻球威力不大时采用。

（2）“一拦二防”配备：在场上3名队员中，1名队员在网前拦网，另2名队员分别在其两侧分区防守。“一拦二防”这种封线分防的特点是有两道防线，网上拦网封线路，网下中场防落点，拦防结合，利于反击。

（2）“二拦一防”配备：就是在场上3名队员有2名队员在网前拦网，另一名队员在其中后方防守。“二拦一防”这种封线补防的特点是网上拦网封线路，网下中场补空缺，具有明显的网上拦网优势。

（3）“拦—堵—防”配备：1名队员在网前拦网，1名队员在侧面往后堵击，1名队员在中后场防守。“拦—堵—防”这种封堵联防构成三道防线，具有拦、堵、防结合，既可以互相补缺又可以灵活机动应变的特点，是目前比较理想的防守阵容。

体育思政园地

承德全民健身大会毽球比赛开赛

日前，由承德市体育局、双桥区人民政府主办，双桥区教育和体育局承办的河北省承德市首届全民健身大会毽球比赛暨双桥区第三届职工毽球赛在承德市汇水湾学校公共体育馆开赛，来自该市24支代表队的200余位选手同场竞技，展开了为期两天的激烈角逐。

本次比赛为网毽三人赛。选手们在赛场上精神抖擞、密切配合，控制毽球往来穿梭。抬腿、跳跃、屈体、转身……选手们或精彩进攻，或惊险防守，赢得观众阵阵喝彩。

承德市体育局相关负责人表示，办好这次比赛对于促进承德毽球运动发展将起到积极推动作用。

目前，承德市正在开展首届全民健身大会，以贯穿全年、覆盖四季的全民健身活动为良好开端，以“健康承德韵动热河”为主题的全民健身大会将坚持“无年龄障碍、无职业障碍、无城乡障碍”，贴近该市广大群众的健身爱好，激发运动热情，最大限度带动群众参与，实现全民健身、全民健康、全民共享。

（资料来源：《中国体育报》，2023年8月8日，有改动）

第四节 棒、垒球运动

一、棒、垒球运动简介

棒、垒球，有人会认为是同一种球类项目，其实，棒、垒球是棒球和垒球的简称，因其比赛形式、规则极其相似，故经常被合称为“棒、垒球”。

（一）棒球运动

棒球是球类运动项目之一，是以球棒击球进行攻守对抗的竞技项目。棒球最早起源于15世纪的板桨球，后来传到美国。1839年，美国纽约州古帕斯敦举行了首次棒球比赛。1938年，国际棒球联合会成立。1978年，国际棒球联合会得到国际奥委会的承认。1979年，中国棒球协会在北京成立。1992年，棒球被列入奥运会比赛项目。国际棒球联合会的主要赛事有奥运会棒球比赛、世界棒球锦标赛等。

（二）垒球运动

垒球是从棒球演变出来的，起源于19世纪80年代的美国芝加哥。1933年，正式命名为垒球。1959年，女子垒球正式列为中国全国运动会的比赛项目。1996年，女子垒球被正式列为奥运会比赛项目。垒球的最高组织机构国际垒球联合会，成立于1952年9月，总部设在美国俄克拉荷马。国际垒球联合会的主要赛事有奥运会垒球比赛、世界垒球锦标赛等。

二、棒、垒球运动基本技术

（一）进攻技术

棒、垒球运动进攻技术主要有击球、跑垒和滑垒。

（1）击球：有持棒挥击和持棒触击两种方法。击球员双手握棒，手指第二关节对齐。（图9–4–1）挥击时，双手靠拢，前肘离身，前臂拉平，后肘不宜过于贴身；挥棒时前脚伸踏不要过大，以免影响挥棒的准确性。挥棒力量主要靠后蹬、转体、拉臂、甩腕。（图9–4–2至图9–4–8）

（2）跑垒：击球员击出球后，在守方队员未接到球的瞬间，立即上垒，抢垒位。

（3）滑垒：跑垒员身体贴地面滑动的占垒动作，有侧身倒地滑垒和俯冲倒地滑垒。滑垒共有4种姿势：单脚冲前坐势滑进；双脚冲前，单脚勾垒；双脚冲前从垒侧滑过后，翻身用手抓垒；双手冲前，用腹部滑进触垒。

图 9–4–1

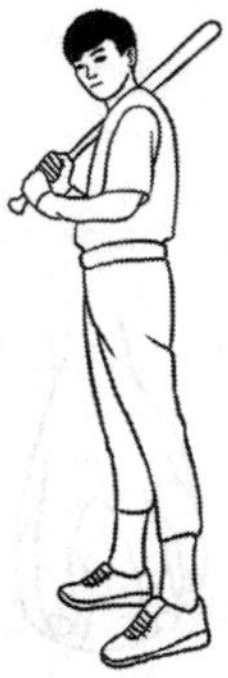
图 9–4–2

图 9–4–3

图 9–4–4

图 9–4–5

图 9–4–6

图 9–4–7

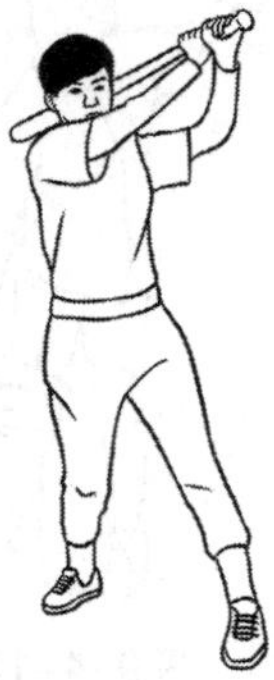
图 9–4–8

（二）防守技术

棒、垒球运动防守技术包括接球、传球、投球、触杀、封杀和追杀。

（1）接球：面向本垒，两脚左右开立，两手置于胸前，目视来球。一般用双手接球。（图9–4–9、图9–4–10）

（2）传球：以食指、中指和拇指持球，掌心不触球。传球有肩上传球、体侧传球和低手传球。（图9–4–11至图9–4–15）

（3）投球：一般采用身体正对击球员的正面投球和身体侧对击球员的侧面投球两种投球姿势。球出手时，通过手指、手腕的压、拧、拨等动作，可投出不同性能的曲线球、直线球、变速球、飘球和下坠球。投球有肩上高压、低肩侧投、低手3种投球动作。

（4）触杀：守备员持球碰触离开垒位的跑垒员使之出局。

（5）封杀：守备员持球，在跑垒员进垒或退垒到达垒位前，先触及垒位或对跑垒员进行传杀，使之出局。

（6）追杀：守场员追赶离开垒位的跑垒员并用持球手碰触跑垒员，使之出局。

图 9-4-9

图 9-4-10

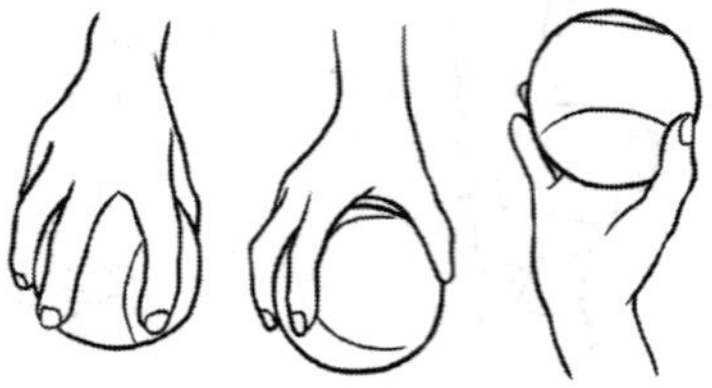

图 9-4-11

图 9-4-12

图 9-4-13

图 9-4-14

图 9-4-15

三、棒、垒球运动基本战术

（一）进攻战术

进攻战术一般按照全队所规定的战术及教练员临时的战术暗号进行。棒、垒球运动常见进攻战术如下。

（1）观察：投手投来的第一个球，不击，以观察投手的动作及实力。

（2）积极迎击第一个球：达到攻其不备的目的。

（3）击出高远球：准备牺牲自己促使同队进垒得分。

（4）打带跑：把球击到一垒跑垒员身后的空隙地带，使其他跑垒员安全进到二垒或抢到三垒，破坏对方企图制造双杀的机会。

（5）跑了再打：跑垒员先偷垒，击球员随后击球。

（6）触击牺牲打：击球员用触击将球击向一垒（或三垒），击出地滚球引诱守队“杀”一垒，击球员牺牲自己，使同队进垒或返回本垒得分。

（7）一、三跑垒员双偷垒：制造三垒跑垒员返回本垒得分机会，应注意避免互相冲撞和钉鞋伤人。

（二）防守战术

防守战术须全队密切配合，及时移动补位和进行掩护，以防止攻队进垒或得分。棒、垒球运动常用的防守战术如下。

（1）接球后传一垒封杀击跑员。

（2）双杀：接球后传到最近垒位封杀跑垒员，随即传球到一垒封杀击跑员造成双杀。

（3）夹杀：守队互相配合传球，截杀在垒间的跑垒员，逼赶跑垒员退回原垒并乘机在垒间触杀之。

（4）防止双偷垒：由接手指挥行动，由游击手、二垒手或投手作中间策应拦截接手传二垒的球，再传回本垒，截杀三垒跑垒员。如三垒跑垒员不抢回本垒，即由守二垒的队员接球，截杀一垒跑垒员。

（5）配球：投手针对击球员不同的弱点，投出不同的球，如快速球、变速球、曲线球或下坠球等，使击球员无法击中来球，造成出局。

（6）缩小防圈：为了防止击球员采用牺牲触击球战术，缩短防守距离，明确本垒前各区有人负责截接球，其余各队员应移动补位防守。

体育思政园地

国家棒球队参观周恩来邓颖超纪念馆

正在天津集训的国家棒球队运动员、教练员日前参观了周恩来邓颖超纪念馆。中国棒球协会全体人员一并赴天津参观学习。

在本次参观学习期间，全体党员重温了入党誓词。通过参观学习，大家深切体会到革命先辈为追求真理不懈探索、为民族解放不怕牺牲、为人民幸福鞠躬尽瘁的初心，深刻感受到中华民族在站起来、富起来、强起来的过程中经历的伟大斗争的艰苦、取得的伟大胜利来之不易，深刻领悟到只有中国共产党的正确领导，才能团结带领全国人民上下齐心，实现中华民族的伟大复兴。

中国棒球协会领导表示："带领大家重温红色历史，聆听伟人故事，是引导青年党员接受爱国主义教育、汇聚奋进力量的非常宝贵的机会。国家队队员们要磨砺作风，加强作风建设，团结一心，扎实备战，力争在杭州亚运会上打出让全国人民满意的比赛。"

（资料来源：《中国体育报》，2023年7月13日，有改动）

第五节 拓展训练

一、拓展训练简介

拓展训练是在设定的情景或特定的环境条件下，以身体活动为主要载体，以游戏为主要活动形式，以提高身体健康水平、心理健康水平和社会适应能力进而完善人格的一种体验式学习模式。拓展训练又称外展训练（Outward Bound），原意为一艘小船驶离平静的港湾，义无反顾地奔向未知的旅程，去迎接一次次挑战。拓展训练对个体是一种体验式学习，对团体是一种有效的培训，通过精心设计的活动达到“磨炼意志、陶冶情操、完善人格、熔炼团队”的目标。

二、拓展训练经典项目介绍

（一）信任背摔

【项目类型】个人挑战与团队配合项目。

【项目概述】信任背摔是一个个人挑战与团队配合的项目。实施时，所有学生依次站到背摔台上，背向大家倒下来，下面学生用手臂将他接住，团队的每一个人都要参与。

【项目场地】一块平整的场地。

【项目器材】

（1）背摔台1个，约150厘米高。

（2）捆手布2～3条，约50厘米长。

（3）体操垫1块。

【人员要求】10人以上。

【项目目标】

（1）克服心理恐惧。

（2）活跃集体气氛，增强团队凝聚力。

（3）增强相互信任和理解。

【项目组织】

（1）台上学生：双手胸前交叉绑住，双脚并拢，头部微含，身体保持紧张状态。脚跟出台边1/3，发出口令：“准备好了吗?”听到确切的回答后大声数“1、2、3”后倒下来。

（2）台下学生：两两相对，双手平伸，掌心、肘窝向上，指尖触及对面学生肩膀，双臂微屈绷住，臂膀平行交错。右脚前弓步，脚内侧与对面学生接近，上体保持正直，头向后仰，两眼注视台上学生的后背，相邻学生双肩相靠形成一个整体，根据台上学生倒的方向及时调整。当台上学生发出口令后，台下学生齐声回答：“准备好了!”接住台上学生后，先放脚，帮助其站直。

【注意事项】

（1）所有学生取出身上所有的硬物，长发学生把头发放在衣服内，戴眼镜的学生要把眼镜摘掉。

（2）教师要对疲劳的学生进行调换。

（3）如身体不适，体重过重，有腰部疾病、高血压等症状的要事先告诉教师。

（二）穿越电网

【项目类型】团队配合项目。

【项目概述】实施穿越电网项目时，在规定的时间之内，所有学生都要依次从网洞中通过。从网的一边到达另一边，中途任何人不得触碰电网，每个网洞只有一次使用机会。网洞数量要多于学生数量。

【项目场地】在相对开阔的地带，选择两棵主干高2米以上的树，或有同样高度的其他支撑物。

【项目器材】一张4米宽、1.6米高的绳网（绳网上有15～20个高低、大小、形状各不相同的网洞），最小的网洞可勉强通过比较瘦小的学生。

【人员要求】15人左右。

【项目目标】

（1）增强相互合作的团队精神。

（2）体会精细操作的重要性。

（3）认识每个人在团队中的角色及其作用。

【项目组织】

（1）前面是一张无限延伸的“高压电网”，只能从网洞中通过。

（2）所有人不得在网的两侧帮忙送人，过去的人不可以回来帮忙。

（3）每个网洞只准使用一次。

（4）任何人、物体不得触网，不得用任何工具随意改变网洞的形状，否则该网洞作废。

（5）在整个活动中，如出现危险动作，教师应及时制止。

（6）如学生进行抬人作业，应告知被抬的学生不能面部朝下，另外要求学生在放下被抬的学生时应首先将其脚放下。

【注意事项】

（1）可用网洞数量一般为$n+1$个（n=学生人数）。

（2）教师在项目中应向人少的方向移动。

（3）封网洞时要轻而快，不要影响项目的进行。

（三）高空单杠

【项目类型】个人心理挑战项目。

【项目概述】高空单杠是拓展训练中一个以自我挑战为主的项目，属于高空高难度项目，整个过程需要独立完成。项目要求每名学生独自爬上一个9米高的高台，并在直径仅为25厘米的圆盘上站立，然后从圆盘上奋力跃出，去抓住横在空中的单杠。

【项目场地】基地综合训练架。

【项目器材】10.5毫米主绳2条，带锁铁锁8枚，40厘米绳套4条，下降器2枚，安全带5条，安全帽2顶，手套4双。

【人员要求】10人以上。

【项目目标】

（1）克服心理障碍，增强自我控制能力。

（2）建立自信心，增强判断力。

（3）通过相互鼓励、相互保护的活动，亲身体验相互信任、相互负责的团队精神。

【项目组织】

（1）集合学生至场地，宣布项目名称和活动方式，要求每人都要做。

（2）讲解器材的使用（安全带和安全帽）。

（3）要求学生轮流攀到跳台，屈膝，准备好以后，奋力跃出双手抓向单杠。

（4）向参与保护的学生讲解安全要求及规范的动作，要求学生与保护者之间用口令呼应。

（5）调整单杠远近。

【注意事项】

（1）检查主绳及绳套是否完好无损。检查安全带、安全帽有无损坏。

（2）每根主绳的保护者应为3人。训练开始后，训练架下场地，学生不得停留或走动；上下未经口令呼应时不得操作。

（四）盲人方阵

【项目类型】团队合作项目。

【项目概述】盲人方阵是一个以团队挑战为主的项目。该项目主要凸显有效沟通的重要性。首先，每名学生都戴上眼罩并围站成一圈，教师给学生一根或几根长度合适的绳子。其次，教师要求团队将绳子分别摆放成各种形状，如正三角形、正方形等。同时，所有的学生均匀分布在多边形的边上。

【项目场地】一块平整的场地。

【项目器材】30个眼罩，25米长的绳子1根。

【人员要求】20人左右。

【项目目标】

（1）使学生了解领导在实现团队目标过程中的重要性，并了解策划、组织、协调是实现目标的重要手段。

（2）培养学生科学的思维方式和对知识的运用能力，学习特殊情况下完成任务的合作方式。

（3）使学生了解有效的沟通是实现团队目标的必要条件，培养学生的沟通意识，提高其沟通技巧。

（4）使学生理解角色定位及尽职尽责完成本职工作的重要性。

【项目组织】在学生蒙上眼睛后，让每名学生原地转3圈，再向前走5步。然后教师将一捆缠绕在一起的绳子交给团队中的一位成员，要求团队在40分钟之内利用这捆绳子组成一个最大的正方形；团队中所有成员相对均匀的分布在4条边上；在项目没有完成之前不许解开眼罩。

【注意事项】

（1）要求地面平整，周围没有障碍物。给学生讲清楚安全要点，监督学生安全操作，保证学生的安全。

（2）学生戴上眼罩后严禁背手行走，严禁打闹疯跑，严禁蹲坐在地上。

（五）空中断桥

【项目类型】个人心理挑战项目。

【项目概述】这个项目是拓展训练经典项目之一，是在距离地面8米的高空搭起一座独木桥，而这个独木桥的中间却是断开的，间距1.2米～1.4米，要求所有学生爬上8米高的独木桥后，从一侧迈到另一侧，再从另一侧迈回来，最后原路返回。要求学生完成两次跨越。

【项目场地】基地综合训练架。

【项目器材】10.5毫米主绳3条，带锁铁锁3枚，钢锁5枚，上升器1枚，安全带4～5条，安全帽2顶。

【人员要求】不限。

【项目目标】

（1）克服心理障碍，增强自我控制能力。

（2）建立自信心，增强判断力。

（3）学习换位思考。

【项目组织】

（1）集合学生至场地，宣布项目名称和活动方式。

（2）讲解器材的使用：安全带、安全帽、上升器。

（3）讲解动作要点：跃出前要将起跳脚探出脚尖，再将保护绳向前打，然后跃出。

（4）学生到桥上先站稳，然后由教师为其扣上保护绳铁锁，再摘去上升器铁锁。

【注意事项】

（1）要检查安全带穿戴情况。

（2）必须使用安全帽和上升器。

（3）不可先摘上升器再扣保护绳。

（4）如学生极度恐惧不敢跃出，教师可先跃到对面增强学生信心，甚至以手拉扶学生，但学生返回时一定要求学生自己完成。

体育思政园地

国家游泳队拓展训练着力培育团队精神

为了在大赛前夕增加团队的凝聚力，提升和强化个人心理素质，培养队员遇到困难努力克服、不轻易认输的精神，同时也能在辛苦备战的同时放松心情，日前国家游泳队昆明集训组在国家队领队和教练员的带领下，来到了海埂国家体育训练基地东侧的大自然风情园，开展了一场户外拓展训练。虽然阴雨连绵的天气带来了些许寒意，但却队员们参加活动的热情丝毫未减，并且在拓展训练中收获颇丰。

此次拓展训练，根据运动队的需求与特点，在保证队员安全的情况下，精心设计了多款项目和游戏，如高空断桥、高空抓杠、巨人天梯、信任后倒、电网、攀岩墙、鳄鱼潭、合力过桥、团队墙等等。通过完成一系列的项目，队员们突破了自己，磨练了意志，增强了对团队的归属感，认识到注重沟通、相互信任、团结协作才能成为一支高效、出色的团队。

“女战神”刘湘在拓展训练中感受颇深：“我们想要顺利地完成一个项目，单靠个人单打独斗是肯定不行的。只有和队友之间互相信任、互相帮助、取长补短，做到真正的团队合作，我们才会进行得更顺利。就像在赛场上，我们团队是一体的，成员之间要互相鼓励、互相配合，不能有任何一个环节出现差错。我们国家游泳队能在国际舞台上增光添彩，离不开团队中每个人的通力协作，缺一不可！”

“高空抓杠”项目中，有的队员略有胆怯，最终却都勇敢一跃。在“团队墙”环节，站在最下方的队员必须坚持住，用强烈的信念托起大家，而先上的队员也需要合力拽起未上去的队员。整个过程中，队员们目标一致、甘当人梯，你托我拽，在有限的时间内，团结一心、相互扶持，最终每个队员都成功完成了任务。

初出茅庐的杨浚瑄在拓展活动结束后坦言：“很荣幸能跟随国家游泳队参加团建户外拓展训练营的活动，刚开始新奇的游戏活动让我们感觉新颖有趣、乐趣横生，随着活动进行下去又让我们意识到了团队精神和团结的力量。一系列的拓展练习给我们带来无限的乐趣，同时激发了队员们互帮互助和团结友爱的精神，我们都是一家人！”

（资料来源：《中国体育报》，2018年5月29日，有改动）

第六节　定向越野

一、定向越野简介

定向越野是一种借助地图、指北针或其他导航工具，在一个设定的范围内，通过途中的各种障碍，快速到达各个目标点位，并且完成各个点位任务，最后到达终点的运动。定向越野能够锻炼参与者的身体素质、心理素质、团队配合能力，提升参与者面对困难和挑战的信心。

二、定向越野的场地

（一）比赛区域的地形

地形是地物和地貌的总称。地物是指地面上的固定性物体，如居民地、建筑物、道路、河流、树木等。地貌是指地面的高低起伏状态，如山地、丘陵、平地、洼地等。由于地形对定向越野比赛的难易程度和用时长短有较大的影响，因此要根据比赛需要选择地形。

（二）对比赛区域的要求

（1）比赛区域要有与比赛的等级相适应的难度，并保证它能够使参赛选手充分发挥自己的定向越野技能。

（2）比赛区域必须是所有选手都不熟悉或不太熟悉的，至少应防止赛区当地的选手在比赛中获得明显的好处。为保证这一点，有的国家规定，3年内不得在同一地点举行第二次比赛。

（3）比赛区域的选择与确定在赛前必须严格保密。通常情况下，合格的定向越野比赛区域应具备下列特点：中等起伏的森林地，植被适度；地形变化多样的有限通视地域、生疏的人烟稀少地区。当然，在组织一般的定向越野活动时，城市公园、近郊区以及未耕种或未长成的田地也是可供选择的地点。

（三）起点和终点

定向越野比赛的起点与终点最好设置在同一处，这样能方便比赛的组织工作。起点与终点一般设在地势平坦且面积足够大（与比赛规模相适应）的开阔地上。通往终点的路段要平坦且有足够的长度，这样才能让裁判员与观众看清楚跑回来的运动员。

（四）比赛路线

定向越野比赛路线通常按环形设计。定向越野比赛路线的距离只是个相对准确的数字，因为它是按从起点经各检查点至终点的图上最短水平距离计算的。比赛路线的距离一般要根据参赛运动员的水平和比赛时间确定。比赛路线的设定既要有可选择性，使运动员能够根据自己的能力对前进的方向和路径进行选择；还要有可判读性，只有这样才能迫使运动员依赖识图、用图的能力参加比赛，体现出定向越野的特点。

三、定向越野器材

（一）号码布

号码布一般尺寸不超过24厘米×20厘米，号码数字的高不小于12厘米，字迹要清晰，字体要端正。正规的比赛还要求将号码布佩戴于队员前胸及后背两处。

（二）指北针

指北针多由组织者提供，如要求自备，则可能会对其性能、类型做出原则上的规定。目前已出现的指北针类型主要有简单式、液池式、透明式、照准式和电子式。

（三）检查卡片

检查卡片主要用于判定运动员的成绩。检查卡片用厚纸片制成，分为主卡和副卡两部分。主卡由运动员在比赛中携带，并按顺序将每个检查点的点签图案印在空格中，到达终点时交裁判人员验证。副卡在出发前交工作人员留底和公布成绩时使用。检查卡片的尺寸一般为21厘米×10厘米。若规定比赛完毕必须交回地图，可以将检查卡片的内容直接印在地图空白处，样式可自行确定。

（四）地图

地图是定向越野最重要的器材，它的质量的好坏直接影响到运动员比赛的成绩和关系到比赛是否公正。对国际定向越野图的最基本的要求是。

（1）幅面的大小：根据比赛区域的大小确定，赛区以外的情况不必表示。

（2）比例尺：通常为1：1.5万或1：2万，当需要时也可采用1：1万或1：2.5万。

（3）等高距：通常为5米，当需要时也可采用2~10米，但在一幅图上不得使用两种等高距。

（4）精度：至少要使以正常速度奔跑的运动员没有任何不准确的感觉。

（5）内容表示的重点：详细表示与定向和越野跑直接相关的地物、地貌。要利用颜色、符号等，详细区分通行的难易程度。

（6）检查点标志：检查点用于检验运动员是否按规定跑完全程，为此，应设置专门的标志。检查点应在地图上准确地标示出来。

（7）点签：点签是与检查点配合而起作用的，它提供给运动员一个到达位置的凭据。点签的样式很多，但最常见的还是印章式和钳式。

四、基本定向越野技能

（一）标定地图

标定地图是最重要的定向技能，在定向越野中，只要看地图必须先标定地图，即保持地图方位与实地方位一致。在跑动中要经常检查指北针的北端是否与地图上的磁北方向一致。如果不一致立即转动身体（而不是转动地图）使磁针北端与地图磁北方向相一致。

（二）明确出发点的图上位置和目标点的方位

定向越野每次出发时（包括途中每一段落出发），首先，必须判明出发点的图上位置、明确前进方向和目标点。其次，标定地图，选准前进方向，向目标点进发。记住：在前进过程中，还要随时明确自己的站立点在图上的位置及将要到达的目标点的方位，养成“人在地上走，心在图上移”的习惯。

（三）超前读图和概括地形

阅读地图时要面朝目标前进方向，判读图中正前方、左侧、右侧的地形特征，超前读图要提前思考，明确自己下一步将要到达的地点，记住沿途将要路过的明显地形特征，行进中要边读图边对照实地地形。阅读地图时还要注意通观全局，学会概括地形和简化地图。特别是在读零碎杂乱区域的地图时，要注意概括该区域地形结构，突出主要地形特征，把复杂的地图在脑海中描绘成一幅新的简单化的地图。

（四）安全定向技巧

（1）拇指辅行法。在定向越野中常用拇指压住图上自己目前站立点的位置，把拿图手的拇指想象为自己（缩小到图中了的自己）。当自己向前运动时，拇指也在图上做相应移动。此种方法叫拇指辅行法。拇指辅行法主要是帮助运动员随时明确自己在图上的位置。

（2）扶手法。扶手是把实地中的线形地形，如各种道路、输电线、地类界、溪流、面状地物的边界等，比喻为上下楼梯时的扶手。利用扶手引领自己较为容易和安全地到达目的地。在定向越野中要尽可能地利用扶手，这就是人们通常说的“有路不越野”的原则。

（3）放大法（先大后小法）。在寻找目标点的过程中尽可能扩大视野，从目标点附近大的、明显的地形找起，然后再找目标点。不能只是把目光集中在要寻找的目标点上，特别是当目标点所在地较小时。如果只看很小的一点地形，很难找到它。

（4）偏向法。当穿越一块没有明显特征的地带而要寻找一个交叉口、路的端点或面状地物的侧顶点时，不能正对着这一点去寻找，而要稍偏离目标方向瞄准，然后再顺着找到目标点。

（5）从上到下法。当目标点在半山腰，周围又没有明显地貌和地物时，选择从山顶向下寻找的方法。这就是人们常说的“走高不走低”原则。

（五）定向越野中变换方向的要点

（1）变换方向时拿图姿势做相应变化。
（2）使图正面对准前进目标。
（3）拇指在图上做相应的移动。
（4）标定地图方位。
（5）判读地图正前方的地貌和地物。
（6）新的方向—新的拿图姿势—重新标定地图—检查地图对照地形。

（六）良好定向习惯的养成

（1）“北对北”给地图定向。在定向越野过程中，任何时候只要看地图，先要使指北针的北端与地图的磁北方向一致，即磁针的北对准地图的北方。

（2）折叠地图。优秀的定向越野运动员在比赛中常常将地图折叠成大小合适的小幅地图，以方便快速读图用图。折叠地图的要领：沿地图磁北线方向折叠，用图时无须再确定磁北线方向；折叠后的地图绝大部分都能握在手掌内，用手掌托着地图；保证折叠后的地图还有足够的可视区域；要方便再次折叠地图。

（3）检查点—路线—技能。一名优秀的定向越野运动员在跑每一路段时应养成这样的思考习惯：检查点在哪里？要明确位置；选择哪条路线？选择到达检查点的路线应具有明显的地形特征；采用哪种技能？选定行进路线后，接着决定在该路段不同部分应采用哪种定向技能。

（4）速度必须与安全相一致，这是很重要的一个习惯。当方向有错误时，快的速度失去实际意义，有时节省时间意味着要减缓行进速度，甚至停下来。当定向真的很困难时，如在半山腰或复杂地形时，不妨放慢速度，仔细读图，不必跑得太快。在准确判定方向的情况下，方可加快行进速度。

体育思政园地

中国海洋大学地球科学学院开展“寻足迹 学党史 悟初心”定向越野活动

为丰富党史学习教育的内容与形式，弘扬伟大建党精神和伟大长征精神，近日，中国海洋大学海洋地球科学学院开展“寻足迹 学党史 悟初心”定向越野活动。

本次定向越野闯关点以长征路上的重要地点命名，如遵义站、延安站等，到达的队伍需在闯关点进行党史知识问答，以创新的形式让同学们重温长征路，读懂中国共产党人接续奋斗的精神密码。

赛后，不少同学纷纷表示：“从瑞金站、湘江站，再到转折点遵义站、赤水站、泸定桥站、腊子口站……最后来到落脚点延安站，在每一个闯关点，都让我们充分体会到长征精神的内涵，我们会在今后的学习和生活中不断发扬长征精神！”

（资料来源：光明网，2021年11月5日，有改动）

附录

《国家学生体质健康标准（2014 年修订）》测试与评价

一、实施说明

《国家学生体质健康标准（2014年修订）》（以下简称《标准》）是国家学校教育工作的基础性指导文件和教育质量基本标准，是评价学生综合素质、评估学校工作和衡量各地教育发展的重要依据，是《国家体育锻炼标准》在学校的具体实施，适用于全日制普通小学、初中、普通高中、中等职业学校、普通高等学校的学生。

《标准》从身体形态、身体机能和身体素质等方面综合评定学生的体质健康水平，是促进学生体质健康发展、激励学生积极进行身体锻炼的教育手段，是学生发展核心素养体系和学业质量标准的重要组成部分，是学生体质健康的个体评价标准。

《标准》将适用对象中高校部分分为：大学一、二年级为一组，三、四年级为一组。大学各组别的测试指标均为必测指标。其中，身体形态类中的身高、体重，身体机能类中的肺活量，以及身体素质类中的50米跑、坐位体前屈、立定跳远为各年级大学生共性指标。

《标准》的学年总分由标准分与附加分构成，满分为120分。标准分为各单项指标得分与权重乘积之和，满分为100分。附加分根据实测成绩确定，即对成绩超过100分的加分指标进行加分，满分为20分；大学的加分指标为男生引体向上和1000米跑，女生1分钟仰卧起坐和800米跑，各指标加分幅度均为10分。

根据大学生学年总分评定等级：90.0分及以上为优秀，80.0 ~ 89.9分为良好，60.0 ~ 79.9分为及格，59.9分及以下为不及格。

评价指标与权重见表1。

表 1　评价指标与权重

测试对象	单项指标	权重 /%
大学各年级	体重指数（BMI）	15
	肺活量	15
	50 米跑	20
	坐位体前屈	10
	立定跳远	10
	引体向上（男）/1 分钟仰卧起坐（女）	10
	1000 米跑（男）/800 米跑（女）	20

注：体重指数（BMI）= 体重（千克）/ 身高^2（米^2）。

二、测试方法

（一）身高

1. 测试目的

测试学生的身高，与体重测试相配合，评定学生的身体匀称度，评价学生生长发育水平及营养状况。

2. 场地器材

身高计。使用前应校对0点，以钢尺测量基准板平面至立柱前面红色刻线的高度是否为10.0厘米，误差不得大于0.1厘米。同时，应检查立柱是否垂直、连接处是否紧密、有无晃动、零件有无松脱等情况，并及时加以纠正。

3. 测试方法

受试者赤足，立正姿势站在身高计的底板上（上肢自然下垂，足跟并拢，足尖分开约60°）。足跟、骶骨部及两肩胛区与立柱相接触，躯干自然挺直，头部正直，耳屏上缘与眼眶下缘成水平，成绩以厘米为单位，精确到小数点后一位。测试误差不得超过0.5厘米。

（二）体重

1. 测试目的

测试学生的体重，与身高测试相配合，评定学生的身体匀称度，评价学生生长发育水平及营养状况。

2. 场地器材

杠杆秤或电子体重计。使用前需检验其准确度和灵敏度。准确度要求误差不得超过0.1%，即每100千克误差小于0.1千克。检验方法：以备用的10千克、20千克、30千克标准砝码（或用等重标定重物代替）分别进行称量，检查指标读数与标准砝码误差是否在允许范围。灵敏度的检验方法：置100克重砝码，观察刻度尺变化，如果刻度抬高了3毫米或游标向远移动0.1千克而刻度尺维持水平位时，则达到要求。

3. **测试方法**

测试时，杠杆秤应放在平坦地面上，受试者赤足，男性受试者身着短裤，女性受试者身着短裤短袖衫，站在秤台中央。读数以千克为单位，精确到小数点后一位。测试误差不得超过0.1千克。

（三）肺活量

1. **测试目的**

测试学生的通气功能。

2. **场地器材**

电子肺活量计。

3. **测试方法**

使用干净的吹嘴。受试者进行一两次较平日深一些的呼吸动作后，更深地吸一口气，向吹嘴处慢慢呼气至不能再呼出为止。每位受试者测1次，以毫升为单位，不保留小数。

（四）50米跑

1. **测试目的**

测试学生速度、灵敏素质及神经系统灵活性的发展水平。

2. **场地器材**

50米直线跑道若干条，地面平坦，地质不限，跑道线要清晰。发令旗一面，秒表若干块（一道一表）。秒表使用前应用标准秒表校正，每分钟误差不得超过0.2秒。标准秒表的选定，以北京时间为准，每小时误差不得超过0.3秒。

3. **测试方法**

受试者至少两人一组测试，站立式起跑，受试者听到“跑”的口令后开始起跑。发令员在发出口令的同时要摆动发令旗。计时员视旗动开表计时，当受试者的躯干部到达终点线垂直面时停表。记录以秒为单位，精确到小数点后一位。小数点后第二位数按非0进1原则进位，如10.11秒读成10.2秒，并记录之。

（五）立定跳远

1. **测试目的**

测试学生下肢肌肉爆发力及身体协调能力的发展水平。

2. **场地器材**

在沙坑（沙面与地面齐平）或土质松软的平地上进行。起跳线至沙坑近端不得少于30厘米。起跳地面要平坦，不得有坑凹。

3. **测试方法**

受试者两脚自然分开站立，站在起跳线后，脚尖不得踩线（最好用线绳做起跳线）。两脚原地同时起跳，不得有垫步或连跳动作。丈量起跳线后缘至最近着地点后缘的垂直距离。每人试跳1次。以厘米为单位，不计小数。

（六）坐位体前屈

1. 测试目的

测试学生在静止状态下的腰、髋等部位可能达到的活动幅度，主要反映这些部位关节韧带和肌肉的伸展性和弹性及学生身体柔韧素质的发展水平。

2. 场地器材

使用坐位体前屈测试仪测量。将仪器放置在平坦地面上。测试前用直尺进行校正，即将直尺放在平台上，使游标的上面与平台成水平，将游标的刻度调到0位。

3. 测试方法

受试者两腿伸直，两脚平蹬测试纵板坐在平地上，两脚分开10～15厘米，上体前屈，两臂伸直向前，用两手中指尖逐渐向前推动游标，直到不能前推。测试仪的脚蹬纵板内沿平面为0点，向内为负值，向前为正值。记录以厘米为单位，保留一位小数。测试2次，取最好成绩。

（七）800米跑（女）或1000米跑（男）

1. 测试目的

测试学生耐力素质的发展水平，特别是心血管呼吸系统的机能及肌肉耐力。

2. 场地器材

400米、300米或200米田径场跑道，地质不限。也可以使用其他不规则场地，但必须丈量准确，地面平坦。发令旗一面，秒表若干块，秒表使用前需要校正，要求同50米跑。

3. 测试方法

受试者至少两人一组测试，站立式起跑，受试者听到“跑”的口令后开始起跑。发令员在发出口令的同时要摆动发令旗。计时员视旗动开表计时，当受试者的躯干部到达终点线垂直面时停表。以分·秒为单位记录测试成绩，不计小数。

（八）引体向上（男生）

1. 测试目的

测试学生上肢肌肉力量的发展水平。

2. 场地器材

高单杠或高横杠，杠粗以手能握住为准。

3. 测试方法

受试者跳起双手正握杠，两手与肩同宽成直臂悬垂。静止后，两臂同时用力引体（身体不能有附加动作），上拉到下颌超过横杠上缘为完成一次。记录引体次数。

（九）1分钟仰卧起坐（女生）

1. 测试目的

测试学生腹肌耐力的发展水平。

2. 场地器材

垫子若干块（或代用品），并铺放平坦。秒表若干块，秒表使用前需要校正，要求同50米跑。

3. 测试方法

受试者全身仰卧于垫上，两腿稍分开，屈膝成90°角左右，两手指交叉贴于脑后。另一同伴压住其踝关节，以便固定下肢。受试者起坐时两肘触及或超过双膝为完成1次。仰卧时两肩胛必须触垫。测试人员发出“开始”口令的同时开表计时，记录1分钟内完成次数。1分钟到时，受试者虽已坐起但未触及双膝者不计次数，精确到个位。

三、评分标准

（一）大学生体重指数（BMI）单项评分标准

大学生体重指数（BMI）单项评分标准见表2。

表 2　大学生体重指数（BMI）单项评分标准

单位：千克 / 米 ^{2}

等级	单项得分	男生	女生
		体重指数	体重指数
正常	100	17.9 ~ 23.9	17.2 ~ 23.9
低体重	80	≤ 17.8	≤ 17.1
超重		24.0 ~ 27.9	24.0 ~ 27.9
肥胖	60	≥ 28.0	≥ 28.0

（二）大学生身体素质评分标准

大学男生身体素质评分标准见表3，大学女生身体素质评分标准见表4。

表 3　大学男生身体素质评分标准

项目		肺活量		50 米跑		坐位体前屈		立定跳远		引体向上		1000 米跑	
单位		毫升		秒		厘米		厘米		次		分 · 秒	
等级	得分	大一大二	大三大四	大一大二	大三大四	大一大二	大三大四	大一大二	大三大四	大一大二	大三大四	大一大二	大三大四
优秀	100	5040	5140	6.7	6.6	24.9	25.1	273	275	19	20	3'17"	3'15"
	95	4920	5020	6.8	6.7	23.1	23.3	268	270	18	19	3'22"	3'20"
	90	4800	4900	6.9	6.8	19.5	21.5	263	265	17	18	3'27"	3'25"
良好	85	4550	4650	7.0	6.9	19.5	19.9	256	258	16	17	3'34"	3'32"
	80	4300	4400	7.1	7.0	17.7	18.2	248	250	15	16	3'42"	3'40"
及格	78	4180	4280	7.3	7.2	16.3	16.8	244	246			3'47"	3'45"
	76	4060	4160	7.5	7.4	14.9	15.4	240	242	14	15	3'52"	3'50"
	74	3940	4040	7.7	7.6	13.5	14.0	236	238			3'57"	3'55"

续表

项目		肺活量		50 米跑		坐位体前屈		立定跳远		引体向上		1000 米跑	
单位		毫升		秒		厘米		厘米		次		分·秒	
等级	得分	大一大二	大三大四	大一大二	大三大四	大一大二	大三大四	大一大二	大三大四	大一大二	大三大四	大一大二	大三大四
及格	72	3820	3920	7.9	7.8	12.1	12.6	232	234	13	14	4'02"	4'00"
	70	3700	3800	8.1	8.0	10.7	11.2	228	230			4'07"	4'05"
	68	3580	3680	8.3	8.2	9.3	9.8	224	226	12	13	4'12"	4'10"
	66	3460	3560	8.5	8.4	7.9	8.4	220	222			4'17"	4'15"
	64	3340	3440	8.7	8.6	6.5	7.0	216	218	11	12	4'22"	4'20"
	62	3220	3320	8.9	8.8	5.1	5.6	212	214			4'27"	4'25"
	60	3100	3200	9.1	9.0	3.7	4.2	208	210	10	11	4'32"	4'30"
不及格	50	2940	3030	9.3	9.2	2.7	3.2	203	205	9	10	4'52"	4'50"
	40	2780	2860	9.5	9.4	1.7	2.2	198	200	8	9	5'12"	5'10"
	30	2620	2690	9.7	9.6	0.7	1.2	193	195	7	8	5'32"	5'30"
	20	2460	2520	9.9	9.8	–0.3	0.2	188	190	6	7	5'52"	5'50"
	10	2300	2350	10.1	10.0	–1.3	–0.8	183	185	5	6	6'12"	6'10"

表 4　大学女生身体素质评分标准

项目		肺活量		50 米跑		坐位体前屈		立定跳远		1 分钟仰卧起坐		800 米跑	
单位		毫升		秒		厘米		厘米		次		分·秒	
等级	得分	大一大二	大三大四	大一大二	大三大四	大一大二	大三大四	大一大二	大三大四	大一大二	大三大四	大一大二	大三大四
优秀	100	3400	3450	7.5	7.4	25.8	26.3	207	208	56	57	3'18"	3'16"
	95	3350	3400	7.6	7.5	24.0	24.4	201	202	54	55	3'24"	3'22"
	90	3300	3350	7.7	7.6	22.2	22.4	195	196	52	53	3.30"	3'28"
良好	85	3150	3200	8.0	7.9	20.6	21.0	188	189	49	50	3'37"	3'35"
	80	3000	3050	8.3	8.2	19.0	19.5	181	182	46	47	3'44"	3'42"
及格	78	2900	2950	8.5	8.4	17.7	18.2	178	179	44	45	3'49"	3'47"
	76	2800	2850	8.7	8.6	16.4	16.9	175	176	42	43	3'54"	3'52"
	74	2700	2750	8.9	8.8	15.1	15.6	172	173	40	41	3'59"	3'57"
	72	2600	2650	9.1	9.0	13.8	14.3	169	170	38	39	4'04"	4'02"
	70	2500	2550	9.3	9.2	12.5	13.0	166	167	36	37	4'09"	4'07"

续表

项目		肺活量		50 米跑		坐位体前屈		立定跳远		1 分钟仰卧起坐		800 米跑	
单位		毫升		秒		厘米		厘米		次		分·秒	
等级	得分	大一大二	大三大四	大一大二	大三大四	大一大二	大三大四	大一大二	大三大四	大一大二	大三大四	大一大二	大三大四
及格	68	2400	2450	9.5	9.4	11.2	11.7	163	164	34	35	4'14"	4'12"
	66	2300	2350	9.7	9.6	9.9	10.4	160	161	32	33	4'19"	4'17"
	64	2200	2250	9.9	9.8	8.6	9.1	157	158	30	31	4'24"	4'22"
	62	2100	2150	10.1	10.0	7.3	7.8	154	155	28	29	4'29"	4'27"
	60	2000	2050	10.3	10.2	6.0	6.5	151	152	26	27	4'34"	4'32"
不及格	50	1960	2010	10.5	10.4	5.2	5.7	146	147	24	25	4'44"	4'42"
	40	1920	1970	10.7	10.6	4.4	4.9	141	142	22	23	4'54"	4'52"
	30	1880	1930	10.9	10.8	3.6	4.1	136	137	20	21	5'04"	5'02"
	20	1840	1890	11.1	11.0	2.8	3.3	131	132	18	19	5'14"	5'12"
	10	1800	1850	11.3	11.2	2.0	2.5	126	127	16	17	5'24"	5'22"

（三）加分指标评分

引体向上、1分钟仰卧起坐均为高优项目，学生成绩超过单项评分100分对应的成绩后，应以超过的次数所对应的分数进行加分，具体见表5、表6。1000米跑、800米跑均为低优指标，学生成绩低于单项100分对应的成绩后，应以减少的秒数所对应的分数进行加分，具体见表7。

表 5　男生引体向上加分表

单位：次

加分	大一大二	大三大四
10	10	10
9	9	9
8	8	8
7	7	7
6	6	6
5	5	5
4	4	4
3	3	3
2	2	2
1	1	1

表 6　女生 1 分钟仰卧起坐加分表

单位：次

加分	大一大二	大三大四
10	13	13
9	12	12
8	11	11
7	10	10
6	9	9
5	8	8
4	7	7
3	6	6
2	4	4
1	2	2

表 7　男生 1000 米跑、女生 800 米跑加分表

单位：秒

加分	男生 1000 米跑		女生 800 米跑	
	大一大二	大三大四	大一大二	大三大四
10	−35"	−35"	−50"	−50"
9	−32"	−32"	−45"	−45"
8	−29"	−29"	−40"	−40"
7	−26"	−26"	−35"	−35"
6	−23"	−23"	−30"	−30"
5	−20"	−20"	−25"	−25"
4	−16"	−16"	−20"	−20"
3	−12"	−12"	−15"	−15"
2	−8"	−8"	−10"	−10"
1	−4"	−4"	−5"	−5"

参考文献

［1］季浏．体育锻炼与心理健康 [M]．上海：华东师范大学出版社，2005.

［2］邓树勋，陈小蓉．现代大学体育理论教程 [M]．广州：广东高等教育出版社，2006.

［3］杨文轩．当代大学体育 [M]．北京：人民体育出版社，2005.

［4］陈瑜，徐广华．体育与健康教程：南方版 [M]．长春：吉林大学出版社，2010.

［5］邹继豪，孙麒麟．体育与健康教程：修订版 [M]．沈阳：辽宁大学出版社，2007.

［6］朱征宇，陈卓源．排球 [M]．广州：中山大学出版社，2003.

［7］中国乒乓球协会．乒乓球竞赛规则（2022）[M]．北京：北京体育大学出版社，2022.

［8］孙卫星．现代网球技术教学法 [M]．北京：北京体育大学出版社，2007.

［9］杨忠令．现代网球教程 [M]．杭州：浙江大学出版社，2001.

［10］杨宁．网球底线技术图解 [M]．北京：北京体育大学出版社，2003.

［11］中国网球协会．网球竞赛规则 [M]．北京：人民体育出版社，2009.

［12］周文胜，闫美怡．网球：基础与实战技巧 [M]．成都：成都时代出版社，2007.

［13］易勤，赵俊浩，王忠，等．大学体育教程新编 [M]．武汉：武汉大学出版社，2007.

［14］林志超．大学体育标准教程 [M]．北京：北京体育大学出版社，2007.

［15］艾扬格．艾扬格瑜伽 [M]．天津：天津社会科学院出版社，2011.

［16］赵彦．祖本瑜伽大全 [M]．北京：华文出版社，2010.

［17］钱永健．拓展 [M]．北京：高等教育出版社，2009.

［18］毛振明，王长权．学校心理拓展训练 [M]．北京：北京体育大学出版社，2004.

［19］刘梅，杜勇，邓财林．体教融合下大学生体育与健康教育指导 [M]．北京：北京体育大学出版社，2021.

［20］黄伟，张茂松，朱玲，等．新时代大学生体育与健康教育指南 [M]．北京：北京体育大学出版社，2021.

［21］沈科宇，汪钧．新编大学体育与健康（活页式）[M]．北京：北京体育大学出版社，2022.